Gottfried Orth / Hilde Fritz

Ich muss wissen,
was ich machen will ...

Ethik lernen und lehren in der Schule

Vandenhoeck & Ruprecht

Bibliografische Information der Deutschen Nationalbibliothek

Die Deutsche Nationalbibliothek verzeichnet diese Publikation in der
Deutschen Nationalbibliografie; detaillierte bibliografische Daten sind
im Internet über <http://dnb.d-nb.de> abrufbar.

ISBN 978-3-525-61040-4

Gesamtherstellung: ⊕ Hubert & Co, Göttingen

Inhalt

Vorwort

„Ich muss wissen, wer ich bin und was ich machen will; jeder sollte anders sein und man soll nicht versuchen, wer anders zu sein", schreibt uns eine Hauptschülerin als eine ihrer zehn Lebensregeln und entfaltet in dem einen Satz ein ganzes Programm ethischen Lernens und Lehrens: Es geht um Selbst-Bewusstsein, um das Wissen darum, um Unterscheidung von anderen und um Handlungsziele. Es geht um den Zusammenhang von Sein und Machen. Die Schülerin kennt offensichtlich die Gefahr, „wer anders" sein zu wollen oder zu sollen. Der Reichtum der Erfahrungen und des Wissens von Schülerinnen und Schülern deutet sich an. Daran knüpfen unsere Überlegungen zum Lernen und Lehren von Ethik in diesem Buch an.

Es entstand im Rahmen des Forschungsprojektes „Wie Kinder und Jugendliche handeln, was ihnen dabei wichtig ist und werden sollte – Ethische Erziehung und Bildung". Ausgangspunkt sind empirische Studien. Sie gelten der Frage, welche Regeln sich Jugendliche geben und wozu sie meinen, diese Regeln nötig zu haben. Eine erste Publikation, ebenfalls gemeinsam von uns verfasst, mit dem Titel „... und sei stolz auf das, was du bist" erschien Anfang 2007[1] und war zuerst der Wahrnehmung muslimischer Jugendlicher in Schule und Gesellschaft gewidmet. In ihrem zweiten Teil ging es ausgehend davon um Fragen ethischen Lehrens und Lernens in ausgesprochen heterogenen Klassensituationen sowie um die Aufgabe von Schule im Kontext einer multikulturellen und multireligiösen Gesellschaft. Dass wir Zugang zu den Lebensregeln der Schülerinnen und Schüler bekamen und mit Einzelnen von ihnen im Rahmen verstehender Interviews ins Gespräch kommen konnten, verdanken wir niedersächsischen Lehrerinnen und Lehrern, die die Befragungen in ihren Schulen durchführten.

Ausgehend von den Optionen und Überlegungen der Jugendlichen, die wir im ersten Teil des Buches darstellen, entfalten wir im Zusammenhang konkreter Unterrichtsbeispiele didaktische und methodische sowie theoretische Möglichkeiten, Ethik in der Schule zu lernen und zu lehren – unabhängig von einer möglichen Fächerzuordnung dieses Themenbereiches, der in „Religion" und in „Werte und Normen" ebenso wie in anderen Fächern und im gesamten Schulleben Raum hat. Dies ist auch ein in weiten Teilen persönliches Buch geworden: Wir geben Einblicke in konkreten Unterricht und wie wir diesen gemeinsam reflektieren. Nur so schien es uns möglich, nicht über die Köpfe der Schülerinnen und Schüler und ihrer Lehrerinnen und Lehrer hinweg zu schreiben, sondern Ethik so konkret wie möglich zu verorten und deutlich zu machen, was „Ethik" und was „Ethik lernen und lehren" im Alltag von Schulen bedeuten kann.

Hinsichtlich des Schultyps nimmt das Buch seinen Ausgangspunkt bei der Förderschule. Förderschülerinnen und Förderschüler freilich sind keine „exotischen" Schüler, schon gar nicht gleichzusetzen mit Schülern, die besonders gewaltbereit oder besonders „dumm" sind. Sie sind Schülerinnen und Schüler, die schwierige Lern- und Schulerfahrungen hinter sich haben, wenn sie in die Förderschule wechseln, deren Selbstwertgefühl oft nur mühsam von ihnen aufrecht erhalten wird und die in ihrer Motivierung und in ihrem Lernen besonderer Unterstützung und Begleitung bedürfen. Aus dem Kontext der Förderschulen stammen die empirischen Materialien. Die Aussagen der Förderschülerinnen und -schüler eröffnen dabei Welten des Denkens und Fühlens, dahinter Welten der Bedürfnisse, die nach unserer Wahrnehmung durchaus charakteristisch und bei Jugendlichen aller Schulformen anzutreffen sind. Und so vertreten wir auch begründet den Anspruch, dass die entfalteten Möglichkeiten ethischen Lehrens und Lernens weit über den Bereich der Förderschule hinaus Geltung beanspruchen können: Achtsamer, wertschätzender Förderung bedürfen unabhängig von der Schulform alle Schülerinnen und Schüler. Die Förderschule kann durch ihren besonderen Kontext dies in ebenso besonderer Weise verdeutlichen.

1 Einleitung

„Im Ethikunterricht konfrontieren wir Schülerinnen und Schüler mit Werten, Regeln, denen sie im Rahmen von Unterricht meist zustimmen und die ihnen bekannt sind – dennoch verhalten sie sich außerhalb des Unterrichts nicht entsprechend. Unterricht scheint das eine, ihr Leben das andere, ganz andere zu sein. Ich frage mich, ob wir überhaupt wissen, was unsere Schülerinnen und Schüler beschäftigt und leitet, was sie auch im Ethik-Unterricht an Impulsen und Hilfen von uns brauchen." So erklärte uns eine Lehrerin ihre Nachdenklichkeit im Zusammenhang mit ihrem eigenen Unterricht. Diese Nachdenklichkeit nehmen wir zum Ausgangspunkt. Wir wollen Möglichkeiten zeigen und reflektieren, wie ausgehend von den Kindern und Jugendlichen Ethik unterrichtet werden kann – im Fach „Werte und Nomen" wie im Religionsunterricht und darüber hinaus als Querschnittsaufgabe allen Unterrichts und innerhalb des Schullebens.

Ausgehend von den mit den Methoden qualitativer Sozialforschung gewonnenen empirischen Ergebnissen fragen wir konzeptionell nach Ethik und ethischem Lernen. Dies tun wir nicht indem wir vorgeben zu wissen, was gelungener Ethik-Unterricht oder was eine ethisch hochwertige Schule ist – oder gar Rezepte liefern. Vielmehr wollen wir Verstehenshilfen für das anbieten, was Lehrerinnen und Lehrer alltäglich tun oder unterlassen, was Schule lebensbereichernd oder unterdrückend erscheinen lässt. Deshalb reflektieren wir in weiten Teilen des Buches an Hand von Berichten konkreten Unterricht. Ein hermeneutischer, kein besserwisserischer Ansatz bestimmt unser Denken: Erst wenn jeder und jede versteht, was er in seinem besonderen schulischen Kontext tut oder unterlässt, können er und sie sich auf den Weg der Veränderung dort machen, wo dies ihr und ihm nötig erscheint.

Diesem Ziel dient der Aufbau des Buches: Wir skizzieren zunächst den ästhetisch-ethischen und politischen Ausgangspunkt unserer pädagogisch orientierten Wahrnehmungen und Reflexionen. Nach einer kurzen Reflexion unserer Forschungsmethode stellen wir dann die Forschungsergebnisse zu den Lebensregeln der Schülerinnen und Schüler sowie zu den mit Förderschülerinnen und -schülern geführten Interviews dar. Diese Kapitel dienen der Dokumentation der empirischen Forschung. Doch kann dies kein Selbstzweck sein! Vielmehr geht es uns zentral darum, Leserinnen und Leser herauszufordern, Jugendliche, eventuell die eigenen Schülerinnen und Schüler zu „sehen" und genau wahrzunehmen. Dabei kann die Entdeckung gemacht werden, dass Unterricht und Schule nicht nur ethische Lernfelder sind, sondern immer schon ethisch geprägte Lebensorte und Kommunikationszusammenhänge. So können wir uns vorstellen, dass es bei der Lektüre dieser Kapitel viele Aha-Erlebnisse gibt: „Ja, so nehme ich meine Schülerinnen und Schüler auch wahr." Oder auch: „Nein, bei mir ist es ganz oder etwas anders." Es kann schließlich auch sein, dass Forschungsfragen, -aufgaben und -methode dazu anregen, Ähnliches im Rahmen eigenen Unterrichts und forschenden Lehrens und Lernens auszuprobieren, um schüler- und schülerinnennahes ethisches Lehren und Lernen zu praktizieren und so der Gefahr einer „Labor-Ethik" in Schule und Unterricht zu entkommen.

Mit der Darstellung der Ergebnisse der empirischen Forschungen wurden die Ausgangspunkte sowie die thematischen Präferenzen und Schwerpunkte ethischen Lernens der Schülerinnen und Schüler deutlich. Nun folgen Unterrichtsbeispiele sowie Ausschnitte aus dem Schulalltag und deren didaktisch-methodische Reflexion. So wird erkennbar, wie „Ethik lehren und lernen" theoretisch reflektiert und konzeptionell entwickelt werden kann. Das Buch endet mit dem Ziel ethischen Lehrens und Lernens: dem Empowerment der Schülerinnen und Schüler.

Jeweils zwischen die Kapitel sind „Zwischenspiele" zu zentralen ethischen Themen oder Grundworten im Umgang der Lehrerinnen und Lehrer mit den Schülerinnen und Schülern eingefügt. Sie verdeutlichen nicht zuletzt unsere eigenen Intentionen ethischen Lehrens und Lernens. Dabei entfalten wir Ansätze des assoziativen Reichtums einer Ethik, die Unterschiedliches, Divergentes, Heterogenität einzubeziehen beansprucht. Aus einer Vielfalt ethischer Ansätze wählen wir aus. Bewusst haben wir uns nicht einem ethischen System oder einer ethischen Tradition verschrieben. Die gewählten Stichworte sind nicht zu verstehen im Sinne eines irgendwie gearteten Grundwerte-Katalogs, der im ethischen Lehren und Lernen zu vermitteln wäre. Vielmehr sind es Aufmerksamkeits- und möglicherweise Handlungsperspektiven für Lehrerinnen und Lehrer, die in ihrem Unterricht ethisches Reflektieren – implizit oder explizit – zum Thema und die eigene ethische Haltung spürbar und erfahrbar machen wollen.

Gliederung und Kapitel des Buches verweisen mit ihren unterschiedlichen Stilen und Sprachformen auf einen weiteren Zusammenhang, der uns im Rahmen pädagogischen und ethischen Nachdenkens, das seinen Ausgang von Kindern und Jugendlichen nimmt, bedeutsam ist: den Zusammenhang von argumentativer und assoziativer Sprache. Das Miteinander und Gegenüber mit Kindern und Jugendlichen setzt mit der Wahrnehmung ein und nicht erst im Stadium der Analyse. Beides hat – mit A. M. Klaus Müller – seine besondere Sprache. Lebenssituationen können nicht in einfache Begriffsmuster eingefangen werden: „Ein Denken, welches dieser komplexen Wirklichkeit gerecht zu werden trachtet, muss – wie einem Kunstwerk gegenüber – vornehmlich assoziativ und nicht – wie in der wissenschaftlichen Darlegung – vornehmlich dissoziativ sein."[2]

Im Rahmen der neuen Armutsdiskussion in unserem Land verfolgt dieses Buch schließlich auch eine politische Absicht: Es gilt, gesellschaftlich an den Rand gedrängte Menschen in die Mitte der Aufmerksamkeit zu stellen, die gesellschaftlich Marginalisierten nicht nochmals zu marginalisieren durch Ausblendung im wissenschaftlichen Diskurs. Deshalb kommen die Schülerinnen und Schüler selbst ausführlich und so oft es sinnvoll und möglich erscheint zu Wort. Neben dem ausgeführten pädagogischen und diesem politischen Anspruch verfolgt das Buch auch eine wissenschaftliche Absicht: Es verweist auf die fruchtbare Zusammenarbeit eines Universitätslehrers und einer Lehrerin an einer Förderschule. So sucht es, Schulpraxis zu reflektieren. Ausgangspunkt dieser Reflexion sind Überlegungen und Versuche, so zu leben, dass die Welt anders eingerichtet werden kann, als sie es heute ist: gerechter, freier, aufeinander bezogener – Ellenbogen und Recht-haben-Wollen, weil etwas so ist, wie es angeblich immer schon war, haben da gerade auch im Zusammenhang ethischen Lernens und Lehrens keinen Platz. Wir bieten die Lebensregeln der Schülerinnen und Schüler, die aus den Interviews entstandenen Erkenntnisse und unsere Überlegungen dazu als ein „Gerüst" an, in das andere ihre Erfahrungen und Gedanken sowie ihre reflektierte Praxis einbringen können.

Zumindest zwei unterschiedliche Lesewege durch das Buch lassen sich denken: Sie können es natürlich so lesen, wie wir es konzipiert haben – das ist unsere Annäherung und Auseinandersetzung mit dem Thema. Sie können freilich auch die kursiv gesetzten „Zwischenspiele" zunächst für sich lesen: Sie enthalten unsere Intentionen und Absichten hinsichtlich (nicht nur) ethischen Lehrens und Lernens in der Schule und können als Anregungen zur Selbstreflexion Ihrer Person und Rolle als Lehrerin oder Lehrer gelesen werden.

2 Zauber gegen die Kälte – Der ästhetisch-ethische und der politische Ausgangspunkt unserer pädagogisch orientierten Wahrnehmungen

Mitten hinein in unser Fragen nach Ethik und in die Überlegungen dieses Buches führt folgender Bericht einer Lehrerin:

In meiner achten Förderschulklasse sind zehn Schülerinnen und Schüler, einer davon kam am Montag neu in die Klasse. Äußerlich ein sehr auffälliger Junge (Rafael) mit dicker Brille und motorischen Problemen, auch in der Sprech- und Feinmotorik. Ein anderer Schüler meiner Klasse (Mustafa) stellte ihm sofort mehrere Fragen und lachte dann über seine Antworten bzw. vielleicht eher über die Sprechweise. Fast vom ersten Moment an – so meine Wahrnehmung – machte Mustafa „Scherze" über Rafael, zusammen mit noch einem Schüler, Muhammet. Er fragte ihn z.b. mit einem Grinsen, ob er viele Freunde habe, ob er überhaupt rechnen könne. Antwortete Rafael ernsthaft, lachten sie (ihn aus). Heute kam ich nach einem Gespräch in die Klasse zurück und Mustafa stand vor Rafael, der an seinem Platz saß. Rafael hatte einen sehr bedrückten und auch ängstlichen Gesichtsausdruck. Ich wusste nicht, was passiert ist, und bat Mustafa, mir auf dem Flur zu erzählen, was geschehen war. Mustafa erzählte, Rafael habe ihm gedroht, ihn mit einem Baseballschläger zu schlagen, nachdem Mustafa nur einen „Scherz" gemacht habe. Rafael würde eben keine „Scherze" verstehen. Ich war wütend auf Mustafa, traurig auch, weil ich das Bedürfnis habe, für eine freundliche Atmosphäre und einen wertschätzenden Umgang miteinander in der Klasse zu sorgen, in der alle Schülerinnen und Schüler sich wohl fühlen. Und ich war auch enttäuscht von mir, weil ich es in so vielen Gesprächen mit Mustafa noch nicht geschafft habe, ihn zu einem rücksichtsvolleren Umgang mit schwächeren Schülern zu bringen. Immer wieder auch Gedanken, dass ich hier versage. Gleichzeitig fällt es mir schwer, mich zu verbinden mit Bedürfnissen stärkerer Schüler, die schwächere Schüler auslachen, ärgern, ängstigen. Mustafa antwortete ganz ernst, er brauche keine Freunde zusätzlich, er habe genug und es mache ihm Spaß, „Scherze" über Rafael zu machen. Da bin ich dann wirklich mit meinem Latein am Ende und falle in Altes: drohe Suspendierung vom Unterricht an, wenn Mustafa und Muhammet schwächere Schüler nicht in Ruhe lassen. Keine glorreiche Reaktion und ich fühle mich unwohl damit. Der Schutz schwächerer Schüler ist mir sehr wichtig.

Diese Unterrichtssituation ist in dreifacher Weise bedeutsam als Ausgangspunkt unserer Überlegungen:

– Zum einen ist dies der schulische Kontext, in dem die Schülerinnen und Schüler über ihre Lebensregeln nachdenken und sie für uns aufgeschrieben haben.

– Zum andern verhalten sich Schüler so wie Mustafa und Muhammet, die im Ethikunterricht ganz andere Regeln für sich zu akzeptieren beanspruchen: Unterricht ist eben offensichtlich eine Sondersituation, die nicht nur abgetrennt ist vom alltäglichen außerschulischen, sondern sogar auch vom alltäglichen Verhalten in der Schule.

– Und zum dritten – und dies ist uns wichtig – stehen Lehrerinnen und Lehrer vor dem Problem, wie sie mit solchen Schülerinnen und Schülern ‚umgehen‘ sollen, geht es doch ohne Zweifel um eine Situation, in der auch Ethik lernen und lehren auf dem Spiele steht. Der Bericht der Lehrerin schließt mit dem Satz: „Trotz langer Schulerfahrung – noch immer so schwer für mich."

„Ich falle in Altes" schreibt die Lehrerin und meint damit auch unsere normale Reaktion auf das Verhalten von Mustafa und Muhammet. Wir ermahnen: „Man trumpft nicht auf gegen Schwächere." Oder: „Wenn du dich nicht anders verhältst, dann verlässt du den gemeinsamen Unterricht oder für einige Tage die Schule." Mustafa kennt dies – und es ist folgenlos.

Um aus solchen Sackgassen herauszukommen, neue Wege zu gehen, halten wir es – neben dem Schutz schwächerer Schüler – für wichtig uns einzufühlen in die Motive und Bedürfnisse, die hinter einem zunächst für uns unverständlichen Verhalten eines vermeintlich stärkeren Schülers stehen. Warum verhält sich ein Schüler so, dass er anderen scheinbar ohne Mitgefühl weh tut?

Wir haben diese Situation reflektiert[3] und haben viele – aus Mustafas Sicht – gute Gründe dafür gefunden, dass er sich so verhält, wie er es tut. Was könnte Mustafa veranlassen Rafael

14

auf seine Art zu behandeln, was möchte er damit zum Ausdruck bringen? Folgendes wurde wichtig:[4]

– Ich bin hier in dieser Gruppe / Klasse der Anführer, der Türsteher, du musst erst an mir vorbei. Ich habe lange dafür gekämpft, und ich erwarte, dass du das akzeptierst und respektierst.
– Plötzlich kommt jemand Neues in unsere Gemeinschaft, darüber möchte ich informiert werden und gefragt werden, ob mir das recht ist, wie es mir damit geht.
– Alles was neu ist, macht mir große Angst, da es mir schwer fällt, mit neuen Situationen umzugehen. Meine Strategie Stärke zu zeigen, wird oft abgelehnt und verurteilt.
– Ich bin auch für die Gruppe verantwortlich, auf meine Art. Jeder Neue kann für die Gruppe eine Gefährdung darstellen. Ich sehe es als meine Aufgabe, den Neuen für die Gruppe kompatibel zu machen und nicht umgekehrt.
– Es macht mich unsicher, wenn jemand Neues dazu kommt, da ich meine Rolle gefährdet sehe. Es geht um mein soziales Überleben, das macht mir große Angst!
– Ich habe in meinem Leben die Erfahrung gemacht, dass ich mich nur durch Stärke definieren kann. Andere Qualitäten, die ich sicher auch habe, haben mir nicht die Aufmerksamkeit und Wertschätzung gegeben, die ich für mich brauche.
– Ich brauche auch die Sicherheit, dass Neue nicht das Gefüge der Gruppe durcheinander bringen. Sonst gehen für mich Ordnung und Struktur verloren, die ich so dringend brauche, um mich zurechtzufinden.
– Ich möchte dich prüfen, wie du bist, wer du bist. Das ist meine Art dich kennenzulernen.

Wir hören, wenn wir einüben, so nach Mustafa und seinem Verhalten zu fragen, Bedürfnisse nach Respekt, Akzeptanz, Sicherheit, Information, Teilhaben, Interesse (im wörtlichen Sinn von Dabeisein), Aufmerksamkeit, Rücksicht, Gesehen werden, Vertrautheit.

Dies Nachdenken und der Versuch, uns mit einer differenzierten Wahrnehmung in Mustafa hineinzuversetzen, bedeutet zuerst eine Verlangsamung unserer Reaktion auf sein Verhalten. Es ist dies ein erster entscheidender Schritt: Wir unterbrechen die uns und Mustafa gewohnten Reaktionen, gönnen uns Zeit, treten zu ihm in Beziehung und sehen: Mustafa will vielleicht gar nicht anderen „Böses" tun, sondern sein Verhalten hat Gründe, die es zu entdecken gilt; wir sehen, dass er damit seine Bedürfnisse und Sehnsüchte zu erfüllen sucht und ihm andere als die von ihm gewählten Strategien noch nicht zur Verfügung stehen. So können wir angemessener auf ihn reagieren.

Damit beginnt der Zauber gegen die Kälte, die uns umgibt – in Gesellschaft, in Schule, vielfach in privaten und persönlichen Lebenszusammenhängen. Damit beginnt der Zauber gegen die Kälte, der in jedem Kind und Jugendlichen dessen Schönheit und seine von uns vorausgesetzte Güte entdecken und diesen zur Entfaltung helfen will. Wir wollen „durchhören" und „durchsehen"[5] durch das Verhalten der Kinder und Jugendlichen und die von ihnen erlernten Strategien, sich das zu holen, was sie brauchen und die oftmals Strategien sind, die andere und sich selbst verletzen. Wir wollen ihre Bedürfnisse und Sehnsüchte wahrnehmen. Daran schließt Ethik lernen und lehren an, ja, dies selbst ist Teil ethisch reflektierten Verhaltens.

In diesem Zusammenhang der Entdeckung von Schönheit und Güte in jedem Menschen schreibt Erich Fromm, dass

das Leben selbst eine Kunst ist, die der Mensch ausüben kann. Ihr Gegenstand ist der Entwicklungsprozess auf das hin, was der Mensch potentiell ist. Für die humanistische Ethik ist ‚gut' gleichbedeutend mit ‚gut für den Menschen' und ‚böse' gleichbedeutend mit ‚schlecht für den Menschen'.

Dies gilt freilich nicht abstrakt, sondern lediglich im Kontext konkreter Individualität. Wenn der Mensch darauf angelegt ist, „die ihm eigenen menschlichen Möglichkeiten" zu verwirklichen, kann er dies nur,

wenn er seine Individualität verwirklicht. Die Aufgabe, lebendig zu sein, ist identisch mit der Aufgabe, er selbst zu werden, sich zu dem Individuum zu entwickeln, das er potentiell ist. Fassen wir zusammen: Gut im Sinne der humanistischen Ethik bedeutet Bejahung des Lebens, Entfaltung der menschlichen Kräfte.[6]

Mustafa, Muhammet, Rafael und andere Kinder und Jugendliche in dieser Perspektive zu sehen, bedeutet, ihnen dabei zu helfen, lebendig zu sein, das zu werden, was sie potenziell sind. So lernen sie, sich selbst wert zu schätzen, und werden mutig, ihr (!) individuelles Leben zu gestalten. Dahinter – und dies vielleicht nahe liegende Missverständnis soll sofort ausgeschlossen werden – steckt keine Kuschelpädagogik, kein Heile-Welt-Denken – es ist anstrengende Arbeit für Lehrerinnen und Lehrer wie für Schülerinnen und Schüler. Und: Es ist beglückende Arbeit für beide.

An dieser Stelle fügen wir eine Zwischenüberlegung ein. Sie stammt von Dorothee Sölle, aus ihrem letzten Vortrag, kurz vor ihrem Tod im April 2003: Dorothee Sölle redete über das Glück und verband dieses mit ihren Erfahrungen wie mit ihrem Nachdenken über die mystische Reise. Wir zitieren eine Mitschrift:

Am Anfang steht das Staunen, das Verwundertsein: Wir erfahren etwas, was wir noch nicht gekannt oder gewusst hatten. Die Schönheit. Wir erleben Verzauberung: Jedes Entdecken der Welt und eines ihrer geringsten Teile kann uns in einen Jubel stürzen, in ein radikales Staunen, das die Schleier der Trivialität zerreißt. Nichts ist selbstverständlich und am allerwenigsten die Schönheit. Sie macht uns verwundert. Das erste ist ein ‚Ja‘. Von Abraham Joschua Heschel stammt die Überlegung, dass der Ursprung unseres ‚In-Beziehung-Stehens‘ die Erfahrung eines radikalen Hingerissenseins ist, ein überwältigendes Staunen angesichts dessen, wer oder was uns begegnet: erfahrene Schönheit. Das ist Staunen, wie Gott am sechsten Tag die Welt wahrnahm: Und siehe, es war alles sehr gut. Das ist ein Anfang. Das befreit von Gewohnheiten, Sichtweisen, Überzeugungen, die sich wie Fettschichten um uns lagern und uns unberührbar machen und wahrnehmungsunfähig (das ist ein Ausdruck der islamischen Sufi-Mystiker).[7]

Im diesem Kontext formulieren wir nun die Ausgangsthese der folgenden Überlegungen wie unserer praktischen Arbeit in Förderschule und Universität: (Schul)Pädagogischer Arbeit geht es zuerst um die Wahrnehmung der Schülerinnen und Schüler. Jeden Einzelnen und jede Einzelne gilt es in ihrer Gegenwart wie in ihren Möglichkeiten zu sehen. Unser Ausgangspunkt ist dabei, das einzigartig Schöne in jedem Schüler und jeder Schülerin zu erspüren und zu entdecken. Von einer positiven Anthropologie bestimmt beginnen wir nicht damit, Negatives und Defizitäres in den Blick zu nehmen, dem durch Schule und Erziehung Abhilfe zu schaffen sei, als sei dies von außen zu planen oder herzustellen. Die einzigartige Schönheit jeden Kindes und Jugendlichen wahrzunehmen und ihr Gutsein anzunehmen, bedeutet: ihre Ressourcen entdecken und sie stärken. Förder- und Hauptschüler und -schülerinnen erfahren dies oft zum ersten Mal in ihrem Leben: Den vielen offenen oder verdeckten Selbstverneinungen, die familiär und gesellschaftlich und schulisch ihnen zugefügt werden, die biografisch ihnen zuwachsen und die sie sich selbst antun, gilt es erfahrbare Bejahung entgegenzusetzen: „Du bist schön. Du bist gut. Ich entdecke deine individuelle und besondere Schönheit, deine Art von Gutsein. Und so kann ich dich sehen und dir in die Augen schauen und so können wir beginnen zu lernen und zu lehren." Solche Schönheit ist nicht selbstgemacht. Sie wird wahrgenommen im Moment des Blickes: „In deinen Augen werd' ich schön", schreibt Gabriela Mistral. Schönheit und Güte werden aufgedeckt in jedem Kind, in jedem Jugendlichen, dessen und deren Leben von vielerlei Zerstörung und Missachtung umgeben sind, wenn Lehrende ihm mit Güte begegnen. Ohne dieses ästhetische Moment bleiben alles ethische Lehren und Lernen wie die Beziehungen zwischen Lehrenden und Lernenden äußerlich. Entscheidend ist der Zusammenhang von beziehungseröffnender Wahrnehmung (Ästhetik) und kognitivem Lernen (z. B. Ethik). Konrad Pfaff[8] schreibt:

Gegen die Kälte der Welt, der Gesellschaft, der Institutionen, Familien, Konzerne, Geschäfte, gegen diese Kälte, die weit schlimmer ist als die Kälte des Weltraums mit minus 250 Grad fast, gegen diese Kälte hilft nur deine Wärme, die du durch deine Augen, Bewegungen, Ansprachen, Gefühle, Handlungen in allen Situationen spenden kannst. Du bist die Quelle und Kreise bilden sich um dich und Wellen breiten sich aus. Deine zärtliche Verbundenheit lass nicht einsperren ins Gefängnis der Intimität. Deine Nähe gehört allen. Deine Wärme brauchen alle. Sprich an, lächle an, berühre, stärke, ermutige, störe auf, verdrehe das Normale, versteck dich nicht im Alltag. Mach dir keine Sorgen und Verantwortungen um die Kälte der Mächtigen und Hochmütigen und Eingebildeten, sondern akzeptiere sie als Herausforderung. Zeige deine Wärme der Kälte der Welt. Deine Worte sind Zauber gegen die Kälte. Deine Nähe ist Zauber gegen die Kälte. Deine Ehrfurcht ist Zauber gegen die Kälte. Deine Liebe ist Zauber gegen die Kälte.

Darin liegt unser Ausgangspunkt pädagogischer Arbeit.

Kathy und Red Grammer dichteten den Song *See Me Beautiful*. Übersetzt sagt er:

> Sieh die Schönheit in mir;
> such' das Beste in mir.
> Das ist es, was ich wirklich bin
> und was ich wirklich sein will.
> Es mag etwas dauern,
> Es mag schwer zu finden sein,
> aber sieh die Schönheit in mir.
>
> Sieh die Schönheit in mir,
> jeden Tag:
> Kannst du das Wagnis eingehen,
> kannst du eine Möglichkeit finden,
> in allem, was ich tue,
> mich durchscheinen zu sehen
> und meine Schönheit wahrzunehmen?

Dies Lied formuliert die implizite, nur selten explizit gemachte Sehnsucht der Schülerinnen und Schüler.

Achtsamkeit

Achtsamkeit ist ein aus buddhistischem Kontext stammendes Konzept des Lebens und Denkens, das zugleich integraler Bestandteil, erster Schritt und so Grundlage buddhistischer Meditation ist. Auf die Achtsamkeit bauen sich folgende Stufen der Meditation auf:

– Achtsamkeit (sati) ist Grundlage für einen respektvollen Umgang miteinander. Sie bedeutet ein bewusstes Wahrnehmen meiner selbst und der eigenen Umgebung und beinhaltet Wertschätzung mir selbst und anderen gegenüber.
– Gewaltlosigkeit (ahimsa) bedeutet andere und sich selbst nicht zu verletzen.
– Geben (dana) beinhaltet Großzügigkeit, Bescheidenheit und Genügsamkeit. Auch ist die Übung des Loslassens, des Schenkens und des Annehmens gemeint.
– Sammlung (samadhi) bedeutet Konzentration und Stille, nicht zerstreut zu sein.
– Tiefe Einsicht (pañña) beinhaltet Verstehen, Weisheit, Selbsterkenntnis und Überwindung von Verblendung.
– Mitgefühl (karuna) heißt tiefe Verbundenheit und Liebe zu allen Lebewesen.
– Gelassenheit (upekkha) bedeutet die Dinge so anzunehmen, wie sie sind. Es beinhaltet auch Gerechtigkeit, z.B. in der Form, dass man bestimmte Personen nicht vor anderen bevorzugt.
– Freiheit (sunyata) bedeutet Offenheit, Weite oder Leerheit in dem Sinne, dass es nichts gibt, was nicht der Vergänglichkeit unterworfen ist.

Diese Stufenfolge, die eben nicht nur eine meditative ist, sondern das ganze Leben und Denken umfassen soll, macht deutlich, dass Achtsamkeit die Basis allen Umgangs mit Menschen, Natur und

Dingen ist – auch wenn man nicht in allem buddhistischem Denken folgen möchte. Ein Text von Shakyamuni Buddha aus dem Metta-Sutta kann den Stellenwert der Achtsamkeit in buddhistischem Denken nochmals verdeutlichen:

Genauso, wie eine Mutter ihr einziges Kind liebt und unter Einsatz ihres Lebens schützt, sollten auch wir grenzenlose, allumfassende Liebe für alle Lebewesen entwickeln, wo immer sie sich auch befinden mögen. Unsere grenzenlose Liebe sollte das ganze Universum durchdringen, nach oben, nach unten und überall hin. Unsere Liebe wird keine Hindernisse kennen, und unsere Herzen werden vollkommen frei von Hass und Feindschaft sein. Ob wir stehen oder gehen, sitzen oder liegen – solange wir wach sind, sollen wir diese liebende Achtsamkeit in unserem Herzen bewahren.[9]

Dabei – und dies ist uns entscheidend wichtig – bezieht diese Achtsamkeit sich nicht nur auf das Leben außerhalb meiner selbst, sondern bezieht mich selbst mit ein: Achtsamkeit bewährt sich darin, dass ich mich innerlich zu mir zurückziehe und mich wertschätze und davon ausgehend mich anderen Menschen öffne und auf sie zugehe und Natur und alle Dinge in diese Achtsamkeit einbeziehe.

Sich selbst und andere zu achten wird so zur Lebenskunst, der die Praxis entspricht, sich selbst und andere anzunehmen. Dabei steckt in dem Wort Achtsamkeit „Achtung, Vorsicht" und „Achtung haben vor". Beides gehört zusammen. Habe ich Achtung vor einem Menschen, nähere ich mich ihm mit Vorsicht. Ich achte Zeiten und Gelegenheiten dazu wie ihn selbst zuerst.

Achtsamkeit bedarf einer anstrengenden Aufmerksamkeit auf mich selbst und alles um mich herum. Und doch ist die verblüffende Folge solcher Achtsamkeit: Sie schenkt dem Leben Leichtigkeit. Ich achte mich und andere und in solch selbstverständlich werdender Achtung wird das Leben leicht. Meine Schönheit und meine Güte können erstrahlen und ich kann die anderer wahrnehmen. Sammlung und tiefe Einsicht und Freiheit werden erarbeitet und können sich einstellen; Gewaltlosigkeit und Geben, Mitgefühl und Gelassenheit kann ich mir selbst gönnen und anderen entgegenbringen.

3 Zur Methode der empirischen Untersuchung der Lebensregeln und der Ethik Jugendlicher

Im Rahmen des Forschungsprojektes „Wie Kinder und Jugendliche handeln, was ihnen dabei wichtig ist und werden sollte – Ethische Erziehung und Bildung im Umfeld und mit den Möglichkeiten des Dekaloges" bestand eine erste Projektphase darin, dass wir Schülerinnen und Schülern, vermittelt über die Schulen, die Aufgabe stellten: „Schreibe bitte 10 Lebensregeln auf, die dir wichtig sind und die für alle gelten können." In einem zweiten Schritt baten wir die Schülerinnen und Schüler diese nach Wichtigkeit zu reihen. Diese Befragungen wurden in einer Grundschule sowie in Förder-, Haupt- und Realschulen und Gymnasien (lediglich in Thüringen)[10] in den fünften bis zehnten Klassen im Fach „Werte und Normen", im Religionsunterricht sowie in den weitaus meisten Fällen in nicht zu diesem Fächerverbund gehörenden Schulfächern durchgeführt. Aus Niedersachsen erhielten wir insgesamt mehr als 4.160 Schüleräußerungen, die ausgewertet wurden. Diese Schüleräußerungen stammen von insgesamt 497 Schülerinnen (221) und Schülern (276) aus den genannten Schultypen.

Von diesen 497 Schülerinnen und Schülern sind bzw. waren 124 auf einer Förderschule. Diese Schülerinnen (44) und Schüler (80) formulierten insgesamt 1082 Regeln, die hier ausgewertet werden. Die Auswertung erfolgt nach Methoden qualitativer Sozialforschung: Es wurde also nicht vorab ein Ethikbegriff festgelegt, sondern es ging darum, sich an das zu halten, was die Befragten in ihren Regeln – und später auch in den Interviews – selbst als im weitesten Sinne „Ethik" oder als „Regeln und Werte für gutes Verhalten/gutes Leben" bezeichnen bzw. implizit darunter verstehen. So wurden für die Auswertung aus dem Material der Lebensregeln induktiv 17 Kategorien gebildet, die es ermöglichen, die Lebensregeln möglichst umfassend und möglichst eindeutig einander zuzuordnen. Die Regeln ordneten wir also nicht einem feststehenden Oberbegriff zu, sondern es ging zunächst darum, sie – wie dann auch die Interviews – zu verstehen. Es folgten Auswertungen für die einzelnen Klassenstufen und die Zugehörigkeit bzw. Nichtzugehörigkeit zu Religionsgemeinschaften,[11] schließlich wurden genderspezifische Auswertungen durchgeführt, sofern dies angesichts der Anzahl der beteiligten Schülerinnen und Schüler bzw. des Materials der Regeln sinnvoll erschien.

Die aus den Lebensregeln zu gewinnenden Daten beanspruchen keine Repräsentativität. Dazu wurden sie zu zufällig erhoben, sind Mädchen und Jungen ebenso ungleich verteilt wie deren Zugehörigkeit zu den unterschiedlichen Klassenstufen. Auch die Religionszugehörigkeit bzw. Religionslosigkeit ist nicht repräsentativ. Dennoch ergeben die Daten in Verbindung mit den Interviews einen guten, qualitativ orientierten Einblick in ethische Themen von Schülern und Schülerinnen und deren mögliche Differenzen hinsichtlich Altersgruppen, Geschlecht sowie Religionszugehörigkeit bzw. Religionslosigkeit. Sie ermöglichen zumindest Aufmerksamkeitsrichtungen zu formulieren.

Nachdem die Schülerinnen und Schüler ihre Lebensregeln notiert und dem Projekt zur Verfügung gestellt hatten, fanden Interviews mit ausgewählten Schulklassen an einer Grundschule, einer Förderschule und einem Sportgymnasium statt. Ausgangspunkt dieser Interviews waren die Lebensregeln der jeweiligen Schülerinnen und Schüler sowie ein Set von thematischen Schwerpunkten, mit denen im Rahmen eines verstehenden Interviews frei umgegangen werden sollte. Zwischen Dezember 2005 und März 2006 interviewte Gottfried Orth die Schülerinnen und Schüler einer 9. Förderschulklasse und führte Gespräche mit Lehrerinnen und Lehrern dieser Schulklasse.

Die verschriftlichten Interviews wurden sodann von mehreren Personen in getrennten Verfahren mit Methoden der qualitativen Sozialforschung[12] ausgewertet und interpretiert. Das Ziel war ein von der „Hermeneutik der Anerkennung" (J. B. Metz) geleitetes empathisches Verstehen zu praktizieren: Dies meint zuerst eine wertschätzende Interpretation, in der wir uns bemühten, das Selbstverständnis der Schülerinnen und Schüler insbesondere im Kontext ethischer Fragen wahrzunehmen und darzustellen und auf Bewertungen zu verzichten. Wir stellten uns vor, den Schülerinnen und Schülern die von uns rekonstruierten und geschriebenen Texte zum Lesen geben zu wollen, so dass sie sich darin wiedererkennen. Diese Achtung bringen wir den Jugendlichen entgegen, die uns von ihrem Leben, ihren Lebensregeln und ihren Wünschen erzählt und sich so in den Forschungsprozess eingebracht haben. Es ging also darum, die Perspektiven der Interviewten zu rekonstruieren, ihre Erfahrungen, Handlungen und Deutungssysteme zu verstehen und ihre eigenen, jeweils besonderen Binnenperspektiven ethischen Verstehens und Handelns nachzuvollziehen.

Was entscheidend ist für ethisches Lernen im Unterricht wie in der Schule insgesamt – Empathie und Perspektivenwechsel – soll bei der Interpretation der Interviews exemplarisch vorgeführt werden. Nur wenn es gelingt, den Blickwinkel des/der anderen, deren Wahrnehmung, Gefühle, Bedürfnisse, Denkweisen – so weit dies möglich ist – einzunehmen, bleibt Identität für alle Beteiligten ein offener Prozess jenseits vorschneller Festlegungen und Abgrenzungen.

Erst in einem davon klar getrennten weiteren Schritt wurden die in den Geschichten deutlich werdenden Positionen kontrastiert, um die Unterschiede zwischen den Schülerinnen und Schülern hinsichtlich ethischer Fragen und Themen und ihrer Lebensregeln herauszuarbeiten. Als Ergebnis dieser Arbeitsschritte entstanden die acht Schülerporträts, in denen wir in diesem Zussammenhang lediglich deren ethische Themen und Handlungsfelder zusammenfassen und beschreiben.

Solch möglichst intensives Hinschauen, Wahrnehmen und einfühlsames Verstehen im ersten Schritt und dann im zweiten (!) das Wahrnehmen und Festhalten von Differenz in Einschätzungen und Sachfragen sind von zentraler Wichtigkeit. Denn Schule und insbesondere ethisches Lernen als Teil der Schulkultur wie als Dimension aller Schulfächer lebt zuerst von personalen, einander wertschätzenden Begegnungen der Schülerinnen und Schüler – untereinander und mit ihren Lehrerinnen und Lehrern.

Ein solcher Ansatz qualitativer wissenschaftlicher Forschung – und diese Selbstverständlichkeit soll abschließend noch einmal benannt werden – mit acht Jugendlichen und ihrem schulischen

Umfeld ist nicht repräsentativ. Er bietet einen Mosaikstein, einige Förderschülerinnen und Förderschüler besser zu „sehen", die von ihnen im Schulalltag wie in den Befragungen und Interviews generierten ethischen Themen zu entdecken, um so Themen und Möglichkeiten ethischen Lernens zu erkunden. Zu solcher Intensität der Wahrnehmung und möglicher Gemeinsamkeit wie Differenz möchten wir anregen.

Sehen und Hören

Die Bundesrepublik ist eine tief gespaltene Gesellschaft. Dem Reichtum steht eine Armut gegenüber, die sich längst entkoppelt hat. Es gibt Millionen von Verlierern, die die Gewinner einfach nicht mehr stören. Sie sind für das wirtschaftliche Funktionieren nutzlos geworden. Ihre Arbeitslosigkeit schließt sie aus der Gesellschaft aus. Ihr Ausschluss verschärft ihre Armut. Die Armut macht ihnen ein würdevolles Leben kaum möglich. Sie sind ein für alle Mal abgehängt.

– So zu lesen am 17. September 2006 im Berliner Tagesspiegel. Was Bert Brecht in der Dreigroschenoper erwähnte, scheint heute endgültig festgeschrieben: „... die da unten sieht man nicht ..." Ausgeblendet, ungehört und ungesehen leben diese Menschen irgendwo – irgendwo mitten in dieser Gesellschaft. Kinder und Jugendliche aus diesen „abgehängten" Familien sind meist Schülerinnen und Schüler der Förder- und Hauptschulen. Sie sind wenig oder gar nicht angesehen; sie werden wenig oder gar nicht gehört.

Sie sehen und sie hören, ihre Anwesenheit wahrnehmen – das ist ein erster entscheidender Akt der Wertschätzung dieser Kinder und Jugendlichen. Sie sind da und sie sind willkommen im Leben der Schule wie im Unterricht. Ethisches Lehren und Lernen beginnt mit solcher sehenden und aufhorchenden Annahme. Sie werden nicht mehr übersehen, sondern genießen Ansehen.

Voraussetzung solch aktiven Sehens ist des Lehrers und der Lehrerin eigene Präsenz, ihr Da-Sein, die aktive Gegenwart im Raum der Schule wie in der Klasse im Unterricht: Wenn ich hier als Lehrerin und Lehrer ganz bei mir bin, kann ich auch ganz bei den Kindern und Jugendlichen sein und sie „sehen". Das ist die eine Seite, doch es gibt zugleich eine andere gleich bedeutende. „Die Sensibilität des Künstlers", schreibt Th. W. Adorno, „ist wesentlich die Fähigkeit, der Sache nachzuhören und mit den Augen der Sache zu sehen."[13] Übertragen wir dies auf die Beziehung zwischen Lehrenden und Lernenden, lautet der Satz: Die

Sensibilität der Lehrenden ist wesentlich die Fähigkeit, den Lernenden nachzuhören und mit den Augen der Lernenden zu sehen. Wir bleiben zunächst beim Sehen. Solch aktives Sehen hat eine vierfache Bedeutung:

– Eine archaische Konzeption begreift das menschliche Sehen im Sinne eines aktiven Ausstrahlens: das Auge gilt als Licht des Körpers. Einen Schüler und eine Schülerin in den Blick nehmen heißt, ihm und ihr Anteil geben an mir und meinem ,Licht'– und sei es lediglich für einen Augenblick.

– Wenn ich als Lehrer oder Lehrerin einen Schüler oder eine Schülerin sehe, dann schenke ich ihm und ihr Ansehen und Zugehörigkeit: Hier in der Schule gehörst du dazu.

– Wenn ich als Lehrer oder Lehrerin einen Schüler oder eine Schülerin sehe, dann suche ich einen doppelten Blickwinkel einzunehmen, meinen eigenen und zugleich den der Schülerinnen und Schüler.

– Schließlich können alle einander in die Augen sehen, eine besondere Intensität der Wertschätzung und der Freude aneinander.

Im Sehen geschieht so bereits ethisches Lehren und Lernen: im Anteil geben, im Dazugehören, im Gewähren von Wertschätzung und Freude. Hildegard von Bingen formulierte einmal: „Das Sehen nimmt wahr (amat!)", wobei sie auf Lateinisch schrieb, was dann wörtlich übersetzt heißt: „Das Sehen liebt". Sehen ist liebevolle Zuwendung: Sehen als ein aktives Hinsehen lässt den anderen und die andere erkennen, dass er und sie geschätzt werden, (eines Blickes) gewürdigt werden oder auch ertragen und getragen werden. Wer sieht, urteilt (noch) nicht; wer hinschaut, hat noch keine fixen Bilder; wer eine Beziehung mit dem Sehen beginnt, ist offen für das, was gesehen und geschehen wird. Er und sie begegnen einander von Angesicht zu Angesicht. Wer einen anderen sieht, sieht in ihm oder ihr oft mehr, als sie oder er selbst. So wird Wachstum möglich im Sehen ...

Ob Schülerinnen und Schüler gehört werden, bemerkt man daran, ob ihnen „nachgehört" wird, ob sie eine Antwort bekommen, die zu neuem Hören herausfordert. Ich kann sehr unterschiedlich hören:

abspeisend...,
besser wissend...,
desinteressiert...,
nachfragend...,
spiegelnd...,
verstehend...,
klärend...,
mitfühlend...,
tröstend...,
zu neuem Fragen herausfordernd...
Gesprächsmöglichkeiten eröffnend....

Wenn ich höre, verschenke ich Aufmerksamkeit: Ich merke auf und werde eines anderen gewahr. Ich kann aktiv hören als Lehrer oder Lehrerin und so den Schüler und die Schülerin zu ebensolchem verlocken: zum Erzählen, zum verstehenden Wiederholen des Gesagten, zum Weiterfragen, zum eigenständigen Antworten, zum Gespräch. Auch unser Hören kann von ethischer Qualität sein, ist Teil eines jeden Beginns ethischen Lehrens und Lernens, solchen Anfangens, das gelingt wie eines solchen, das scheitert.

Es war Martin Buber, der diesen Gedanken des Sehens und Hörens für Erziehung geltend machte: Seine von seiner dialogischen Philosophie geprägte Intention beschreibt Erziehung als Beziehungsgeschehen und darin die Bedeutung des Sehens: „...keine Belehrung, aber Blick, Bewegung, Da-sein des Lehrenden, wenn sie vom erzieherischen Auftrag eingegeben sind. Beziehung erzieht."[14] Und im Blick auf Hören und Antworten: „Diktieren, was im allgemeinen gut und böse ist, das ist seines Amtes nicht, aber antworten, auf eine konkrete Frage antworten, antworten, was in einer bestimmten Situation richtig oder falsch ist, das ist seines Amtes."[15] Dabei geht es Buber nicht darum, dass die Antworten des Lehrenden angenommen werden, sondern darum, dass die Fragen der Zu-Erziehenden anerkannt werden. So geht es ihm um ein „Leben in gegenseitiger Bestätigung".[16]

Dieses brüchige Leben zwischen Geburt und Tod kann doch eine Erfüllung sein: wenn es eine Zwiesprache ist. Erlebend sind wir Angeredete;

denkend, sagend, handelnd, hervorbringend, einwirkend vermögen wir Antwortende zu werden.[17]

Den Gedanken der Zwiesprache nimmt Paulo Freire auf und bezieht ihn in seiner Theorie einer „Bildung als Praxis der Freiheit" auf die Konstitution von Subjekten jenseits der Alternative von Herrschaft und Unterwerfung. Freire hält Zwiesprache für entscheidend dafür, dass sich Menschen als „Ich" und „Ich" begegnen, ohne dass ein „Ich" das „Du" beherrscht, sondern so, dass „das Ich und das Du in der Dialektik dieser Beziehung zwei ‚Du', zwei ‚Ich' werden. ... Kooperation kann nur zwischen Subjekten erreicht werden."[18]

Martin Buber, Paulo Freire und viele andere, die Sehen und Hören als wertschätzende Aufmerksamkeit sowie als aktive Präsenz verstehen wollen, sieht Marshall B. Rosenberg als seine Gewährsleute für die von ihm so genannte „Gewaltfreie Kommunikation". Auch sie fußt auf aktivem Sehen und Hören: Es geht zunächst darum zu sehen und zu hören, was bei anderen und mir selbst geschieht und dies zu beschreiben – ohne zu bewerten. In solcher Wahrnehmung gewinnt das Sehen und Hören eine neue Qualität: Es eröffnet die Möglichkeit der Empathie, setzt jenseits von Verurteilen oder Vergleichen, von Schuld oder Scham eine Haltung von Mitgefühl und Wertschätzung frei – sich selbst und anderen Menschen gegenüber.[19]

Mit „Sehen" und „Hören" beginnt ethisches Lehren und Lernen. Sie sind selbst von ethischer Qualität. Und: Nehmen wir Adornos zitierte Äußerung vom Künstler als einem, der fähig ist, der „Sache" nachzuhören, mit den Augen der „Sache" zu sehen, dann sind der Lehrer und die Lehrerin Künstler und Künstlerin – nahe dem, wie H. v. Hentig Lehrende als „Darsteller und Darstellerinnen" charakterisierte. Ihre Tätigkeit ist Kunst – nicht lediglich Methode. Einmal mehr setzt dies einen Blick frei auf den Zusammenhang von Ethik und Ästhetik als den Lehren vom Verhalten, Handeln und Unterlassen, vom Leben eben, und der Kunst der Wahrnehmung.

4 Der Wunsch nach glückendem Leben und die Lebensregeln der Schüler und Schülerinnen

Die 124 Förderschülerinnen (44) und -schüler (80) aus Niedersachsen, die sich an dem Projekt der Lebensregeln beteiligt haben, verteilen sich auf folgende Klassenstufen: Klassen 5/6: 8 Schülerinnen und 7 Schüler, Klassen 7/8: 19 Schülerinnen und 47 Schüler, Klassen 9/10: 17 Schülerinnen und 26 Schüler.

Deren Religions- bzw. Konfessionszugehörigkeit stellt sich folgendermaßen dar: 64 evangelische, 21 katholische, 18 muslimische und 9 religionslose Schülerinnen und Schüler; 12 wussten nicht, ob sie einer Religion bzw. welcher sie angehören. Insgesamt formulierten die Schülerinnen und Schüler 1082 Lebensregeln.[20]

Von den Schwierigkeiten dabei berichtete uns eine Lehrerin:

Regeln sind für unsere Schüler und Schülerinnen ausschließlich etwas von außen Gesetztes, dem sie folgen oder nicht – wie Verkehrsregeln, Schulregeln, Verhaltensregeln, Moscheeregeln. Ein Regelverständnis oder -verhalten, das die Mitwirkung an Regelvereinbarungen oder sogar das eigene Setzen und Gewichten von Regeln in den Vordergrund stellt, ist wenig vertraut – auch wenn wir das in der Schule immer wieder üben. Und nun sollten sie Regeln aufschreiben, die für sie selbst wichtig sind, dann aber auch noch für alle Menschen gelten können... – für unsere Schüler eine große Anstrengung, sich dieser Anforderung überhaupt zu stellen.

Damit ist zugleich ein erstes Bündel ethischer Fragen angesprochen: Welches Regelverständnis haben die Schülerinnen und Schüler? Wer setzt Regeln? Welche Rolle spielen Regeln in Schule und Alltagsleben von Förderschülern?

Das folgende Schaubild zeigt zunächst die Verteilung der Äußerungen der Förderschüler und -schülerinnen auf die einzelnen Kategorien – begonnen mit den häufigsten Nennungen:

Thema	gesamt	weiblich	männlich
Umgang mit Mitmenschen	293	130	163
Eigene Bedürfnisse	149	44	105
Eltern/Familie	131	48	83
Freunde und Freundschaften	95	32	63
Schule	91	32	59
Gewaltfreiheit	86	37	49
Gesundheit	62	18	44
Tötungsverbot	31	10	21
Religion	27	15	12
Tierschutz	21	8	13
Respekt	16	6	10
Umweltschutz	11	2	9
Selbstwertschätzung	7	5	2
Umgang mit Gegenständen	7	1	6
Bekämpfung von Armut	4	-	4
Anstand	3	2	1
Sonstiges	48	14	34

Einen Überblick über die Verteilung hinsichtlich der Klassenstufen geben die folgenden Tabellen, die ebenfalls mit den häufigsten Nennungen beginnen; an die Tabellen schließen wir wesentliche Auswertungsergebnisse zu den Gruppen so an, dass wir die charakteristischen Merkmale der Schülerinnen und Schüler einer Altersgruppe jeweils am Beispiel einer Schülerin und eines Schülers rekonstruieren. Abschließend fragen wir dann nach Differenzen zwischen Altersgruppen sowie nach geschlechts- und religionsspezifischen Unterschieden.[21]

Die Lebensregeln der Schülerinnen und Schüler
in den 5. und 6. Klassen

Thema	gesamt	weiblich	männlich
Anzahl TN	*15*	*8*	*7*
Anzahl Nennungen gesamt	*133*	*78*	*55*
Thema			
Umgang mit Mitmenschen	57	34	23
Gewaltfreiheit	30	20	10
Schule	19	10	9
Umgang mit Gegenständen	5	1	4
Eigene Bedürfnisse	4	3	1
Religion	2	2	-
Anstand	1	1	-
Freunde und Freundschaften	1	1	-
Gesundheit	1		1
Armut	-	-	-
Eltern und Familie	-	-	-
Respekt	-	-	-
Selbstwertschätzung	-	-	-
Tierschutz	-	-	-
Tötungsverbot	-	-	-
Umweltschutz	-	-	-
Sonstiges	13	6	7

Die Lebensregeln der Schülerinnen und Schüler in den 7. und 8. Klassen

In den Klassen 7/8 und 9/10 wurden die Ergebnisse differenziert ausgewertet: einmal wurden alle Schülerinnen und Schüler zusammengenommen, zum anderen wurde eine Auswertung ohne diejenigen erstellt, die, bevor sie ihre Lebensregeln aufgeschrieben haben, diese in vielen Unterrichtsstunden des Faches Religion im Zusammenhang des Dekalogs besprochen und gemeinsam erarbeitet haben. Bei ihnen zeigen sich signifikante Unterschiede in der Formulierung und Gewichtung der Lebensregeln; ein „Religionsstunden-Ich" ist hier unverkennbar.

Die Lebensregeln aller Schülerinnen und Schüler in den 7. und 8. Klassen

Thema	gesamt	weiblich	männlich
Anzahl TN	*66*	*19*	*47*
Anzahl Nennungen gesamt	*552*	*163*	*389*
Thema			
Umgang mit Mitmenschen	147	52	95
Eltern und Familie	62	21	41
Gesundheit	54	14	40
Eigene Bedürfnisse	52	8	44
Schule	50	15	35
Gewaltfreiheit	46	13	33
Freunde und Freundschaften	42	13	29
Tötungsverbot	30	9	21
Tierschutz	16	7	9
Respekt	11	1	10
Umweltschutz	9	2	7
Armut	4	0	4

Selbstwertschätzung	3	2	1
Anstand	2	1	1
Umgang mit Gegenständen	2	-	2
Religion	1	-	1
Sonstiges	21	5	16

Die Lebensregeln der Schülerinnen und Schüler
in den 7. und 8. Klassen ohne „Religionsstunden-Ich"

Thema	gesamt	weiblich	männlich
Anzahl TN	*52*	*15*	*37*
Anzahl Nennungen gesamt	*431*	*125*	*306*
Thema			
Umgang mit Mitmenschen	107	39	68
Schule	50	15	35
Gewaltfreiheit	46	13	33
Eigene Bedürfnisse	45	6	39
Gesundheit	41	9	32
Eltern und Familie	39	14	25
Freunde und Freundschaften	29	9	20
Tötungsverbot	18	5	13
Umweltschutz	9	2	7
Respekt	8	1	7
Tierschutz	6	4	2
Armut	4	-	4
Selbstwertschätzung	3	2	1
Anstand	2	1	1
Umgang mit Gegenständen	2	-	2
Religion	1	-	1
Sonstiges	21	5	16

Die Lebensregeln der Schülerinnen und Schüler in den 9. und 10. Klassen

Hier differieren die beiden Gruppen mit und ohne „Religions-stunden-Ich" noch deutlicher, da die Gruppe „Religionsstunden-Ich" knapp mehr als die Hälfte der Gesamtgruppe (22 von 43 Schülerinnen und Schülern) ausmacht, d.h. etwas mehr als die Hälfte der Schülerinnen und Schüler hat die Frage nach eigenen Lebensregeln im Religionsunterricht ausführlich besprochen und in Beziehung auf den biblischen Dekalog diskutiert, bevor die Schülerinnen und Schüler anschließend ihre eigenen Lebensre-geln formuliert haben.

Die Lebensregeln aller Schülerinnen und Schüler in den 9. und 10. Klassen

Thema	gesamt	weiblich	männlich
Anzahl TN	*43*	*17*	*26*
Anzahl Nennungen gesamt	*392*	*158*	*234*
Thema			
Eigene Bedürfnisse	93	33	60
Umgang mit Mitmenschen	89	44	45
Eltern und Familie	69	27	42
Freunde und Freundschaften	52	18	34
Schule	22	7	15
Religion	21	11	10
Gewaltfreiheit	10	4	6
Gesundheit	8	4	4
Tierschutz	5	1	4
Selbstwertschätzung	4	3	1
Respekt	2	2	-
Umweltschutz	2	-	2
Tötungsverbot	1	1	-

Anstand	-	-	-
Armut	-	-	-
Umgang mit Gegenständen	-	-	-
Sonstiges	14	3	11

Die Lebensregeln der Schülerinnen und Schüler in den 9. und 10. Klassen ohne „Religionsstunden-Ich"

Thema	gesamt	weiblich	männlich
Anzahl TN	*21*	*10*	*11*
Anzahl Nennungen gesamt	*178*	*87*	*91*
Thema			
Eigene Bedürfnisse	50	19	31
Umgang mit Mitmenschen	34	23	11
Freunde und Freundschaften	28	13	15
Eltern und Familie	25	14	11
Schule	12	5	7
Gewaltfreiheit	10	4	6
Gesundheit	8	4	4
Religion	5	2	3
Selbstwertschätzung	2	1	1
Respekt	1	1	-
Tötungsverbot	1	1	-
Anstand	-	-	-
Armut	-	-	-
Tierschutz	-	-	-
Umweltschutz	-	-	-
Umgang mit Gegenständen	-	-	-
Sonstiges	2	-	2

4.1 Charakteristika der Schülerinnen und Schüler in den einzelnen Klassenstufen

Natürlich gibt es „die" Schülerin oder „den" Schüler, wie wir sie hier zeichnen, nicht in der Realität. Es sind Typisierungen, die wir aus der Häufigkeit der Nennungen der Regeln in den einzelnen Klassenstufen konstruiert haben. Solche charakteristischen Merkmale bilden den jeweiligen Hintergrund der individuellen Besonder- und Eigenheiten der Schülerinnen und Schüler.

5. und 6. Klasse

DIE SCHÜLERIN bemüht sich um einen regelgeleiteten Umgang mit ihren Mitmenschen. Dies ist ihr das Wichtigste, so will sie andere „nicht ärgern" oder ihnen „drohen"; auch das Diebstahlsverbot ist ihr bedeutsam. Sie hat Angst vor Beschimpfungen und Hänseleien und will sich bemühen, diese Verhaltensformen auch selbst zu vermeiden. Dem folgen Regeln zur Gewaltfreiheit. Dieser Bereich ist für die Schülerin deutlich wichtiger zu regeln als für ihre Klassenkameraden. Es kommt ihr beispielsweise darauf an, andere „nicht an den Haaren zu ziehen" und „nicht zu schlagen". Das dritte Feld, für das die Schülerin Regeln formuliert, ist die Schule. Am wichtigsten ist ihr, „nicht den Lehrer (zu) ärgern", gefolgt von dem Willen zu „eine(r) saubere(n) Schule". Insgesamt ist ihr Sauberkeit wichtig: Sie will für sich „saubere Kleidung" und fordert, nicht „Badeanstalt, Bücher oder (den) Tisch dreckig (zu) machen". Regeln für „Freunde und Freundschaften" sind ihr ebenso weniger wichtig wie solche für ihre eigenen Bedürfnisse, wobei in beiden Fällen dies für sie bedeutsamer ist als für ihre Klassenkameraden.

Auch DER SCHÜLER bemüht sich zuerst um einen regelgeleiteten Umgang mit seinen Mitmenschen. „Nicht klauen", besonders „kein Geld klauen" setzt er sich als Regeln. Er will auch „nicht andere bedrohen", „nicht schreiben: das wünsche ich dir xy" oder „nicht xy ärgern". Sodann betont auch er den Wunsch nach Regeln für Gewaltfreiheit: er will „nicht hauen, schlagen, treten" und betont an erster Stelle, „nicht aus Spaß schießen" zu wollen. Ähnlich bedeutsam wie seiner Klassenkameradin ist ihm die Schule und er betont besonders „nicht den Schulhof (zu) beschmutzen". Auch bei ihm spielt Sauberkeit eine wichtige Rolle und er formuliert hier die Regel „nicht Bus, Autos beschmutzen". Regeln für Freunde und Freundschaften hat er keine formuliert und solche für seine eigenen Bedürfnisse sind ihm auch nur marginal bedeutsam.

DIE SCHÜLERIN WIE DER SCHÜLER formulieren alle Regeln in sehr konkreten Zusammenhängen und es sind fast ausschließlich Prohibitive. Abstraktere Werte benennen sie nicht. Schließlich fällt bei beiden auf, dass die Regel „nicht töten" überhaupt nicht genannt wird; was freilich nicht unbedingt verwunderlich ist angesichts der Vielzahl von Regeln zur Gewaltfreiheit: Das ist das Gebiet, das für die jüngeren Schülerinnen und Schüler als regelungsbedürftig erkannt wird; das Tötungsverbot erscheint demgegenüber für den konkreten Lebenszusammenhang unbedeutend.

7. und 8. Klasse

In dieser Klassenstufe beschreiben wir wiederum die anhand der charakteristischen, d.h. numerisch häufigsten Äußerungen rekonstruierte Schülerin und den entsprechend rekonstruierten Schüler und weisen dabei auf die Differenzen zwischen den Daten insgesamt und denen ohne „Religionsstunden-Ich" hin.

DER SCHÜLERIN sind Regeln für den „Umgang mit Mitmenschen" besonders wichtig: die „TOP 3" ihrer Lebensregeln lauten: „nicht stehlen", „ehrlich sein" und „nicht klauen". „Hilfsbereit (zu) sein" ist für sie eine wichtige Regel ebenso wie „du sollst lieben" oder auch der Wunsch, „dass sich verschiedene Kulturen gut verstehen". Mädchen mit „Religionsstunden-Ich" betonen hier noch die Regel „nett sein". An zweiter Stelle sind Regeln für das Zusammenleben mit den Eltern und in der Familie wichtig: Hier betont sie insbesondere die Notwendigkeit der Mithilfe im Haushalt. Von besonderer Wichtigkeit für die Schülerin mit „Religionsstunden-Ich" ist das Gebot „Eltern ehren"; für die Schülerin ohne „Religionsstunden-Ich" steht die Betonung des Zusammenhaltes in der Familie im Vordergrund. Ihr ist der Bereich der Schule deutlich bedeutsamer als Regeln für Eltern und Familie. Dabei geht es nicht mehr nur um Verhaltensregeln, sondern sie betont auch den Wert der Schule für die Berufsausbildung, wenn sie formuliert: „die Schule ist für meine

Bildung wichtig". Ganz anders als für ihre Klassenkameradinnen aus den 5. und 6. Klassen sind ihr die Themen „Gesundheit" und „Freunde und Freundschaften" wichtig. Eher zaghaft wird nun auch der Bereich der „eigenen Bedürfnisse" als regelungsbedürftig wahrgenommen; hier begegnen Regeln wie: „du sollst dich lieben", „einen eigenen Stil haben" oder auch „keinen Stress haben". Hinsichtlich von Regeln zur Gewaltfreiheit sind beide Gruppen von Schülerinnen sehr ähnlich. „Nicht schlagen" ist ihnen die wichtigste Regel, auch formulieren sie Wünsche dahingehend, „dass die Welt friedlicher wird". Nimmt man die hohe Bedeutung des Tötungsverbotes hinzu, so zeigen sich noch einmal die besondere Bedeutung und das besondere Regelungsbedürfnis hinsichtlich des Themenfeldes von Gewalt und Gewaltfreiheit. Schließlich sind Regeln zum Tierschutz wichtig. Obwohl es wenig mehr Äußerungen zum Tierschutz seitens ihrer Klassenkameraden gibt, sind die Äußerungen der Mädchen deutlich höher gewichtet.

Zusammenfassend nennen wir die TOP 5 aller Schülerinnen: „niemanden töten", „du sollst nicht töten", „die Eltern ehren", „Tiere vor Tierquälerei schützen", „nicht schlagen". Die TOP 5 der Schülerinnen ohne „Religionsstunden-Ich" lauten: „du sollst nicht töten". „Tiere vor Tierquälerei schützen", „nicht schlagen". „nicht klauen", „hilfsbereit sein".

„Umgang mit Mitmenschen" ist auch für DEN SCHÜLER das bedeutsamste Feld, für das er Regeln aufstellt. Im Vordergrund stehen für ihn „nicht stehlen" und Regeln zu Ehrlichkeit und Konfliktvermeidung. Auch ihm ist es wichtig, den Bereich „Eltern und Familie" zu regeln, wobei Hilfsbereitschaft nicht im Vordergrund steht. Bei Jungen ohne „Religionsstunden-Ich" steht hier an erster Stelle: „kein Streit in der Familie". Hinsichtlich der Schule dominiert der als Regel formulierte Wunsch „guter Schulabschluss". Von erstaunlicher Bedeutung ist das Thema „Gesundheit" und die Bedeutung, die hier seine Regeln einnehmen; dabei dominieren Regeln wie „nicht rauchen" und „keine Drogen nehmen". Wir vermuten, dass hier nicht nur die abstrakte Wichtigkeit dieser Regeln für die Jungen von Bedeutung ist, sondern vielmehr auch deren subjektives Gewicht, das bei Jungen höher ist, weil es ihnen schwerer fällt, die von ihnen übernommenen oder selbst formulierten Regeln einzuhalten.

Regeln für „Freunde und Freundschaften" gewinnen für den Schüler an Bedeutung und zwar deutlich mehr als für seine Klassenkameradinnen. Auch „eigene Bedürfnisse" werden nun als wichtiger wahrgenommen und sollen geregelt werden, wobei hier eher Zukunftswünsche und Träume als Regeln formuliert werden; so werden z. B. genannt „Koch werden" oder „dass ich in der Bundesliga spielen darf". Auch für ihn ist die Kategorie „Gewaltfreiheit" hoch besetzt: „kein Krieg", „keine Gewalt" begegnen hier und auffällig oft finden sich Äußerungen wie „nicht mit Waffen spielen". Nimmt man die deutlich höher als bei den Schülerinnen zu beobachtende Gewichtung des „Tötungsverbotes" hinzu, so zeigt sich noch einmal deutlich die sehr hohe Gewichtung jener beiden Kategorien.

Benennen wir auch hier abschließend die TOP 5 aller Schüler und der Jungen ohne „Religionsstunden-Ich". Die TOP 5 aller Schüler lauten: „du sollst nicht töten", „die Eltern ehren", „niemanden töten", „nicht rauchen" „Freunde haben". Die TOP 5 der Schüler ohne „Religionsstunden-Ich" lauten: „du sollst nicht töten", „nicht rauchen", „ehrlich sein", „nicht klauen", „keine Drogen nehmen".

DER SCHÜLER UND DIE SCHÜLERIN formulieren insgesamt deutlich stärker als in den 5. und 6. Klassen ihre Regeln als positive Gebote; auch begegnen deutlich mehr allgemeinere, kontextfreiere Regelformulierungen, z. B. Freundlichkeit und Hilfsbereitschaft, sowie abstraktere Werte, z. B. Liebe und sozialer Zusammenhalt, und viele Wünsche.

9. und 10. Klasse
Erstaunlicherweise und wider unser Erwarten zeigen sich in der 9. und 10. Klasse weniger geschlechtsspezifische Differenzen als in den 7. und 8. Klassen. Lediglich die TOP 5 differieren. Sie seien deshalb hier als Erstes genannt:

– Die TOP 5 der Schülerinnen der Gesamtgruppe lauten: „Familie/meine Familie", „ehrlich sein", „gutes Verhältnis mit den Eltern", „(meine) Freunde", „nicht lügen".
– Die TOP 5 der Schüler der Gesamtgruppe lauten: „eine Familie haben", „Freundschaften bilden", „ein Dach über dem

Kopf", „gutes Verhältnis mit den Eltern", „Versprechen halten".
- Die TOP 5 der Schülerinnen ohne „Religionsstunden-Ich" lauten: „ehrlich sein", „(gute) Arbeit finden", „ich muss auf meine Mutter hören", „nicht schlagen", „auf Partys / in die Disco gehen".
- Die TOP 5 der Schüler ohne „Religionsstunden-Ich" lauten: „der Freundin treu sein", „nicht beleidigen", „nicht lügen", „nicht rauchen", „Mutter/Eltern helfen (teilweise explizit: im Haushalt)".

Angesichts der ansonsten marginalen geschlechtsspezifischen Unterschiede macht es wenig Sinn hier die Schülerin und den Schüler zu rekonstruieren. Dafür lassen sich die beiden Gruppen mit und ohne „Religionsstunden-Ich" klar unterscheiden. So wählen wir hier eine andere Darstellungsweise und konstruieren die Gruppe der gesamten Schülerinnen und Schüler und diejenige der Schülerinnen und Schüler ohne „Religionsstunden-Ich".

DIE SCHÜLERIN UND DER SCHÜLER DER GESAMTGRUPPE bevorzugen es jetzt, vor allem Regeln zu formulieren, die der Kategorie „eigene Bedürfnisse" zuzuordnen sind; Regelbildungen zum Umgang mit Mitmenschen treten dagegen leicht zurück. Besonders wichtig erscheinen ihnen folgende Regeln: „ein Dach über dem Kopf haben", „für sein Leben verantwortlich sein", „sich geborgen fühlen". Auffällig ist die Bedeutung, die den Regeln „geregelte Mahlzeiten" und „geregelter Tagesablauf" gegeben wird. Offensichtlich sehen die Schülerinnen und Schüler hier einen besonderen Regelbedarf; ob dies darauf zurückzuführen ist, dass sie diese Regelungen besonders schätzen, oder dass sie ein Dach über dem Kopf und einen geregelten Tagesablauf wie regelmäßige Mahlzeiten eher entbehren, ist nicht feststellbar. Daneben zeichnen sich die Schülerin und der Schüler der Gesamtgruppe durch ein besonderes Bedürfnis nach Sicherheit und Zufriedenheit aus (z.B.: „geregelte Tagesabläufe", „nicht vom richtigen Weg abkommen", „mit sich zufrieden sein, wie man ist") wie es ja auch in dem Wunsch nach den Grundbedürfnissen Wohnraum und Essen und der Regelung des Tagesablaufes deutlich wird. Nur wenig unbedeutender in der Wertigkeit sind die Regelformulierungen zum „Umgang mit Mitmenschen".

Die drei wichtigsten Regeln lauten: „ehrlich sein", „andere achten", „Versprechen halten". Eine besondere Rolle in den Regeln spielt das Stichwort „Vertrauen" mit den Regeln: „Vertrauen aufbauen", „Vertrauen haben" und „Vertrauen nicht enttäuschen". Insgesamt ist Vertrauen hier das meistgenannte Thema. Wichtig ist weiterhin das Stichwort „Ehrlichkeit" mit den Regelformulierungen „ehrlich sein", „nicht lügen". An dritter Stelle haben die Schülerin und der Schüler der Gesamtgruppe Regeln zum Verhalten gegenüber den Eltern und in der Familie formuliert: „gutes Verhältnis mit den Eltern", „Familie / meine Familie", „eine Familie zu haben" – das sind die zentralen Stichworte. Prägend sind zudem Regelformulierungen wie „Eltern lieben" und der Wunsch nach Geborgenheit. Eine geringe geschlechtsspezifische Differenz lässt sich feststellen: Für den Schüler der Gesamtgruppe erscheint die Beziehung zu den Eltern und zur Familie regelungsbedürftiger als für die Schülerin. Ob dies auf ein konfliktreicheres Verhältnis der jungen Männer zu Eltern und Familie hinweist, bleibt eine offene Frage. Möglicherweise hängt damit auch das für sich genommen erstaunliche Ergebnis zusammen, dass die Regel „Eltern im Haushalt helfen" bei Jungen häufiger als bei Mädchen begegnet. Werfen wir noch einen Blick auf Regeln zu „Freunde und Freundschaften", die erst nach solchen für Eltern und Familie wichtig werden; hier sind vor allem folgende Regeln besonders häufig: „Freundschaften bilden", „Freundschaften haben", oder „Freunde". Auch eine Regel wie „Freundschaften pflegen" wird oft genannt.

DIE SCHÜLERIN UND DER SCHÜLER DER GRUPPE OHNE „RELIGIONSSTUNDEN-ICH" sieht deutlich stärker die Notwendigkeit, die eigenen Bedürfnisse zu regeln als den Umgang mit den Mitmenschen. Hier lauten die häufigsten Regelformulierungen: „viel Geld zu haben", „(gute) Arbeit finden" und „immer glücklich sein". Auffällig ist, dass die Regeln der Gruppe der Schülerinnen und Schüler mit „Religionsstunden-Ich" überhaupt nicht genannt werden. Der Schülerin und dem Schüler der Gruppe ohne „Religionsstunden-Ich" sind dafür zusätzlich Regeln für Freizeit und Freizeitgestaltung besonders wichtig. Und schließlich werden hier weniger Werte wie Sicherheit genannt und es spielen mehr Regeln, die Zukunftsaspekte positiv aufnehmen, eine Rolle (z.B.: „das erreichen im Leben, was ich schaffen will", „auf Partys gehen mit meinen Freunden", „einen Job haben und Geld verdienen"). Deutlich weniger wird der Umgang mit Mitmenschen als regelungsbedürftig angesehen. Wichtig sind besonders: „ehrlich sein", „nicht beleidigen", „nicht lügen". Das Stichwort „Vertrauen" begegnet lediglich in einer Regel, dafür ist Ehrlichkeit besonders wichtig. Vergleichen wir Mädchen und Jungen, so wird deutlich, dass Mädchen in dieser Kategorie mehr als doppelt so viele Regeln formuliert haben wie Jungen, während die Verteilung der Äußerungen auf junge Männer und Frauen in der Gesamtgruppe etwa gleich ist. Schülerinnen ist dabei Ehrlichkeit besonders wichtig, Schülern „nicht beleidigen". Für die Schülerin und den Schüler der Gruppe ohne „Religionsstunden-Ich" sind Regeln, die der Kategorie „Freunde und Freundschaften" zuzuordnen sind, wichtiger als solche für „Eltern und Familie". Die wichtigste Regel lautet: „dem Freund / der Freundin treu sein" – eine Regel, die in der Gruppe der Schülerinnen und Schüler mit „Religionsstunden-Ich" gar nicht begegnet. Weiterhin ist zu beobachten, dass die Regeln in der Kategorie „Freunde und Freundschaft" deutlich konkreter formuliert sind als in der Gruppe der Schülerinnen und Schüler mit dem „Religionsstunden-Ich". Letzteres gilt auch für die viertwichtigste Gruppe von Regeln, denjenigen zu „Eltern und Familie". Die drei wichtigsten Regelformulierungen lauten hier: „meine Familie", „ich muss auf meine Mutter hören", „Eltern helfen". Eine Regel wie „auf Eltern hören" begegnet bei der Gruppe der Schülerinnen und Schüler ohne „Religionsstunden-Ich" nicht, was unterschiedliche Interpretationsmöglichkeiten eröffnet: Es könnte sein, dass diese Regel hier kritisch gleichsam ‚zitiert' wird; es könnte freilich auch sein, dass eine solche Verhaltensweise bei den Regeln der anderen Gruppe einfach ‚mitgemeint' ist; es besteht drittens die Möglichkeit, dass diese Regel für die Gruppe der Schülerinnen und Schüler mit dem „Religionsstunden-Ich" selbstverständlich und deshalb nicht erwähnenswert ist; und schließlich besteht natürlich die Möglichkeit, dass für die Gruppe ohne „Religionsstunden-Ich" dies eine wichtige oder auch selbstverständliche Handlungsmaxime ist. Die bereits genannte geringe geschlechtsspezifische Differenz lässt sich auch hier feststellen: Für die Schülerin der Gruppe ohne „Religionsstunden-Ich" erscheint im Gegensatz zu der Gruppe mit „Religionsunterrichts-Ich" das Verhältnis zu den Eltern und der Familie regelungsbedürftiger als für den Schüler.

Folgende Auffälligkeiten sind außerdem zu berichten:
– Generell sind die Regelformulierungen in der Gruppe ohne „Religionsstunden-Ich" deutlich konkreter als die eher allgemeinen Formulierungen derjenigen Schülerinnen und Schüler, bei denen wir das „Religionsstunden-Ich" festgestellt haben.
– Wenn wir die Regeln auch quer zu den Kategorien lesen, wird deutlich, dass – trotz der leicht unterschiedlichen Gewichtung der Kategorien „Freunde und Freundschaften" und „Eltern und Familie" – insgesamt die Familie für alle Jugendlichen die wesentliche Bezugsgruppe ist und an zweiter Stelle Freundinnen und Freunde rangieren.
– Erstaunlich ist die Beobachtung, dass – trotz der ausführlichen Thematisierung des Dekalogs und damit sicherlich auch des in ihm begegnenden Tötungsverbotes – sämtliche Regelungen zur Kategorie „Gewaltfreiheit" wie auch das Tötungsverbot selbst in der Gruppe der Schülerinnen und Schüler ohne „Religionsstunden-Ich" begegnet.
– Im Bereich des „Tierschutzes" ist es genau umgekehrt: Alle Regeln zum Tierschutz begegnen bei den Schülerinnen und Schülern mit „Religionsstunden-Ich".
– Regeln zur Kategorie „Gesundheit" finden sich dagegen wiederum ausschließlich in der Gruppe ohne „Religionsstunden-Ich". Könnte es sein, dass sie in der anderen Gruppe deshalb nicht begegnen, weil sie auch im Dekalog, der zuvor ja ausführlich mit der Religionsstunden-Ich-Gruppe besprochen wurde, kein Thema sind?
– Regeln im Bereich von Religion spielen in der Gruppe mit dem „Religionsstunden-Ich" natürlich eine besondere Rolle: hier finden sich mehr als dreimal so viele Regeln zu diesem Themenbereich wie in der Gruppe ohne „Religionsstunden-Ich".

Differenzen der Altersgruppen
Wir nennen im Folgenden lediglich die wesentlichen Differenzen zwischen den Klassen 5/6, 7/8 und 9/10. Die Übereinstimmungen werden weder hinsichtlich der Altersgruppen, der Ge-

schlechter noch der Religionszugehörigkeit bzw. der Religionslosigkeit oder der Gruppe der Schülerinnen und Schüler, die
nicht wissen, ob und welcher Religion sie angehören, extra benannt.

- Die TOP 3 der Kategorien der Klassen 5/6 sind: Umgang mit
  Mitmenschen (57 Nennungen), Gewaltfreiheit (30) und Schule (19); bei den Klassen 7/8 sind dies: Umgang mit Mitmenschen (147), Eltern und Familie (62) sowie Gesundheit (54);
  bei den Klassen 9/10: Eigene Bedürfnisse (93), Umgang mit
  Mitmenschen (89) und Eltern und Familie (70).
- Hinsichtlich der Regeln zur GEWALTFREIHEIT und zum
  TÖTUNGSVERBOT ist die Regel „nicht töten" in Klasse 7/8
  TOP-Regel (jeder zweite Schüler hat das Tötungsverbot genannt; jenseits des konkreten Lebenszusammenhanges dominiert das Tötungsverbot markant), in Klasse 5/6 begegnet es
  nicht, in Klasse 9/10 nur einmal. In Klasse 5/6 sind – nimmt
  man alle Regeln (auch aus anderen Kategorien) zusammen,
  die mit Gewalt zu tun haben – Gewaltverbote sehr wichtig:
  52% aller Regeln haben mit Gewalt zu tun; dabei handelt es
  sich um konkrete Gewaltverbote („nicht an den Haaren ziehen", „nicht ärgern", „nicht anderen drohen"). In Klasse 7/8
  ist Gewaltfreiheit mit 8% der Nennungen deutlich weniger
  wichtig, allerdings wird das Tötungsverbot von 50% der
  Schüler genannt. In Klasse 9/10 spielen Gewaltverbote bei
  25% der Schüler und Schülerinnen eine Rolle. Gewalterfahrungen sind offensichtlich präsent in allen Klassenstufen.
- Regeln zu der Kategorie ELTERN UND FAMILIE spielen in den
  Klassen 5/6 keine Rolle, das Zusammenleben erscheint offensichtlich so konfliktlos, dass kein Regelungsbedarf besteht. In
  den Klassen 7/8 ist es die zweitwichtigste Kategorie mit dem
  Schwerpunkt „Eltern ehren"; in der Pubertät besteht hier offensichtlich Regelungsbedarf! In den Klassen 9/10 spielt die
  Kategorie, jetzt freilich mit anderem Akzent, vergleichsweise
  die größte Rolle: Es geht in den Regelformulierungen weniger
  darum „Eltern zu ehren", sondern eher um „ein gutes Verhältnis" zu den Eltern und um Vertrauen.
- UMGANG MIT MITMENSCHEN begegnet in den Klassen 5/6 mit
  42% am häufigsten (hier spielen konkrete Regeln wie Klas-

senregeln eine zentrale Rolle), in den Klassen 7/8 sind es noch 26%, vor allem mit den Regeln „nicht stehlen", „ehrlich sein" und „anderen helfen", in 9/10 22% der Nennungen besonders mit den Regeln „ehrlich sein", „nicht beleidigen" und „nicht lügen". Hinsichtlich der konkreten Regeln lässt sich eine Entwicklung von konkreten Verboten auch in dieser Kategorie hin zu abstrakteren Werten wie „Ehrlichkeit" beobachten.

- Hinsichtlich der GESUNDHEITSREGELN dominiert wohl altersspezifisch in den Klassen 7/8 „nicht rauchen / keine Drogen" als TOP 4-Regel, in 9/10 ist eher „nicht trinken" wichtig.
- Die Kategorie EIGENE BEDÜRFNISSE, die in den Klassen 5/6 noch keine Rolle spielt, zentriert sich in den Klassen 7/8 um Freizeitgestaltung und Wünsche bzw. Träume, in den Klassen 9/10 besonders auch um die eigene Zukunftsorientierung: „viel Geld verdienen" und „gute Arbeit".
- Nicht zuletzt verändert sich die FORMULIERUNG DER REGELN, deren Häufigkeit sich offensichtlich an der Regelungsbedürftigkeit von Konflikten orientiert: In den Klassen 5/6 sind knapp 90% der Regeln als Prohibitive formuliert, in den Klassen 7/8 noch 50%, in 9/10 nur noch 10% (bei offensichtlichen Verboten wie „nicht schlagen", „nicht beleidigen" und „nicht trinken"). Hinzu kommt, dass mit zunehmendem Alter die Regelformulierungen einerseits persönlicher werden, andererseits auch abstrakter in Hinsicht auf die Formulierung allgemeiner Werte.

Geschlechtsspezifische Unterschiede in den Altersgruppen
Fünf geschlechtsspezifische Differenzen erscheinen bedeutsam:
- Durchgängig haben die Mädchen die Aufgabenstellung sorgfältiger oder – wenn man so will – angepasster befolgt als die Jungen.
- In den Klassen 5/6: Bei Mädchen finden sich Formulierungen wie „ich bin sauer auf dich" und „sich gegenseitig helfen", bei Jungen ausschließlich Prohibitive. Gewaltfreiheit wird bei Mädchen höher bewertet als bei Jungen. Im Blick auf die Schule ist bei Mädchen die wichtigste Regel „nicht den Lehrer ärgern", bei Jungen „nicht den Schulhof beschmutzen".
- In den Klassen 7/8 sind die geschlechtsspezifischen Differenzen am größten: Hinsichtlich der Kategorien gehören „Freun-

de und Freundschaften" bei den Jungen zu den TOP 5, bei Mädchen nicht, hier wird Freundschaft geringer gewichtet, obwohl zwei Drittel der Mädchen dazu eine Regel formulieren. Die TOP 5 im Geschlechtsvergleich:[22]

Mädchen	Jungen
du sollst nicht töten	du sollst nicht töten
du sollst nicht rauchen	du sollst Tiere vor Tierquälerei schützen
du sollst ehrlich sein	du sollst nicht schlagen
du sollst nicht klauen	du sollst nicht klauen
du sollst keine Drogen nehmen	du sollst hilfsbereit sein

Generell betonen Mädchen eher die Hilfsbereitschaft, während bei Jungen „nicht stehlen", Ehrlichkeit und Konfliktvermeidung im Vordergrund stehen.

— Außer in den schon genannten TOP 5 zeigen sich in den 9. und 10. Klassen nur äußerst geringe geschlechtsspezifische Differenzen.

— In den meisten Fällen rangiert die Kategorie „Eigene Bedürfnisse" bei Mädchen hinter der Position, die sie bei den Jungen einnimmt. Die Ausnahme, wo dies umgekehrt ist, sind die 5. und 6. Klassen (allerdings bei nur einer sehr kleinen Anzahl von Nennungen) und die Gruppen der muslimischen Schülerinnen und Schüler und derjenigen ohne Religionszugehörigkeit.

4.2 Lebensregeln und Religions- oder Konfessionszugehörigkeit

Wir beginnen mit Hinweisen zu den Auswertungen hinsichtlich der einzelnen Religionen und Konfessionen, der Religionslosigkeit und dem Nicht-Wissen der Schülerinnen um ihre Religionszugehörigkeit oder Religionslosigkeit. Daran schließt sich ein Überblick über die wesentlichen Differenzen zwischen den Schülerinnen und Schülern an.

Die evangelischen Schülerinnen und Schüler

Hier sind zwei unterschiedliche Gruppen zu thematisieren: zunächst die Gesamtgruppe der evangelischen Schülerinnen (19) und Schüler (47). Da sich aber eine große Gruppe von 29 Schülerinnen (7) und Schülern (22) vor dem Aufschreiben ihrer Lebensregeln ausführlich mit diesen im Kontext des Dekaloges im Religionsunterricht beschäftigt hat, muss diese Gruppe aus der Gesamtanzahl herausgerechnet werden und gesondert auftauchen.[23] Dabei begegnet ein deutliches „Religionsstunden-Ich" hinsichtlich der Themen und der Formulierungen der Lebensregeln. Wichtige Ergebnisse im Einzelnen:

– Die TOP 3 der Kategorien aller evangelischen Schülerinnen und Schüler lautet: Umgang mit Mitmenschen (163), eigene Bedürfnisse (85) und Eltern und Familie (75), die „TOP 3" ohne „Religionsstunden-Ich": Umgang mit Mitmenschen (87), eigene Bedürfnisse (42) und Schule (32).

– Die TOP 5 der Regeln aller evangelischen Schülerinnen und Schüler:

Kategorie	Regel
Tötungsverbot	niemanden töten
Eltern und Familie	(meine) Familie
Freunde und Freundschaften	Freunde haben
Eltern und Familie	Eltern ehren
Eigene Bedürfnisse	ein Dach über dem Kopf

– Die TOP 5 der Regeln der evangelischen Schülerinnen und Schüler ohne „Religionsstunden-Ich":

Kategorie	Regel
Eltern und Familie	(meine) Familie
Tötungsverbot	du sollst nicht töten
Umgang mit Mitmenschen	nicht drohen / andere nicht bedrohen
Umgang mit Mitmenschen	ehrlich sein
Gewaltfreiheit	nicht schlagen

– Die TOP 5 der Regeln aller evangelischen Schülerinnen und Schüler getrennt nach Mädchen und Jungen:

Mädchen	Jungen
niemanden töten	Freunde haben
(meine) Familie	anderen helfen
Eltern ehren	niemanden töten
ehrlich sein	(meine) Familie
nicht schlagen	Eltern ehren

Die Regel „nicht schlagen" taucht bei Jungen erst weiter hinten auf. Bis zum Rang 10 sind die Regelformulierungen deutlich von der Gruppe mit „Religionsstunden-Ich" geprägt.

– Die TOP 5 der Regeln aller evangelischen Schülerinnen und Schüler getrennt nach Mädchen und Jungen ohne „Religionsstunden-Ich":

Mädchen	Jungen
ehrlich sein	(meine) Familie
nicht schlagen	Freunde
nicht drohen / andere nicht bedrohen	ehrlich sein
du sollst nicht töten	Eltern
nicht andere ärgern / nicht kleine Kinder ärgern	keine Drogen nehmen

Abschließend seien drei weitere Auffälligkeiten benannt: In der Gruppe mit „Religionsstunden-Ich" hat die Regel „anderen helfen" die meisten Nennungen, ohne „Religionsstunden-Ich" wird „nicht schlagen" am häufigsten genannt. In beiden Gruppen rangiert das Tötungsverbot weit oben, betrachtet man ähnliche Formulierungen als gleichwertig, dann rangiert es auch in der Gruppe ohne „Religionsstunden-Ich" auf Platz 1. Die Kategorie „Religion" ist deutlich überproportional bei der Gruppe der Schülerinnen und Schüler mit „Religionsstunden-Ich" vertreten; dies gilt in abgeschwächter Form auch für die Kategorie „Respekt". Schließlich ist auffällig, dass bei insgesamt 561 Regeln sich keine einzige Nennung zur Selbstwertschätzung findet.

Die katholischen Schülerinnen und Schüler
Die TOP 3 der Kategorien lauten: Umgang mit Mitmenschen (37); Eigene Bedürfnisse (30); Gewaltfreiheit (28).

– Die TOP 5 der Regeln der katholischen Schülerinnen und Schüler lauten:

Kategorie	Regel
Gesundheit	nicht rauchen
Gewaltfreiheit	kein Krieg
Umgang mit Mitmenschen	freundlich sein
Umgang mit Mitmenschen	nicht klauen
Eltern und Familie	Ich bin gern mit meiner Familie zusammen

– Die TOP 5 der Regeln aller katholischen Schülerinnen und Schüler getrennt nach Mädchen und Jungen lauten:

Mädchen	Jungen
Freunde nicht schlagen	nicht rauchen
nicht schlagen	niemanden beleidigen
nicht treten	dass man armen Menschen hilft
nicht ärgern	nicht klauen
im Haushalt helfen	nicht schlagen

Diese Gegenüberstellung ist hier aufgenommen, obwohl sie für sich genommen wenig aussagekräftig ist, da in der Mädchengruppe fast keine Doppelnennung von Regeln auftaucht, eine Gewichtung folglich wenig Sinn macht! In der Tabelle stehen die ersten 5 Regeln, die mehrmals genannt wurden.
– Auffällig ist das Plädoyer der katholischen Schülerinnen und Schüler in ihren Regeln zur Kategorie der Gewaltlosigkeit: diese wird bei 21 Schülerinnen und Schülern und 199 Regeln 28 mal als TOP-Regel genannt; bei 66 evangelischen Schüle-

rinnen und Schülern und 561 Regeln gelten nur 24 Regeln dieser Kategorie.
- Einmal begegnet eine Regel der Kategorie „Selbstwertschätzung".

Die muslimischen Schülerinnen und Schüler
- Die TOP 3 der Kategorien lauten: Umgang mit Mitmenschen (37), Eltern und Familie (23), Gewaltfreiheit und Schule (je 19).
- Die TOP 5 der Regeln lauten:

Kategorie	Regel
Umgang mit Mitmenschen	nicht klauen
Eltern und Familie	meine Eltern sind für mich ganz wichtig
Freunde und Freundschaften	(meine) Freunde
Umgang mit Mitmenschen	ehrlich sein
Gewaltfreiheit	nicht schlagen

Hier ist eine geschlechtsspezifische Gegenüberstellung der wichtigsten Regeln nicht sinnvoll, da in der Mädchengruppe fast keine Doppelnennung von Regeln auftaucht und auch in der Jungengruppe nur wenige Regeln doppelt genannt werden. Eine Gewichtung macht hier noch weniger Sinn als bei den katholischen Schülerinnen und Schülern.
- Als weitere Auffälligkeiten und Vergleiche innerhalb der Gruppe sind zu nennen: Bei der Betrachtung der Regeln fällt auf, dass 7 von 9 Mädchen ihr erstes Gebot der Kategorie Eltern und Familie zugeordnet haben, bei den Jungen sind es nur 2 von 9. In der Kategorie „Umgang mit Mitmenschen" lauten die wichtigsten Regeln: „nicht klauen", „ehrlich sein" und „anderen nicht drohen". Das Tötungsverbot begegnet lediglich einmal, dafür ist Kategorie „Gewaltfreiheit" mit 19 Äußerungen von 18 Schülerinnen und Schülern signifikant wichtiger für die Schüler als bei evangelischen Schülerinnen und Schülern. In der Kategorie Selbstwertschätzung finden wir 7 Regeln (5 mal formuliert von Mädchen, zweimal von einem Jungen); es finden sich 6 Regeln in der Kategorie „Religion" (5 mal formuliert von Mädchen und einmal von einem Jun-

gen); 4 Regeln finden sich in der Kategorie „Respekt", je zweimal von Mädchen und Jungen formuliert.

Die Schülerinnen und Schüler ohne Religionszugehörigkeit
- Die TOP 3 der Kategorien: Umgang mit Mitmenschen (24); Eigene Bedürfnisse (17); die weiteren Kategorien wie Eltern und Familie (10), Freunde und Freundschaften (9) sowie „Gesundheit" und „Schule" (je 8 Regelformulierungen) liegen recht nahe beieinander.
- Die TOP 5 der Regeln lauten:

Kategorie	Regel
Tötungsverbot	du sollst nicht töten
Gewaltfreiheit	nicht schlagen
Umgang mit Mitmenschen	nicht lügen
Eltern und Familie	eine Familie haben
Freunde und Freundschaften	Freundschaften bilden

Ähnlich wie bei den muslimischen Schülerinnen und Schülern ist hier eine geschlechtsspezifische Gegenüberstellung der Regeln nicht sinnvoll.
- Als weitere Auffälligkeiten und Vergleiche innerhalb der Gruppe sind zu nennen: In dieser Gruppe unterscheiden sich die wichtigsten Kategorien der Mädchen und Jungen. Bei den Mädchen sind die Kategorien mit den meisten Regeln „Umgang mit Mitmenschen" und „eigene Bedürfnisse". Bei den Jungen sind die Regeln relativ ausgeglichen auf die Kategorien verteilt. Das Tötungsverbot taucht auch hier dreimal auf. „Gott lieben" wird einmal genannt. In der Kategorie „Umgang mit Mitmenschen" sind „nicht lügen", „nicht klauen" und „anderen helfen" die meistgenannten Regeln. Bemerkenswert ist die Regelformulierung einer Schülerin, die in der Kategorie „Umgang mit Mitmenschen" als wichtigste Regel notiert hat „Ausländer betrachten als Menschen wie du und ich".

Die Schülerinnen und Schüler, die nicht wissen, ob und welcher Religion sie angehören

Diese Gruppe der Förderschüler macht ca. 10% derjenigen Schülerinnen und Schüler aus, die sich an der Aufgabe, Lebensregeln zu formulieren, beteiligt hat.

– Die TOP 3 der Kategorien lautet: „Umgang mit Mitmenschen" (28); „Gewaltfreiheit" (13); die weiteren Kategorien – „Gesundheit", „Schule" und „Tötungsverbot" liege nahe beieinander.

– Die TOP 5 der Regeln, wobei auch hier nur die mehrfach genannten Regeln (und nicht lediglich die einzelgenannten Regeln an erster Stelle) berücksichtigt werden, lauten:

Kategorie	Regel
Tötungsverbot	du sollst nicht töten
Umgang mit Mitmenschen	nicht klauen
Schule	zu lernen
Gesundheit	nicht rauchen
Gewaltfreiheit	nicht schlagen

– Angesichts der geringen Anzahl von Mädchen (3 von 12 Schülerinnen und Schülern) ist eine geschlechtsspezifische Auswertung wenig sinnvoll, es fällt aber auf, dass die Mädchen die TOP 5 der Regeln aller Schülerinnen und Schüler dieser Gruppe bestätigen.

– Das Tötungsverbot nennen 50% der Schülerinnen und Schüler; es ist damit in signifikanter Weise bedeutungsvoll.

– Die Kategorie „Eltern und Familie" spielt dagegen keine besondere Rolle.

– In der Kategorie „Umgang mit Mitmenschen" lauten die „TOP 4": „nicht klauen", „nicht lügen", „anderen helfen" und „freundlich sein".

– Besondere Differenzen zu den Schülerinnen mit und ohne Religionszugehörigkeit sind nicht zu beobachten.

Differenzen

Thematisieren wir abschließend auffällige Differenzen zwischen evangelischen, katholischen, muslimischen und religionslosen

Schülerinnen und Schülern sowie der Schülerinnen und Schüler, die nicht wissen, welcher Religion sie angehören („weiß nicht"), so zeigt sich folgendes Bild:

- Die TOP 3-Regeln in den unterschiedlichen Gruppen: evangelisch: (meine) Familie, du sollst nicht töten, nicht drohen/andere nicht bedrohen; katholisch: nicht rauchen, kein Krieg, freundlich sein; muslimisch: nicht klauen, meine Eltern sind für mich ganz wichtig, (meine) Freunde; ohne Religionszugehörigkeit: du sollst nicht töten, nicht schlagen, nicht lügen; „weiß nicht": du sollst nicht töten, nicht klauen, lernen.
- In der Kategorie „Gewaltfreiheit" finden sich bei evangelischen Schülern und Schülerinnen deutlich weniger Regeln als bei katholischen und muslimischen.
- Selbstwertschätzung spielt bei muslimischen Schülerinnen (!) und Schülern eine besondere Rolle und begegnet sonst lediglich einmal bei einer katholischen Schülerin.
- Zugleich ist zu beobachten, dass die Kategorie „Eigene Bedürfnisse" bei muslimischen Schülerinnen und Schülern und solchen, die ihre Religionszugehörigkeit nicht kennen, deutlich weniger als bei christlichen Schülerinnen und Schülern begegnet.
- Die Kategorie „Religion" ist bei muslimischen Schülern im Religionsvergleich[24] besonders hoch besetzt.
- Gleiches gilt für die Kategorie „Respekt".
- „Eltern und Familie" rangiert bei muslimischen Schülerinnen und Schülern deutlich höher als in allen anderen Gruppen.
- In der Gruppe der religionslosen Schülerinnen und Schüler finden sich keine signifikanten Unterschiede zu den Regeln der Schülerinnen und Schüler, die einer Religion angehören, und zwar weder in der Formulierung noch in der Gewichtung oder innerhalb der Kategorien.

4.3 Zusammenfassung und Auswertung

Zusammenfassend lässt sich hinsichtlich der ALTERSDIFFE-RENZEN beobachten,

- dass die Kategorie „Umgang mit Mitmenschen" in den Klassenstufen 5/6 und 7/8 dominiert und in der Klassenstufe 9/10 an zweiter Stelle nach „Eigene Bedürfnisse" rangiert,
- dass Regeln zur „Gewaltfreiheit" und zum „Tötungsverbot" und weitere Regeln zur Gewaltfrage in anderen Kategorien in allen Altersstufen von besonderer Bedeutung sind, was den Rückschluss erlaubt, dass den Kindern und Jugendlichen Gewalterfahrungen offensichtlich in besonderer Weise präsent sind,[25]
- dass Regeln zu „Eltern und Familie" in der Klassenstufe 5/6 kaum formuliert sind, sich in den Klassen 7/8 darauf beziehen, die Eltern zu ehren, und sich dies in der Klassenstufe 9/10 verändert hin zu Regelformulierungen, die ein gutes Verhältnis zu den Eltern anstreben,
- dass die Regeln zu „eigenen Bedürfnissen" sich mit höherem Alter konkretisieren und realistischer werden,
- dass sich mit zunehmendem Alter die Formulierungen verändern von Prohibitiven zu positiv formulierten Regeln, und dass die Regeln einerseits persönlich-konkreter werden und andererseits sich mehr abstrakte Werte finden.

Hinsichtlich von GENDERDIFFERENZEN lässt sich beobachten,
- dass die Geschlechterdifferenzen in den Klassenstufen 5/6 nach 7/8 zunehmen und zur Klassenstufe 9/10 wieder deutlich sinken,
- dass Mädchen personenbezogener als Jungen ihre Regeln formulieren,
- dass Mädchen, sofern sich Differenzen in den Regelformulierungen zeigen, eher in der Perspektive von „care" (Gilligan) über Regeln nachdenken,
- dass Regeln der Kategorie „Eigene Bedürfnisse" bei Mädchen in der Regel niederrangiger gesehen werden als bei Jungen,
- dass Mädchen über ein größeres Repertoire von Formulierungsmöglichkeiten für ihre Regeln verfügen als gleichaltrige Jungen.

Unter dem Gesichtspunkt der RELIGIONSZUGEHÖRIGKEIT bzw. RELIGIONSLOSIGKEIT kann beobachtet werden:

- dass bei allen Gruppen hinsichtlich der Religionszugehörigkeit bzw. Religionslosigkeit die Kategorie „Umgang mit Mitmenschen" dominiert,
- dass die Kategorien „Selbstwertschätzung", „Religion", „Respekt" und „Eltern und Familie" im Religionszugehörigkeitsvergleich bei muslimischen Schülerinnen und Schülern eine besondere Rolle spielen,
- dass im Gegenzug „eigene Bedürfnisse" bei muslimischen Schülerinnen und Schülern und solchen, die ihre Religionszugehörigkeit nicht kennen, eine deutlich geringere Rolle spielt als bei christlichen Schülerinnen und Schülern beider Konfessionen,
- dass sich in der Gruppe der religionslosen Schülerinnen und Schüler und derer, die ihre Religionszugehörigkeit nicht kennen, keine signifikanten Unterschiede in den Regeln zu den Schülerinnen und Schülern feststellen lassen, die ihre Religionszugehörigkeit benannt haben.

Schließlich ist zweierlei durchgängig durch alle Gruppen festzustellen: Die Lebensregeln aller Schülerinnen und Schüler wie auch die Interviews mit den Förderschülern und -schülerinnen einer neunten Klasse verweisen darauf, dass diese die von ihnen formulierten Lebensregeln wie überhaupt ihr ethisches Verhalten nahezu ausschließlich im Kontext konkreter Situationen formulieren. Es ist der Kontext ihrer meist unmittelbaren Erfahrungswelten, der Regelungen erforderlich macht, selbst wenn einzelne Regeln dann abstrakter formuliert werden. Und zum zweiten ist deutlich, dass die Regeln vielfach verknüpft sind mit dem Wunsch nach glückendem Leben für sich selbst und andere. Dieser Wunsch erscheint als Gradmesser, an dem die Regeln formuliert und/oder gemessen werden.

4.4 Lebensregeln und Grundbedürfnisse – ein abschließender spannender Hinweis

Manfred Max-Neef,[26] chilenischer Wirtschaftswissenschaftler, Träger des Alternativen Nobelpreises und Mitglied des Club of

Rome formulierte neun Grundbedürfnisse des Menschen. Deren Erfüllung sieht er als den zentralen Indikator für eine Entwicklung nach menschlichem Maß an. Diese Grundbedürfnisse sind:

1. Physical Needs (Wasser, Essen, Luft etc.)
2. Sicherheit / Schutz
3. Verständnis / Empathie
4. Liebe
5. Erholung / Spiel
6. Kreativität
7. Geborgenheit (Community)
8. Autonomie / Selbstbestimmung
9. Sinn / Inhalt

Es ist nun spannend zu beobachten, dass die Lebensregeln der Schülerinnen und Schüler wie unsere aus ihnen abgeleiteten Kategorien sich diesen Grundbedürfnissen fast problemlos zuordnen lassen. So umfassen die Lebensregeln, die der Kategorie „Umgang mit Mitmenschen" zugeordnet wurden, das breite Spektrum der von Max-Neef genannten ersten acht Grundbedürfnisse, jeweils von den Schülerinnen und Schülern konkretisiert in einzelnen Aussagen. Die Lebensregeln der Kategorie „Gewaltfreiheit" sind dem zweiten Grundbedürfnis „Sicherheit/Schutz" zuzuordnen. Das Thema „Schule" umfasst Aussagen zu den Grundbedürfnissen „Geborgenheit" und „Sinn / Inhalt". Aussagen der Kategorie „Umgang mit Gegenständen" lassen sich den „Physical Needs" zuordnen. Die Regeln zu „eigenen Bedürfnissen" umfassen die Grundbedürfnisse nach „Physical Needs", „Liebe", „Erholung / Spiel" und „Autonomie / Selbstbestimmung". Regeln zu „Religion" lassen sich auf das Grundbedürfnis „Sinn/Inhalt" beziehen, ebenso wie die Regeln zu den Kategorien „Gesundheit", „Armut" und „Umweltschutz" auf das erste Grundbedürfnis „Physical Needs". Regeln zu „Freunde und Freundschaften" gehören zu dem vierten, fünften und siebten Grundbedürfnis: „Liebe", „Erholung / Spiel" und „Geborgenheit". Regeln zu „Eltern und Familie" spiegeln die Grundbedürfnisse „Sicherheit / Schutz", „Liebe" und „Geborgenheit". Regeln der Kategorie „Respekt" lassen sich mit dem Grundbedürfnis von „Verständnis / Empathie", Regeln zur Kategorie „Selbstwertschätzung" mit dem Grundbedürfnis nach „Autonomie / Selbstbestimmung", Regeln zum „Tierschutz" mit dem Grundbedürfnis nach „Sicherheit / Schutz" und Regeln zum „Tötungsverbot" ebenfalls mit dem Grundbedürfnis nach „Sicherheit/Schutz" verknüpfen.[27] Hinsichtlich der Kategorien findet sich lediglich keine Entsprechung zu dem sechsten von M. Max-Neef genannten Grundbedürfnis nach „Kreativität".

So zeigen die Lebensregeln der Schülerinnen und Schüler in ihrer Gesamtheit[28] eine erstaunliche Parallelität zu den von Manfred Max-Neef formulierten Grundbedürfnissen. Förderschüler und -schülerinnen wissen offensichtlich nicht nur, welche Regeln ihnen wichtig sind. Vielmehr verdeutlichen diese in ihrer Interpretation sehr präzise ihre Bedürfnisse und ihre Sehnsucht. Ein spannender Befund, wenn man „Ethik lernen und lehren" als Antwort auf die Bedürfnisse und die Sehnsucht der Schülerinnen und Schüler konzipiert, wie wir das an späterer Stelle versuchen.[29]

Gerechtigkeit

„Ich behaupte mit aller Entschiedenheit, dass diese wenigen Fälle[30] Grundstein waren für meine Erziehung zu einem neuen, ‚konstitutionellen' Pädagogen, der den Kindern nicht deshalb kein Unrecht zufügte, weil er sie gern hat oder liebt, sondern deshalb, weil es eine Institution gibt, die sie vor Ungerechtigkeit, Willkür und Despotismus schützt"[31] – so fasst Janusz Korczak seine Erfahrungen mit dem Kameradschaftsgericht im Dom Sierot (Haus der Waisen) zusammen. Der Pädagoge, der die Liebe zu den Kindern lebte und lehrte, setzt auf eine Institution? Dies erscheint erstaunlich!

Das Waisenhausreglement gibt Auskunft über das Kameradschaftsgericht: „Versäumnisse der Kinder und des Personals reguliert das Kameradschaftsgericht. ... Die Sitzungen des Kameradschaftsgerichts finden wöchentlich statt. Richter sind fünf Kinder", die durch Los aus den Kindern bestimmt werden, „die im Laufe einer Woche nicht ein einziges Mal angezeigt wurden".[32] Korczaks langer Bericht über das Kameradschaftsgericht in seinem Buch „Wie man ein Kind lieben soll" beginnt mit folgenden Sätzen: „Wenn ich dem Gericht unverhältnismäßig viel Platz einräume, so in der Überzeugung, dass das Gericht zum Ausgangspunkt der vollen Gleichberechtigung der Kinder werden könnte, dass es zu einer Verfassung führt und letztendlich dazu zwingt – eine Deklaration der Rechte des Kindes zu verkünden. Das Kind hat ein Recht auf die ernsthafte Behandlung seiner Angelegenheiten, auf ihre gerechte und ausgewogene Beurteilung. Bis heute war alles vom guten Willen und den Launen des Erziehers abhängig. Das Kind hatte kein Recht auf Einspruch. Diesem Despotismus müssen Grenzen gesetzt werden."[33]

Guter Wille und selbst Liebe zu jedem Kind, das als besonderer Junge und als besonderes Mädchen ‚gesehen' wird, reichen nicht aus in der Beziehung zwischen Kindern und Erwachsenen. Sie bleiben ebenso individuelle Eigenheiten wie institutionelle

Zufälligkeiten. Die Institutionalisierung des Gerichtes aber hat nach Korczak „eine riesengroße Leistung vollbracht – nämlich das Bewusstwerden der Bedingungen und Gesetze des Zusammenlebens".[34] Schließlich lehrt diese Institution „Vorsicht und Ehrlichkeit im Urteil, im Denken und im Tun".[35] Weil auch vor diesem Gericht jeder nur seine Wahrheit sagen kann, wird sorgsames Erkunden und abwägendes Urteilen von den Kindern gefordert und eingeübt. Ausgleichende Gerechtigkeit wird möglich in der an sich asymmetrischen Beziehung von Kindern und Erwachsenen. Hinzu kommen Teilhabemöglichkeiten der Kinder, ein wesentliches Element von Gerechtigkeit, wenn man diese nicht nur als eine formale Kategorie bestimmt, sondern davon ausgeht, dass ein erster und grundlegender Akt der Ungerechtigkeit der ist, der Menschen aus wechselseitigen Beziehungen ausschließt. Den Teilhabemöglichkeiten der Kinder entspricht Teilgabe der Erwachsenen: die Stärkeren schränken ihre Macht ein und geben Schwächeren daran Anteil.

So wird das Moment der Teilhabe zu einem ersten und entscheidenden Gesichtspunkt der Gerechtigkeit: Kinder treten als Mit-Subjekte in der schulischen Lern- und Lebenswelt auf. Der erste Schritt zur Gerechtigkeit ist die Partizipation aller, zuvörderst der im Machtgefälle Unterlegenen an Entscheidungen, die sie selbst betreffen. Über das Moment der Teilhabe rückt die Hoffnung auf Gleichheit in den Blick. Ihr Movens ist die goldene Regel: „Alles also, von dem ihr wollt, das euch die Leute tun, das tut genauso auch ihnen" (Mt 7, 12). „Die Goldene Regel setzt voraus, dass jeder ein Wissen darum hat, wessen er seitens der anderen bedarf. Sie fordert, dass jeder einen jeden anderen als in gleicher Weise seiner Solidarität bedürftig und würdig anerkennt und behandelt."[36]

Dass auf der Erde Gerechtigkeit herrsche, gehört als Leitziel zu menschlichem Zusammenleben. In griechischer Frühzeit wird Gerechtigkeit als Göttin verstanden, Dike, und später gilt sie als göttliche Norm für das Leben auf der Erde. Der Gott Israels macht im Entstehungsprozess des Monotheismus Gerechtigkeit zum Kriterium des Gottseins der Götter.

Die philosophische Tradition beginnt damit, dass sie mit Platon Gerechtigkeit als individuelle Tugend auffasst. Neben Klugheit, Tapferkeit und Weisheit als den drei Tugenden gilt Gerech-

tigkeit nicht einfach als vierte Tugend, sondern als Kardinaltugend; sie wird gleichsam als harmonischer Akkord der Realisierung jener Tugenden verstanden. Aristoteles übernimmt diese Position. Für ihn ist Gerechtigkeit die vornehmste der Tugenden und „weder Abendstern noch Morgenstern sind derart wunderbar".[37] Und zugleich ordnet Aristoteles Gerechtigkeit dem juristischen Bereich zu und unterscheidet ausgleichende (beim Austausch von Gütern und Verträgen) und austeilende (beim Zuteilen in einer Gemeinschaft) Gerechtigkeit: Aus einer individuellen Tugend wird Recht: „Der Gerechte teilt sich im Verhältnis zu anderen oder anderen im Verhältnis zu sich nicht so zu, dass er sich selbst vom Wünschbaren mehr, dem anderen weniger gibt, sondern dass er nach der proportionalen Gerechtigkeit verfährt, und dies auch bei anderen untereinander."[38] Das Stichwort der proportionalen Gerechtigkeit ist entscheidend, denn es bedeutet, dass faktisch vorhandene Ungleichheiten Berücksichtigung finden. Eine ‚gerechte Verteilung‘ ist also nicht unbedingt eine gleiche Verteilung, sondern eine solche, bei der jeder das Seine erhält, so dass jeder genug hat zum Leben.

Thema der Gerechtigkeit ist nun seit Aristoteles auch die ethische und rechtliche „Gestaltung jener Beziehungen zwischen Menschen, in denen es um Rechtsansprüche und damit um konkurrierende Pflichten geht, das heißt um das, was man Menschen in der sozialen Interaktion schuldet. Insofern unterscheiden sich Gerechtigkeits-Fragen von den ethischen Fragen des guten Lebens, in denen es darum geht, anderen über das rechtlich Geschuldete hinaus wohlwollend, liebevoll und hilfsbereit zu begegnen."[39] Mit Wolfgang Huber lassen sich sodann in diesem Kontext und näherhin hinsichtlich sozialer oder Gemeinwohlgerechtigkeit vier Aspekte unterscheiden:

– Fairness in den Vertrags- und Austauschbedingungen zwischen Personen und Gruppen,
– Chancen zu aktiver Partizipation an der sozialen Interaktion,
– sozialer Ausgleich bei vorrangiger Option für die Armen,
– Fairness im formal-prozeduralen Vollzug der Rechtspraxis.[40]

Ernst Bloch war es schließlich, der die von Huber benannte vorrangige Option für die Armen in seinem Buch „Naturrecht und menschliche Würde"[41] philosophisch-politisch bereits for-

muliert hatte: Die „wirkliche Gerechtigkeit als eine von unten richtet sich gegen die vergeltende und austeilende selber, gegen die wesenhafte Ungerechtigkeit, die überhaupt den Anspruch erhebt, Gerechtigkeit zu sein. "

Werfen wir nach diesem kurzen geistesgeschichtlichen Exkurs von hier aus nochmals einen Blick auf Korczaks „Kameradschaftsgericht". Die Erinnerung daran ist kein Plädoyer für die Einführung von Kameradschaftsgerichten an unseren Schulen. Funktionierende Schülermitverwaltungen oder Schülerräte können viele ihrer Aufgaben wahrnehmen. Entscheidend erscheint uns der Zusammenhang von intuitiver und reflektierter Liebe und institutionellen Möglichkeiten und Verfahren, Gerechtigkeit zu erlangen. Für Korczak war die Beobachtung wichtig, dass Liebe allein nicht ausreicht und dass Gerechtigkeit samt einem formalen Procedere, sie zu erlangen, für Kinder und Jugendliche wie Lehrende und Betreuer nötig sind, sollen alle eine Chance dazu haben, in gleicher Weise zu ihrem Recht zu kommen. Gerechtigkeit alleine freilich reicht auch nicht hin, um die Beziehungen von Kindern, Jugendlichen und Erwachsenen zu regeln; es gäbe zu viele, die auf der Strecke bleiben, weil allgemeine Regeln der Gerechtigkeit nicht allen Konfliktsituationen, geschweige denn allen Menschen, gerecht werden können. So braucht es Liebe und Gerechtigkeit als komplementäre und einander ergänzende Verhaltens- und Lebensweisen und bei Korczak findet sich seine Forderung nach Gerechtigkeit nicht zufällig im Zusammenhang des Buches Wie man ein Kind liebt. *Niels Bohr, der Physiker, brachte Liebe und Gerechtigkeit in folgendes, uns einleuchtendes Verhältnis: „Gerechtigkeit und Liebe sind Gegensätze. Denn reine Gerechtigkeit ist lieblos und ausschließliche Liebe fragt nicht nach Gerechtigkeit. Gerechtigkeit und Liebe sind Gegensätze und bilden doch zusammen als fortwährender Widerspruch unser soziales Miteinander. "[42] So können Liebe und Gerechtigkeit – nicht nur im Kontext von Schule – gemeinsam Verhaltensweisen sein, die in den Beziehungen zwischen Menschen der größtmöglichen gegenseitigen Begünstigung zum Leben helfen. Liebevoll gilt es, das Recht des anderen zu suchen – und dabei das eigene nicht außer Acht zu lassen.*

5 „Weil jeder Mensch anders ist" – Die ethischen Themen der interviewten Schülerinnen und Schüler

Die acht Interviews mit den Schülerinnen und Schülern einer neunten Klasse eröffnen weitere ethische Themen und Handlungsfelder und verdeutlichen bzw. konkretisieren die in der Frage nach den Lebensregeln benannten ethischen Stichworte. Dabei orientieren wir uns an den einzelnen Schülerinnen und Schülern, berichten deren ethische Themen, Lebenswünsche, Sehnsüchte und Bedürftigkeiten und notieren besondere Auffälligkeiten sowie das Regelverständnis.

Thomas: „Wenn man die Regeln einhält, dann gibt es auch keinen Stress"

Thomas ist zur Zeit des Interviews 15 Jahre alt. Sein Vater ist Landarbeiter. Seine Eltern sind geschieden und Thomas lebt mit seinen sechs Schwestern beim Vater. Geboren ist er in dem Ort, in dem er auch seit neun Jahren die Förderschule mit dem Schwerpunkt Lernen besucht. Nach dem Förderschulabschluss wechselte er in das Berufsvorbereitungsjahr, um dort den Schwerpunkt Landwirtschaft / Agrar zu wählen. Seit sieben Jahren hilft und arbeitet er in der Landwirtschaft mit. Thomas ist katholisch.

Die Lebensregeln von Thomas
1. eine Stunde mit dem Hund beschäftigen
2. morgens und abends die Körperpflege
3. zwei Stunden Lernen
4. zwei Stunden mit Freunden beschäftigen
5. einmal in der Woche Rollstuhlbasketball spielen

6. zweimal in der Woche Schulsport
7. Beschäftigung mit Verwandten
8. einmal in der Woche auf den Bauernhof
9. einmal in der Woche zur Kirche
10. zweimal in der Woche Zeitung lesen

Thomas kann eine eigene innere Stärke zeigen. Für sein eigenes Leben verantwortlich zu sein (Geld verdienen, Gesundheit, Jobsuche und der Wille, aktiv zu sein), ist ihm wichtig. Dabei fühlt er sich wohl in seinen familiären Zusammenhängen und ist hier wie außerhalb der Familie ein fürsorglicher Jugendlicher. Sensibilisiert durch seinen querschnittsgelähmten Cousin sucht er einen fürsorglichen Umgang mit Menschen mit Behinderungen und hat dabei auch Spaß. Zur Bedeutung der Familie für Thomas gehören auch der regelmäßige Kirchgang mit seinem Opa und das Thema Kirche, das Thomas in seinen Lebensregeln bereits formuliert hat, sowie das Stichwort „Glauben", das er im Interview zur Sprache bringt. Er glaubt „an den da oben", „ja, an Gott" und weiß von Situationen, wo er Gottes Hilfe erfahren hat. Es ist ein Familienglaube, an dem Thomas mit seinem Opa festhält, auch wenn Vater und Geschwister es anders tun.

Er kann sich gut in das Leben anderer Menschen einfühlen und sucht solidarisch zu sein mit Armen und Bedürftigen. Er möchte, „dass es nicht so viele arme Leute gibt" und fordert eine gerechtere Verteilung des Reichtums. Zu seiner Fürsorglichkeit gehört auch sein achtsamer Umgang mit Tieren, insbesondere mit dem Hund der Familie.

In diesem Zusammenhang von Fürsorglichkeit und Eigenverantwortung verlangt er nach gegenseitiger Achtung. Gegenseitige Achtung interpretiert er so, dass die Stärkeren nicht meinen sollen, „ich bin hier der Harte" und auf andere Kleinere und Schwächere herabsehen. Die Stärkeren sollen die Schwächeren achten und nicht „einfach dann sofort draufhauen". Thomas erfährt solche Achtung und er weiß, dass andere seine Fürsorglichkeit wie seine Bedürfnisse nicht nur wahrnehmen, sondern auch anerkennen. Auffällig ist der Zusammenhang von Selbst- und Fremdwertschätzung: Wenn er Aufgaben wahr- und dafür Verantwortung übernimmt, dann fühlt er selbst sich wertvoll. Und er erfährt dieses Gefühl von anderen, wenn er angefragt wird, bestimmte Tätigkeiten zu übernehmen. Dies wiederum ermöglicht ihm Mitgefühl ausbilden und Solidarität üben zu können. Schließlich erscheinen ihm Umweltschutz, Gerechtigkeit und die generelle Ablehnung von Härte und Gewalt bedeutsam.

Seine Lebenswünsche sind: Ausbildung, Arbeit/Beruf, Auto, Führerschein und viele Freunde. Thomas sehnt sich nach Freiheit von Angst vor anderen, vor Fremdheit und vor Härte und Gewalt. Geborgen in Familie und Nahraum, in der Kirche und im Glauben möchte er leben.

Thomas organisiert mit seinen – ausschließlich positiv formulierten und auf den unmittelbaren Nahbereich bezogenen – Regeln seinen Alltag. Dessen klare regelorientierte Strukturierung erscheint ihm zu dessen Bewältigung existenziell wichtig. Hier will er sein Leben in der Hand haben und „Chef" sein. Hier und auch in anderen Situationen, wenn er beispielsweise in Streitfällen dazwischen geht, will er keinen Stress – das ist die von ihm benannte Hauptfunktion von Regeln. Thomas erläutert dies am Beispiel eines Streites, bei dem er dazwischen geht, um die Streitenden auseinander zu bringen, weil es nachher nur Verletzte gäbe. Gegenüber „Ausländern" handelt Thomas freilich anders: „... dann gehe ich nicht dazwischen", denn vor diesen hat er „Respekt" bzw. „Angst". Doch Thomas kann diese Angst – fast entschuldigend – begründen: „Die sind brutaler. Also die können das nicht so mit Wörtern regeln, die fangen schon an zu prügeln". Ausländer sind ihm fremd und Unbekanntheit macht Angst. Anders sein türkischer Klassenkamerad und anders seine Klassenkameradin kosovarischer Herkunft: „Also, die erlebe ich so wie normale Deutsche, weil (ich) mit denen in der Klasse so aufgewachsen bin". Auch wenn für Nihat und Fatima die Zuschreibung „wie normale Deutsche" sicherlich schwierig ist, zeigt sie im Blick auf Thomas: Nähe und miteinander Bekanntwerden hilft Thomas, Angst zu verlieren. Seine Schwierigkeiten mit Ausländern sind kein prinzipielles Problem, sondern eines mangelnder Vertrautheit. Einander kennenzulernen erscheint für ihn als das entscheidende Argument für Verstehen und die Ermöglichung gewaltfreier Lösungen.

In der Aufgabe, Lebensregeln zu formulieren, waren die Schüler und Schülerinnen ja gebeten, Regeln zu formulieren, die für sie wichtig sind und für alle Menschen gelten sollen. Auf diese Aufgabe hin angesprochen, antwortet Thomas spontan, seine Regel „eine Stunde mit dem Hund beschäftigen" gelte eben für alle Menschen, die einen Hund haben. Thomas löst sich kaum von der konkreten Gesprächssituation bzw. der konkreten Vorstellung seines Nahbereiches: Er bleibt immer unmittelbar in seinen konkreten Lebenszusammenhängen. Allgemeine Regeln zu formulieren erscheint ihm fremd. Er weiß um die Wichtigkeit von Regeln, doch abstraktere Überlegungen zur Formulierung oder Bedeutung von Regeln stellt er nicht an. Ihm geht es um die Bewältigung seines Alltages und ausgehend von seinen Lebenszusammenhängen formuliert er Regeln, die dann für diejenigen gelten, deren Situation seinem Alltag und den darin geltenden Regeln entspricht.

Die allgemeine Wichtigkeit von Regeln ist Thomas selbstverständlich; sie wird fraglos angenommen. So ist auch Regellosigkeit für ihn unvorstellbar; er befürchtet „Schlimmes", ohne es weiter zu konkretisieren, wenn es beispielsweise keine Regeln in der Schule gäbe. Selbst wenn er ganz alleine für sich ist, braucht Thomas Regeln und benennt solche im Interview.

Maria: „Ja, hat mir viel Spaß gemacht"

Maria ist zur Zeit des Interviews 15 Jahre alt, eine freundliche, sehr zurückhaltende, stille Schülerin, die im Unterricht kaum spricht. Sie gehört keiner Religion an. Maria lebt mit einer älteren und einer jüngeren Schwester bei ihrer Mutter. Der älteste Bruder ist kürzlich ausgezogen. Seit über einem Jahr hat sie einen erwachsenen Freund, was immer wieder Anlass für Streit mit ihren Freundinnen bietet. Die Grundschule beendete sie fast in Frankfurt/Oder. An ihrem neuen Wohnort wurde sie dann nach dem Ende der Grundschule in die Förderschule mit dem Schwerpunkt Lernen umgeschult.

Die Lebensregeln von Maria
1. niemals meinen Freund betrügen
2. nie meine Freundin anlügen
3. immer die Wahrheit sagen und nicht lügen

4. immer für meine beste Freundin da sein
5. immer regelmäßig zur Schule gehen
6. immer auf meine Mutter hören
7. lernen für Mathearbeit oder Diktat
8. mich gesund halten
9. jeden Tag zu Freunden gehen
10. regelmäßig Sport machen

Maria lacht gern, Freude und Glück sind ihr wichtig. Auch deshalb liebt sie Kinder – ihre Erfahrungen in einem Kindergartenpraktikum sind ihr wichtig geworden – und sie schätzt alte Menschen, weil diese auch gerne lachen und Freude ausstrahlen können.

Maria hat viele Freundinnen und Freunde. Doch zunächst ist ihre Mutter die wichtigste Bezugsperson, weil sie „nett" ist und alles für sie und ihre Geschwister macht. Sie hört – entgegen der von ihr notierten Regel – nicht immer auf ihre Mutter. Dies fällt ihr in unterschiedlichen Situationen schwerer oder leichter. Wenn sie ihrer Mutter helfen soll, fällt ihr dies leicht, wenn die Mutter aber in Konkurrenz zu den Freunden tritt, wenn es eine Alternative in den Bezugspersonen gibt, dann tut sie eher nicht, was die Mutter von ihr erwartet, nämlich um eine bestimmte Uhrzeit zu Hause zu sein. Doch so gravierend ist dies auch nicht, denn Maria weiß, dass die Drohungen der Mutter, sie mit Hausarrest zu bestrafen, nicht eintreffen. Und doch hat sie ein „schlechtes Gewissen": Sie verhält sich zwar so, wie sie es für sich richtig empfindet, hat aber ihrer Mutter ein Versprechen gegeben, das sie nicht einhält. Das Versprechen, nicht das Verhalten ist offensichtlich ihr Problem.

Als ihr Hobby hat sie zu Beginn des Interviews bezeichnet „mit Freunden abhängen". Dies konkretisiert sie jetzt: „Ja, mit denen kann man was unternehmen und man kann mit denen über Sachen reden, was man nicht mit den Eltern so besprechen kann". Das Gegenüber von Eltern bzw. Mutter und Freunden begegnet bereits sehr früh im Interview. Es setzt sich auch jetzt fort. Von sich aus bringt Maria im Zusammenhang des Gespräches über Freundschaft eine weitere, von ihr allgemein formulierte Lebensregel ins Spiel: „Immer die Wahrheit sagen und nicht lügen". Sie bringt die Frage um Lüge und Wahrheit zur

Sprache in dem Zusammenhang, dass Freunde „immer füreinander da sind" und fährt fort: „wenn man jetzt jemanden anlügen tut, das ist gemein. Man soll immer die Wahrheit sagen füreinander".

So möchte Maria gegenüber ihrer Mutter und in ihren Freundschaften ehrlich sein, auch wenn es manchmal schwer falle. Ihre ersten drei Lebensregeln beschäftigen sich mit Ehrlichkeit und Wahrheit. Für Maria ein wichtiges Thema! Außer in einer Notlüge würde Maria nie Freunde anlügen. Und selbst in diesem Falle würde sie anschließend die Wahrheit sagen und die Notlüge erklären. Maria bejaht, dass sie dann eher aus Angst die Wahrheit eben doch sage. Ihre Ehrlichkeit und ihr Wille zur Wahrheit sind keinem abstrakten Wahrheitsbegriff geschuldet, sondern eher pragmatisch bestimmt, denn „die kriegen das sowieso raus". Davor hat sie Angst und deshalb sagt Maria lieber die Wahrheit, denn: „Die Freundschaft geht kaputt", wenn man einander anlügt – und angesichts des hohen Stellenwertes von Freundschaften wäre dies für Maria wohl ein zu hoher Preis.

Sie will sich geborgen fühlen können und schätzt, wie ihre Mutter sich fürsorglich um die Kinder kümmert. So sind Geborgenheit und Fürsorge für ihr eigenes Verhalten gegenüber anderen Menschen bedeutsam. Gehorsam erscheint ihr wichtig, wobei sie dessen Bedeutung auch selbstreflexiv relativieren kann. Wenn sie sich streitet, kennt sie zwei Handlungsmöglichkeiten: Sie will entweder den Kontakt vermeiden oder, wenn es nicht anders geht, den Streit klären.

Ihre Lebenswünsche sind: Arbeit, Familie, Spaß, Füreinander-da-Sein sowie die Vermeidung von Streit, Schulden und überhaupt Problemen.

Sie wünscht sich, dass alle Menschen nett, fröhlich und glücklich sind, füreinander sorgen und – Sport machen, ist doch Gesundheit für sie selbst ein wichtiger Wert, dem sie früher (als sie noch Zeit hatte) mehr Raum einräumte als heute.

Auffällig ist, wie Maria Anspruch und Wirklichkeit ethischen Verhaltens als Diskrepanz bei sich selbst und anderen wahrnimmt und für sich dann mit einem schlechten Gewissen reagiert. Auch ethische Dilemmata sind ihr nicht fremd, beispielsweise zwischen dem Anspruch, die Wahrheit zu sagen und dem gleichgewichtigen Wunsch eine Freundin zu schützen.

Maria benennt bis auf ihre ersten beiden Regeln, die als Prohibitive formuliert sind, ausschließlich positive Regeln. Als Grund gibt sie dafür an, dass „man da nicht so viel falsch machen kann". Sie legen offensichtlich weniger fest und eröffnen Spielräume, was Maria durchaus entgegenkommt und was sie zu nutzen weiß. Denn die Geltung ihrer Regeln bestimmt sie unterschiedlich je nach Situation: Lernen für die Schule ist ihr wichtig, wenn aber Regeln, die sie hinsichtlich ihrer Mutter formuliert hat, in Konkurrenz zu Regeln für die Freunde und Freundinnen treten, dann wägt Maria ab und entscheidet situativ. Gleiches gilt für den von ihr deutlich geäußerten Wahrheitsanspruch: Sie hat durchaus ein pragmatisches Verständnis von Wahrheit und macht das Äußern der Wahrheit auch von der jeweiligen Situation und einer Güterabwägung abhängig.

Kevin: „Ich fände es toll, wenn sich alle Leute oder
alle Menschen, also die meisten Menschen lieben sollen?"

Kevin ist zur Zeit des Interviews 15 Jahre alt. Er kam sechsjährig wegen familiärer Probleme in psychiatrische Behandlung. Seitdem lebt er in verschiedenen Heimen, riss immer wieder aus, lebte auf der Straße und seit einigen Jahren wieder im Heim. Verbale, psychische und körperliche Gewalt sind so auch die zentralen Themen seiner Lebensregeln. Nach der Förderschule mit dem Schwerpunkt emotionale und soziale Entwicklung besuchte er unterschiedliche Förderschulen mit dem Schwerpunkt Lernen. Er hat Kontakt zu seiner Mutter und Schwester. Kevin wechselte nach dem Förderschulabschluss auf die Hauptschule, um einen Hauptschulabschluss zu erreichen. Nach wenigen Wochen hat er die Hauptschule wieder verlassen und wechselte in das Berufsvorbereitungsjahr.

Die Lebensregeln von Kevin
1. Gestern als ich nach (Name des Ortes) gefahren bin, habe ich mich mit meiner Ex-Freundin getroffen.
2. Es gibt auch Regeln dafür, man muss immer abangeln. Angeln mache ich gerne.

3. In der Kirche gibt es auch Regeln, man muss ständig leise sein, das finde ich nicht gut.
4. Ich möchte nicht angeschrien werden, also schrei ich auch keinen an.
5. ... z. B. wenn ich jetzt geschlagen werde, das ist nicht gut.
6. Aber dann hat mein Freund gesagt „stapeln" und alle sind auf meinen Freund gegangen, das fand ich nicht toll.
7. Im Verein spiele ich Fußball, aber auch da gibt es Regeln. Man muss abspielen, das finde ich gut.
8. Frau (Name der Lehrerin) ist eine gute Lehrerin, aber auch bei ihr gibt es Regeln: Man muss leise im Unterricht sein. Das finde ich als Regel sehr gut.
9. Mit meinen Mitschülern verstehe ich mich meist gut.
10. Von meiner Mutter der Freund, der guckt mich immer so komisch an, wenn ich nach Hause komme, das macht mir Angst.

Die Regeln von Kevin unterscheiden sich von denen der anderen Schülerinnen und Schüler dadurch, dass Kevin sie fast durchgehend nicht nur mit Situationen, sondern auch mit Wertungen verbunden hat. Darüber hinaus finden sich einfache Situationsbeschreibungen (Regel 1, 6 und 10). Die damit möglicherweise verbundenen Regeln waren dann im Interview zunächst immer erst einmal zu klären. Ein Beispiel dafür ist seine erste Regel: Hier ist ihm wichtig, die Beziehung zu seiner Ex-Freundin „mit normalen Worten regeln" zu können und dabei „nicht gleich so Schimpfwörter" zu benutzen. Die unterschiedlichen Verhaltensmöglichkeiten sind ihm deutlich, doch es begegnet hier eine für das Interview fast typische Bemerkung: „Das habe ich noch nicht ganz im Griff". Kevin formuliert, „eigentlich" wisse oder könne er etwas, verhalte sich aber dann doch anders.

„Regeln für die Liebe" sind für Kevin das wichtigste: Freundinnen anderer Jugendlicher sind tabu; wenn Menschen zusammen sind, wünscht er sich einen liebevollen Umgang miteinander; es gilt die Würde anderer zu achten und im Gespräch mit Menschen, die einem wichtig sind, angenehme Kommunikationsformen zu wählen. Er möchte Verantwortung für ein gutes Zusammenleben übernehmen, auch wenn ihm, worum er genau weiß, dies nicht immer gelingt, weil er sich eben nicht im Griff hat. Bei Konflikten, wenn sie nicht mit Angst besetzt sind, sucht er oftmals die Auseinandersetzung anstatt diese zu vermeiden. Während andere durch Regelsetzung für ihn sorgen, sorgt er für sich im Blick auf seine eigenen Bedürfnisse. Schließlich erscheint ihm Gerechtigkeit ein wichtiger Wert: Er bemüht sich um den Schutz Schwächerer.

Breiten Raum nimmt im Interview das Gespräch über Kevins zehnte Lebensregel ein. Dass der Freund der Mutter ihn so komisch anschaut, wenn Kevin nach Hause kommt – was selten genug der Fall ist, da er ja im Heim lebt –, macht ihm Angst. Wieder fragt der Interviewer nach der möglicherweise dahinter stehenden Regel. Kevin kann zunächst keine benennen. Er erläutert, er und seine Schwester könnten den Freund der Mutter „nicht leiden", und bestätigt, dass ihm dies kein gutes Gefühl mache. Er weiß dennoch nicht weiter. Schließlich formuliert Kevin: „Nicht mehr aus dem Weg gehen, sondern ihm sagen, warum er mich immer so komisch anguckt". Er will sich der konkreten Situation stellen:

Ich würde dann hingehen und sagen, warum er mich immer so böse anguckt. Ja, dann würde er mir den Grund sagen und dann würde ich das machen, was ihm nicht gefallen hat, würde ich ihm sagen, o. k. das wird anders. Ja. ... Ja und dadurch die Angst überwinden, einfach hingehen und sagen, was ist.

In einem vergleichsweise langen Gesprächsprozess gelingt es Kevin, die hinter der Situationsschilderung sich verbergende Regel zu formulieren und eine Verhaltensmöglichkeit für sich zu entdecken: ‚nicht mehr aus dem Weg gehen und das Gespräch suchen'. Kevin kann sich vorstellen, das konkret am Freund der Mutter reflektierte Verhalten zu verallgemeinern. Während er sich früher offensichtlich noch weniger im Griff hatte, deshalb in Konfliktsituationen abgehauen ist und „erst mal wieder runter kommen musste", will er sich jetzt z. B. auch in der Schule öfter der Situation stellen und nicht weg laufen.

Kevin ist gegenwärtig im Konfirmandenunterricht und findet ihn „eigentlich gut". Den sonntäglichen Gottesdienst „hasst" er jedoch: „Weil, es geht erstens Mal, es geht manchmal eine Stunde, manchmal zwei Stunden. Man darf da nichts machen. Muss ein Buch in die Hand nehmen. Mitlesen. Aufstehen. Hinsetzen.

Das passt mir nicht. Man darf kein Wort sagen, das finde ich halt langweilig". Aus ähnlichen Gründen findet er den Konfirmandenunterricht auch nur „eigentlich gut": Man muss auch da leise sein und den Pfarrer reden lassen, der „fast dauernd redet und so Geschichten erzählt ...". Offensichtlich ist dies alles ‚meilenweit' entfernt von Kevin und seinen Bedürfnissen und Interessen. Es findet etwas statt, wo man nichts darf und was einen auch nicht berührt – aber Kevin geht halt hin...

Seine Lebenswünsche fallen teilweise aus dem Rahmen der anderen Schülerinnen und Schüler: Neben einem Auto und guter Arbeit wünscht er sich zuerst zwei Kinder und einen seinerseits fürsorglichen Umgang mit ihnen. Sehnsucht hat er nach Liebe: liebevoller Umgang miteinander ist ihm hochbedeutsam. Dies zeigt sich auch in der Passage seines Kinderwunsches. Den Kindern gegenüber wünscht er sich, fürsorglich sein zu können.

Kevin nennt sodann drei weitere Wünsche:
– „Ich fände es toll, wenn alle Menschen die Regeln einhalten, die sie selber zusammengesetzt haben."
– *Nach langer Pause*: „Ich fände es toll, wenn alle Menschen also ja, also ... *Pause* ... sich nicht so gegenseitig verarschen."
– *Pause*: „Ja, die sollen liebevoll miteinander umgehen, wenn sie ... *Pause* ... *und dann jedes Wort einzeln betonend*: schon zusammen sind."

Es klingt, so wie er es sagt, wie ein ganz bedeutsames Anliegen. Und dann folgen Skepsis, Bekräftigung und wieder Skepsis: „es ist aber nicht so", „ja, doch, so soll es sein", „aber es ist ja nicht so"... Kevin hat (zu) viele Erfahrungen des Scheiterns ursprünglich liebevoller Beziehungen gemacht. Doch trotz seiner Skepsis hat er die Hoffnung auf liebevollen Umgang miteinander: „Alle Menschen sind eigentlich liebevoll".

Kevins zentrales Problem ist es, dass er etwas oder sich selbst „nicht ganz im Griff hat". Damit dies im Zusammenleben gelingt oder auch lediglich besser oder häufiger gelingen kann, braucht er Regeln. Sie sind für ihn gleichsam wie ein „Geländer" für sein Verhalten. Dennoch formuliert er keine Prohibitive! Er kennt unterschiedliche, auch gegensätzliche Verhaltensmöglichkeiten und er möchte Verantwortung für sich übernehmen, eben sich

„in den Griff" bekommen. Obwohl er für sich allein „eigentlich" keine Regeln braucht, steht für ihn in vielen anderen Äußerungen fest, dass Regeln einzuhalten sind. Das erwartet er von anderen und von sich selbst. Und dies gilt selbst dann, wenn er einzelne Regeln kritisiert: Regeln müssen eben sein, weil sonst alles drunter und drüber geht – auch und gerade in seinem eigenen Leben. Dies ist Kevin so wichtig, dass er Regelverstöße kritisiert und in der Schule sogar den Lehrern mitteilen würde.

Jan-Bernd: „Arbeitsverhalten und Sozialverhalten bin ich ja gut, habe ich ja"

Jan-Bernd ist zur Zeit des Interviews 14 Jahre alt. Er lebt mit seinen zwei jüngeren Brüdern bei seinen Eltern, die beide berufstätig sind, und kommt aus einer behüteten katholischen Familie. Nach dreijährigem Besuch der Grundschule wird er in die Förderschule überwiesen. Nach deren Ende will er den Hauptschulabschluss erreichen. Von der Klassenlehrerin wird Jan-Bernd als der in angepasster Form leistungsstärkste Schüler der Klasse eingeschätzt. Im Interview wirkt er deutlich jünger als die Mitschüler, manchmal mutet es kindlich an, wie er brav und artig alles richtig beantworten will. Sein Gesicht verbirgt nichts und so lässt sich an seiner Mimik seine Stimmung im Interview ablesen: nachdenklich, angestrengt, unsicher lächelnd, oft auch strahlend. Ein fröhlicher Junge scheint er zu sein. Angepasst und lieb, von dem die Lehrerin sagt: Er möchte immer „noch lieber" sein.

Die Lebensregeln von Jan-Bernd
1. nicht rauchen
2. kein Alkohol
3. nicht schlagen
4. keinen Streit mit Geschwistern
5. keinen Blödsinn bauen
6. keinen anderen Menschen beleidigen
7. mit Freunden was unternehmen
8. zu Hause helfen
9. nicht so viel Fernsehgucken
10. um andere sich kümmern

Jan-Bernd ist stolz darauf, als der Jüngste in der Klasse den Abschluss zu machen: er hätte das „nie gedacht" und weist dann darauf hin, dass ja mehrere den Hauptschulabschluss machen (wollen). Jan-Bernd ‚überspringt' den Förderschul-Abschluss und vermeidet im gesamten Interview das Wort Förderschule. Er ist stolz und reiht sich aber sogleich wieder ein in „mehrere", die den Hauptschulabschluss machen. Ja nicht auffallen, dies scheint ihm wichtig zu sein – nicht einmal positiv. Seine Einschätzung der Hauptschule als „schwieriger als hier" klingt realistisch, doch er wird es „wohl" schaffen: „Arbeitsverhalten und Sozialverhalten bin ich ja gut, habe ich ja". So strahlt er wenig Unsicherheit und ein verhaltenes realistisches Selbstbewusstsein aus.

Jan-Bernd kümmert sich gerne um Schwächere und auch um Tiere zu Hause und hat dabei ein gutes Gefühl. Und doch bemerkt er die Differenz zwischen Anspruch und Wirklichkeit, in der er sich eben nicht so oft, wie er es von sich erwartet, um andere kümmert. Wie selbstverständlich erzählt Jan-Bernd, wie er sich um andere kümmert. Wenn einer traurig ist, tröstet er ihn: „Ja, umarmen". Was er eben noch als ganz selbstverständlich beschrieben hat – kümmern, trösten, umarmen – hat er selbst, so sagt er wenig später, noch nicht praktiziert. Er stellt sich vor, so zu handeln, und vermutet, es sei ein schönes Gefühl, wenn er es denn täte.

Unumstritten ist für Jan-Bernd die Bedeutung seines Zuhauses und seiner Familie. Seine Familie, so erklärt er am Ende des Interviews, ist das Wichtigste für ihn. Hier ist alles klar geregelt und so hat er auch fünf seiner Lebensregeln von seiner Mutter so gehört und akzeptiert. Er lebt zusammen mit mehreren Generationen und übernimmt dort Mitverantwortung, indem er bestimmte Aufgaben übernimmt und so auch Wertschätzung erfährt. So muss er am Wochenende helfen – auch zur Entlastung seiner Großeltern. Jan-Bernd begründet dies zum einen mit dem Satz „die sind ja auch älter", zum andern: „Wenn ich muss, dann mache ich das" – so wie er sich zu Hause fügt, tut er dies auch in Schule und Praktikum.

Jan-Bernds Lebenswünsche sind der Hauptschulabschluss, ein Führerschein, ein guter Job (Tischler) und – irgendwann (er lächelt unsicher dabei) – eine Freundin.

Jan-Bernd erwartet, dass alle Menschen so sind, wie er es sein möchte und wie er dies in seinen Lebensregeln ganz ähnlich formuliert hatte. Wieder begegnet das Thema „Schlägerei". Auch wenn er es toll fände, wenn alle Menschen sich nicht schlagen, erscheint ein Leben ohne Gewalt für Jan-Bernd unvorstellbar: Eine gewaltlose Welt – das kann es für Jan-Bernd nicht geben. Gewalt erlebt er in seinem Umfeld, in der Schule, offenbar nicht bei sich selbst oder zuhause. Sonst aber erscheint sie ihm so allgegenwärtig, dass er für Gewaltlosigkeit keine Realisierungsmöglichkeit sieht. So sehnt er sich in seiner großen Schutzbedürftigkeit danach, dass alle Menschen lieb, artig und füreinander da sind und will selbst auf Ärger, Streit und Schlägereien unbedingt verzichten.

Seine Regeln sind dazu da, so Jan-Bernd, dass man bestimmte Dinge – z. B. „rauchen" oder „sich schlagen" – nicht macht. Besser als die Prohibitive, die fast alle von seiner Mutter übernommen sind, gefallen Jan-Bernd freilich seine positiv formulierten Regeln. Es sind Regeln mit einem positiven Gemeinschaftsbezug. Interessant für sein Selbstverständnis erscheinen seine Erläuterungen zu seiner zehnten Regel: Er weiß, dass er bei Schlägereien eigentlich dazwischen gehen müsste, doch er schätzt sich auch realistisch ein und dann müssen dies die Großen tun. Er selbst sieht sich als „klein".

Er kennt eigentlich den Inhalt seiner Regeln, doch er braucht sie als Erinnerung, damit er auch daran denkt, damit er sie sich immer wieder sagen und sich entsprechend verhalten kann. Damit sein Leben „vernünftig" – worunter Jan-Bernd „artig" versteht – verläuft, delegiert er die Verantwortung für das, was man nicht tun darf, an seine Regeln. Sie helfen dazu, sich anzupassen an von ihm so gesehene Erfordernisse der Erwachsenenwelt. Eine kritische Reflexion von Regeln findet sich im Interview nicht. Und: Ein Leben ohne Regeln kann sich Jan-Bernd nicht vorstellen: „Ja, ohne Regeln würde ich ja rauchen" und – zumindest schätzt er es so ein – würde er sich schlagen. Die Regeln sind dazu da, dass man das nicht macht.

Sabrina: „Zuhören sollen die Menschen"

Sabrina ist zur Zeit des Interviews 16 Jahre alt. Sie ist evangelisch und lebt mit einer älteren Schwester bei ihrer Mutter und ihrem schon sehr alten Vater. Aus der Grundschule kam sie an die Förderschule mit dem Schwerpunkt Lernen. Sabrina ist eine ausgesprochen introvertierte Jugendliche. Im gesamten Interview konnten zwei emotionale Regungen wahrgenommen werden. In der Klasse spricht sie von sich aus nie, entsprechend war sie auch im Interview sehr oft sehr schweigsam: lange Pausen bestimmen nahezu alle Phasen des Gespräches. Früher, so die Klassenlehrerin, hatte sie engeren, durchaus von Sabrina dominierten Kontakt zu einer Mitschülerin; diese wechselte jedoch an eine Schule für geistig behinderte Schüler. In der Klasse und wohl auch in ihrer Freizeit ist Sabrina eher allein und liest viel.

Die Lebensregeln von Sabrina
1. nicht den anderen anlügen
2. Man muss ehrlich sein.
3. Man muss Vertrauen zueinander haben.
4. keine anderen schlagen
5. keine anderen beschimpfen
6. einem anderen zuhören
7. nicht weglaufen, wenn man was Falsches sagt
8. keinem anderen was wegnehmen
9. keine anderen treten
10. keinen anderen anspucken

Ehrlichkeit ist für Sabrina ein hoher Wert; wenn sie das Gefühl hat von anderen angelogen zu werden, ist sie es, die nach der Wahrheit fragt. Freundschaft ist für Sabrina en zentrales Thema. Sie nennt das Stichwort „Freunde" unmittelbar am Beginn des Interviews und nimmt das Thema immer wieder auf: Sie hätte gerne Freunde, doch weder in ihrem häuslichen noch in ihrem schulischen Umfeld hat sie solche – zumindest wissen weder ihre Klassenlehrerin noch Klassenkameraden und -kameradinnen von solchen. Streit mag sie überhaupt nicht. Sie will die „ganz Brave" sein und weist vehement zurück, dass es bei ihr zu Hause oder sonst in ihrem Umfeld Streitigkeiten gibt.

Als ihre Lebenswünsche benennt sie die Bedeutung von Kommunikation, Freunden und Vertrauen sowie einen guten Beruf (Tischlerin).

Sie sehnt sich danach, dass alle Menschen nett, freundlich und lustig sind, so hat sie die Menschen in einer Einrichtung der Behindertenhilfe erfahren, in der sie ihr Praktikum absolviert hat. Besonders wünscht sie Möglichkeiten zu kommunizieren. Sie möchte vor allem, dass Menschen zuhören und dass sie Vertrauen erfährt.

Die Kategorie „Andere" begegnet in den Lebensregeln nur bei Sabrina: Das Gegenüber von ‚Ich und die anderen' erscheint für sie konstitutiv. Wie dieses Gegenüber näher zu charakterisieren ist, ist nicht feststellbar. Mal meint Sabrina, dies seien Freunde, mal Familienmitglieder, mal alle Menschen. Es bleibt unklar.

Auffällig erscheint Sabrinas Begründung für die Notwendigkeit von Regeln: Tiere brauchen im Gegensatz zu den Menschen keine Regeln. Für Menschen aber sind sie nötig, weil jeder Mensch anders ist. Wieder begegnet hier die Andersartigkeit von Menschen. Sabrinas Begründung für die Notwendigkeit von Regeln erstaunt, weil sie im Interview den Eindruck einer ausgesprochen introvertierten Jugendlichen macht, die sehr allein und einsam und kaum mit anderen Menschen zusammen ist. Will Sabrina diesem Anderssein Rechnung tragen, wenn sie sieben ihrer Regeln explizit hinsichtlich ihres Verhaltens zu den „anderen" formuliert? Braucht sie dann Regeln, wenn sie auf „andere" trifft? Sind dann Regeln individuelle Setzungen oder soziale Aushandelungen, wenn Sabrina mit anderen zu tun hat? Will sie sich so vor anderen und möglichen Konflikten schützen? Im Interview war dies nicht festzustellen.

Alexander: „Ich meine das jetzt nur so. Ich weiß nicht, was ich sagen soll"

Alexander ist zur Zeit des Interviews 16 Jahre alt. Er stammt aus Kasachstan und ist katholisch. Heute lebt er mit seiner Mutter, einem älteren Bruder und zwei jüngeren Schwestern zusammen. In der Klasse erzählt er häufig, dass er zu Hause nicht helfen muss, seine einzige Aufgabe sei, den Mülleimer herunter zu tragen. Doch dies mache seine Mutter trotzdem meist selbst. Kontakt zum Vater besteht seit Jahren nicht mehr, wird auch von Alexander nach vielen Enttäuschungen abgelehnt. Nach dem Besuch zweier Grundschulen und der Orientierungsstufe ist er seit drei Jahren auf der Förderschule mit dem Schwerpunkt Lernen. Besonders beliebt macht Alexander sich in der Klasse nicht durch sein häufiges „Petzen", mit dem er selbst kleinste Regelübertretungen der Klassenlehrerin anzeigt („Der schreibt ohne Füller!" „Die hatte gestern schon ihr Buch vergessen!" „Der war gar nicht krank, ich hab' den in der Stadt gesehen!"). Mathematik ist das einzige Schulfach, in dem er sich anstrengt. Hier profitiert er noch von seiner langen Regelschulzeit. Hausaufgaben in anderen Fächern macht er nur selten, im Unterricht verbringt er die Zeit mit Reden über das vergangene oder das kommende Wochenende. Fordert eine Aufgabe ihn stärker, beendet er seine Arbeit sofort mit dem Kommentar: „Hab kein' Bock auf so `was!" – oder beginnt gar nicht erst. In seiner Freizeit trifft er sich mit Freunden zum Billardspielen oder zum „Abhängen", Alkohol und Rauchen spielen dabei bereits eine große Rolle.

Alexander war durch dieses Interview offensichtlich total überfordert. Der Interviewer hatte ihn bei seiner ersten Hospitation in der Klasse als einen ruhigen Schüler kennengelernt, der auf die Frage nach seinen Hobbys, Billard und Basketball, bereitwillig geantwortet hatte. Seine Klassenlehrerin erklärte: „Alle meine Schüler, Alexander wohl aber besonders, sind Einzelgespräche, in denen sich jemand für sie interessiert und wissen möchte, was sie denken und fühlen, überhaupt nicht gewohnt. Gespräche stehen an, wenn es um Vorwürfe, Belehrungen oder Verhaltensänderungen geht, Gespräche sind Anweisung oder Verhör. Dass sich jemand wirklich für ihn interessiert, kennt Alexander sicher nicht." Während des Interviews – bis zu seinem Abbruch durch den Interviewer – wurde Alexander zunehmend aufgeregter, sackte im Stuhl zusammen, vergrub sein Gesicht in seinen Händen. Dieser Situation war er offensichtlich nicht gewachsen. Im Gespräch mit der Klassenlehrerin sagte der Interviewer, dass er ihre Leichtigkeit und Freundlichkeit im Umgehen mit den Schülern bewundere, nun etwas von der Mühe und der Schwere ihrer Arbeit kennengelernt habe und dass er kaum verstehe, dass Alexander die Menschen so negativ sieht. Darauf sie,

sehr liebevoll: „Da ist noch wenig eigenständiges Denken, noch
wenig Übernehmen von Verantwortung für eigenes Tun, aber
viele Erfahrungen von notwendiger Wachsamkeit, um nicht „zu
kurz" zu kommen – ‚und wenn du nicht aufpasst', so Alexander,
‚ist alles geklaut'..." Der Interviewer hat in diesem Interview die
Grenzen seiner Verständigungsmöglichkeiten erfahren... „Da ist
noch wenig Denken" – so sind die konstantesten Äußerungen
von Alexander „Ich weiß nicht" oder „Ich weiß doch nicht".
Äußerungen, die er eben noch selbst formuliert hat, nimmt er so
wieder zurück oder relativiert sie.

Die Lebensregeln von Alexander
1. Ich muss auf meine Mutter hören.
2. Ich darf nicht lügen.
3. Ich muss immer zur Schule gehen.
4. Ich muss meiner Mutter zu Hause helfen.
5. Ich darf nicht ohne Führerschein Roller fahren.
6. Ich darf keine anderen Leute beleidigen.
7. Ich darf mich nicht schlagen.
8. Ich darf nicht klauen.
9. Ich darf nicht in der Schule rauchen.
10. Ich muss immer meine Hausaufgaben haben.

Bei insgesamt 87 Voten von Alexander im Interview begegnet
„Ich weiß nicht" oder „Ich weiß doch nicht" insgesamt 22 Mal.
Entweder er gibt keine Antworten oder, wenn er sich sonst irgendwie in das Gespräch einbringt, relativiert er das, was er sagt,
indem er unmittelbar danach äußert, er wisse es eigentlich doch
nicht. Offensichtlich wird, dass Regeln von anderen, z. B. von
seiner Mutter, gesetzt werden. Er hat sie entweder zu befolgen
oder er übertritt sie. Wenn es keine Regeln gäbe, würde er nur
noch klauen, aber dies meint er „ jetzt nur so und ich weiß nicht,
was ich sagen soll". Ohne Regeln würde er „alles machen, was
man mir verbietet". Ohne Schulpflicht würde er nicht zur Schule
gehen. Sicher weiß er es jedoch auch nicht. Er „glaubt", dass er
es nicht täte. Auf eine Antwort sich festlegen, dies möchte er
offensichtlich nicht. Ohne Regeln würde Alexander „nichts gut
machen". Mühsam ringt er um vermeintlich von ihm geforderte
positive Begründungen für die Notwendigkeit von Regeln. Dass

sich jemand für seine (!) Regeln oder Wünsche interessiert, darüber mit ihm in ein ernsthaftes Gespräch eintreten möchte, scheint ihm völlig fremd. Der Interviewer versucht einen anderen Zugang und fragt Alexander danach, was ihm Spaß machen könnte. Es folgt eine lange Pause und dann in gequältem Ton: „weiß nicht". Er wünscht sich, schneller zum Autoführerschein zu kommen, um eher mit dem Auto „da rumfahren" zu können. „Da rumfahren" – das drückt vielleicht viel von Alexanders noch bestehender Ziellosigkeit, Energielosigkeit, Argumentationslosigkeit, Wunschlosigkeit, ...losigkeit aus.

Entgegen seiner Regel betont er, dass er fast alles tun und lassen darf, was er will. Wichtig ist es ihm, sich selbst und frei entscheiden zu dürfen. Ehrlichkeit hat für ihn einen hohen Stellenwert. Er möchte mit Freunden gut auskommen und sich nicht streiten oder schlagen müssen.

Seine Lebenswünsche sind der Führerschein und Autofahren sowie der Besuch des Berufsvorbereitungsjahres in der Sparte „Holz", um anschließend Tischler werden zu können. Er sehnt sich danach, dass alle Menschen gut, ehrlich und hilfsbereit wären. Alexander hat schon Vorstellungen, wie alle Menschen sein sollen. Bei der Formulierung seiner Ideen, wie Menschen sein sollen, wird ihm wohl deutlich, dass dies auch Ansprüche an ihn stellen würde. Puh... ja, wenn es sein muss, so klingt seine Antwort auf die Frage, ob auch er hilfsbereit sei. Jetzt reagiert Alexander aufbrausend: „Ich kann das nicht". Es klingt wie: Lass mich endlich in Ruhe! Ich kann „das" nicht und ich will „das" auch nicht!

Alexanders Lebensregeln beginnen alle mit „ich darf nicht" oder „ich muss". Alleine bräuchte er keine Regeln, mit anderen zusammen aber sind sie notwendig, um ihn davor zu schützen, nur Schlimmes zu tun: So dienen die Regeln dazu, aufzudecken, was Alexander alles tun würde, wenn es sie nicht gäbe: Seine Lebensregeln gleichen so etwas wie einem ‚Sündenspiegel'. Dabei gelten Regeln für gute wie für schlechte Menschen, wichtig sind sie besonders für schlechte, z. B. „für Nazis, denn die bauen nur Scheiße. Für die (!) muss man Regeln haben."

Nihat: „Zurückziehen ... zur Türkei ... umziehen"

Nihat ist zur Zeit des Interviews 16 Jahre alt. Er ist der zweite Sohn einer Arbeiterfamilie türkischer Herkunft und hat neben dem älteren noch zwei jüngere Brüder. Die vier Söhne sind in Deutschland geboren. Nihat und die anderen Familienmitglieder sind Muslime. Nach einer Rückstellung vom Schulbesuch wurde Nihat bereits am Ende der ersten Klasse der Grundschule in die Förderschule umgeschult. Anfang seines 6. Schuljahres zog die Familie um. In der neuen Förderschule wurde er nicht versetzt, mit nun 13 ½ Jahren wiederholte er das 6. Schuljahr und kam lediglich aus „pädagogischen Gründen" in die Klasse 7. Die Familie wechselte erneut den Wohnort und Nihat die Schule. Fehlzeiten in der Schule häuften sich: „Bus verpasst", „verschlafen"... – so seine Kommentare. Noch immer sprach er nur eingeschränkt Deutsch. – Mitschülerinnen schätzen Nihats Attraktivität und sein Lächeln, auch seine unaufdringliche Freundlichkeit ihnen gegenüber. Eine Mitschülerin erklärte der Klassenlehrerin, als Nihat innerhalb weniger Tage in mehrere, auch handgreifliche Konflikte verwickelt war: „Sie kennen ihn doch auch, er ist meist ruhig und freundlich, aber wenn er austickt, dann weiß er nicht mehr, was er tut, dann ist Nihat ein Vulkan und explodiert."

Die Lebensregeln von Nihat
  1. Party nicht viel trinken
  2. mit Mitschülern gut umgehen
  3. zu Hause Zimmer aufräumen
  4. zu Freunden freundlich sein
  5. in der Schule mit Lehrern gut umgehen
  6. im Verein aufpassen
  7. mit Freunden unterhalten
  8. im Verein gut spielen
  9. auf der Straße keinen Blödsinn machen
  10. Moschee muss ich viel lernen

Natürlich weiß Nihat, dass seine Regel zur Moschee wichtiger ist, als die zur „Party", aber dass „Party nicht viel trinken" an erster Stelle steht, ist für ihn auch klar: Es ist die am schwersten einzuhaltende Regel für ihn – und deshalb die bedeutsamste. Hier geht es um sein Leben, hier geht es um einen wirklichen Konflikt. Außerdem hat die Moschee nichts mit dem Kontext zu tun, in dem er die Regeln notieren sollte: Schule, sein deutscher Alltag. Es gehört gleichwohl zu seiner Tradition, in die Moschee zu gehen – und Tradition wird von Nihat (noch) nicht hinterfragt. Bedeutsam erscheint uns seine Antwort auf die Frage nach Fatimas „Muslima-Sein" – ohne Moscheebesuch und ohne „viel Lernen" in der Moschee. Nihat antwortet mit „Kommt drauf an, an seine Eltern". Er verbindet den jeweils praktizierten Islam mit Elternwunsch und Familienbrauch. Auch wenn Nihat beim Lernen in der Moschee nichts versteht, auch wenn er dorthin muss, auch wenn er es zumindest nicht immer gerne macht, auch wenn es kein Spaß ist – Nihat geht in die Moschee und fügt sich dem Elternwunsch. Gegen Ende der Gesprächsphase zur Moschee stellt er jedoch fest: „Jetzt gehe ich nicht mehr", er hat keine Zeit mehr dazu und es ist zu weit – Gründe, die eine Auseinandersetzung mit den Eltern erübrigen...

Deutlich wird im Interview, dass Nihat „sein Leben in die Reihe stellen" will, ein für ihn zentrales ethisches Thema, was gleichwohl in der Schwebe bleibt: Befragt nach seinen Lebenswünschen antwortet Nihat: „Dass ich Ausbildungsstelle kriege und so und Geld verdiene. Ja, mein Leben in die Reihe stellen." Was bedeutet dies „mein Leben in die Reihe stellen"? Sind damit lediglich die Ausbildungsstelle und das Geldverdienen gemeint? Oder meint es: Ordnen? Einpassen? Leben erwartungs- und regelkonform gestalten? Nihat gibt selbst eine Antwort, die neue Fragen eröffnet: Mein Leben in die Reihe stellen bedeutet „bald verheiraten und so". Doch was spricht er damit an? Eine selbstverständlich gegebene Familienbezogenheit und -folge? Oder dass sich sein Leben ordnet, wenn er verheiratet ist? „In die Reihe stellen" könnte noch so viel mehr bedeuten: Bedeutet es, sich in die Tradition der Reihe Urgroßvater – Großvater – Vater – Sohn zu stellen? Bedeutet „Reihe" „Richtung", also: „meinem Leben Richtung geben"? Bedeutet es die ‚Vernunft-Traditions-Reihe': „Schule – Ausbildung – Arbeit – Geld – Heirat/türkische Frau – Türkei – Haus"? Daneben gibt es bei Nihat ja auch die allen Jugendlichen seines Alters gemeinsame und auch von ihm in seiner ersten (!) Regel („Party nicht viel trinken") artikulierte

„Vergnügungs-Reihe": „Geld – Ausgehen – Urlaub – Leute – Party – Trinken". Bei ihm laufen beide Lebensvorstellungen parallel: Während bei deutschen Jugendlichen die von uns so genannte „Vergnügungs-Reihe" dem „Leben in Verantwortung" als Erwachsener meist vorausgeht, sind es bei Nihat zwei getrennte Lebensentwürfe, der eine ist „Ordnungstraum", der andere „Freizeit".

Die von ihm genannten ethischen Themen sind bis auf das Stichwort des Gehorsams gegenüber den Eltern alle zugleich auch Bedürfnisse und Sehnsüchte: Er wünscht sich die Gleichheit der Menschen, die Anerkennung ihrer Würde sowie gegenseitige Wertschätzung und Achtung – alles auch seine Sehnsüchte, alles auch seine Bedürfnisse. Hinzu kommt der Wunsch nach Freundlichkeit im Umgang miteinander, wobei er in positiver Form die goldene Regel formuliert. Nihat möchte angenommen sein und verstanden werden. Geborgenheit und ein Leben in der Gemeinschaft sind ihm wichtig. Doch Nihat weiß auch, wie wütend er werden kann, wenn er ausrastet. Und er beteiligt sich auch schon mal an einer Schlägerei.

Seine Lebenswünsche sind: Ausbildung und Geld verdienen, eine türkische Frau heiraten. Für ihn liegt in diesem Heiratswunsch die Sehnsucht danach, verstanden zu werden (nicht selbst zu verstehen). Und er möchte ein Haus in der Türkei bauen, um dorthin zu remigrieren. „Heimat", so schreibt Ernst Bloch einmal, „ist das, was allen in die Kindheit schien und worin noch keiner war"[43] – vielleicht ist es das, was Nihat mit Heimat, mit dem Rück- und Umzug in die Türkei verbindet. Er sagt: „Es ist so", dass die Türkei ihm Heimat ist, und fährt fort „Wie soll ich das erklären?" und dann nimmt er bereitwillig das Angebot des Interviewers auf, sich dort ‚hingezogen zu fühlen': „Ja, so genau". Es ist die einfachste, die emotionale Erklärung, die dann ‚zählt' und Bedeutung gewinnt, wenn rationale Erklärungen nicht hinreichen (können).[44] Auf die Frage, ob Nihat wegen Eltern oder Verwandten in die Türkei umziehen will, antwortet er wiederum nach einer Pause „Wegen mir eher, selbst". Nihat ist Subjekt dieses Wunsches, den „jeder will". Besonders sind dieses „Ich" und „Selbst" an dieser Stelle: Hier ist Nihat ganz bei sich.

Auffällig sind Konflikte, die er fühlt zwischen Gehorsam und eigenen Bedürfnissen. Ebenso wichtig erscheint uns die Differenz, die er formuliert zwischen Streitvermeidung mit Freunden und einen Streit riskieren bis hin zu einer Schlägerei mit „anderen". Hier spiegelt sich das Gegenüber von Fremdheit und Heimat, das das gesamte Interview durchzieht: Er ist zwar hier geboren und lebt hier, aber er träumt den ‚türkischen Traum'. Deutlich wird dies an den von ihm gebrauchten Hilfsverben: „wollen" begegnet ausschließlich in Bezug auf seine Tradition: Es gehört zu den Themen „Gemeinschaft", „Heimat Türkei", „Heirat einer türkischen Frau".

Nihat hat bis auf die Regel, die er wohl am schwersten einhalten kann – „Party nicht viel trinken", hier braucht er offensichtlich sein ja immer noch gemäßigt formuliertes „nein" –, ausschließlich positive Regelformulierungen gewählt. Doch dies bedeutet für ihn nicht die Möglichkeit, die damit eröffneten Spielräume zu nutzen. Regellosigkeit bedeutet ihm „Gefahr" und ihr will er ausweichen. Seine Ethik ist fundiert in einem normativ verstandenen religiös-kulturellen, islamisch geprägten Rahmen, den Nihat nicht überschreiten kann oder will. Hieran orientiert er sein Leben. Eine Freiheit, sein Leben jenseits kulturell-religiöser Konventionen zu gestalten, erscheint ihm bisher fremd.

Fatima: „Du musst immer stolz darauf sein, was du bist,
weil Gott hat dich so geschaffen.
Du brauchst dich für andere auch nicht ändern"

Fatima ist zur Zeit des Interviews 15 Jahre alt. Sie kam mit ihren Eltern, einem älteren Bruder und einer jüngeren Schwester mit drei Jahren als Flüchtling aus dem Kosovo in eine kleine Gemeinde nach Deutschland. Weitere zwei Schwestern wurden hier geboren. Als die Mutter schwanger war mit dem fünften Kind, starb der Vater an einem Herzinfarkt. Die Familie versteht sich als muslimisch und gehört zu einer ethnischen Minderheit im Kosovo. Bis auf die jüngste Schwester, die die Grundschule besucht, sind bzw. waren alle Kinder der Familie Schüler/Schülerinnen einer Förderschule mit dem Schwerpunkt Lernen. Der Familie droht nach wie vor die Abschiebung in den Kosovo. Doch – und dies ist auch das Faszinierende an ihrer Geschichte – Fatima gibt nicht auf: weder in ihrer gegenwärtigen Flüchtlingssituation in Deutschland noch im Blick auf eine mögliche Abschiebung in den Kosovo, den sie nicht kennt. Sie hat sich in ihrer noch jungen Biografie eine stabile Selbstwirksamkeitsüberzeugung erarbeitet und kennt das Gefühl „etwas zu taugen" und „etwas zu können".

Die Lebensregeln von Fatima
1. immer auf meine Mutter hören
2. die Religion immer mit Würde tragen
3. für meine Geschwister aufpassen
4. man muss auf ihre Religion achten
5. eine gute Arbeit finden
6. immer für die Familie da sein
7. immer an Freunde denken
8. und sei stolz auf das, was du bist
9. man muss auch Freizeit haben
10. die Freundin nie belügen

Familie und Religion sind für Fatima die entscheidenden Themen, die sie mit der Frage nach ihren Lebensregeln zuerst verbindet. Fatimas Wunsch, „immer für die Familie da (zu) sein", durchzieht das gesamte Interview. Die bedeutsamste Rolle spielt dabei die Mutter und Fatimas Wunsch, ihr zu gehorchen, sodann die Geschwister. Obwohl dies eigentlich Sache des großen Bruders wäre, hat Fatima die Rolle des Vaters, des Mannes, der ‚eigentlich hinter allem her sein muss', übernommen. Ihre Familie wie der Stolz auf sich selbst stehen mit ihrem religiösen Selbstverständnis in unmittelbarer Verbindung: Es kommt darauf an, „die Religion immer mit Würde (zu) tragen" und sie weiß, dass „man auf ihre (der Geschwister) Religion achten muss". Auf die Frage des Interviewers, was für sie Religion bedeute, antwortet Fatima: „Stolz darauf sein, was du bist, immer mit Würde tragen". Was Religion ist oder inhaltlich bedeutet, bestimmt Fatima funktional. Sie verhilft ihr zu Stolz und Würde. Den religiösen Pflichten des Islam folgt Fatima dabei nicht. Eine besondere Gottesbeziehung lässt sich für uns an keiner Stelle des

Interviews erspüren. Möglicherweise lässt sich Religion und ihre Bedeutung für Fatima auch noch ganz anders interpretieren als ein sehr weit gefasster Begriff von Ehre, auf die es gilt, zu achten: Ich weiß mich als Geschöpf – allgemein und kein besonderes Gottesverhältnis begründend, eher mein Selbstverständnis als wertvoll bestimmend, weil „ich" so gewollt bin, wie „ich" bin.

Fatima argumentiert im Zusammenhang mit dem Thema „Religion" ähnlich zum Gegenüber von Christen und Muslimen wie im Zusammenhang mit ihrer eigenen Person zum Gegenüber von „Inländern" und „Ausländern": Mit dem Stolz auf die eigene Religion und deren Würde ist die Achtung anderer Religionen verbunden, die Allah einen eigenen anderen Namen geben. Wegen des Stolzes auf sich selbst und wegen ihrer Herkunft (als Ausländerin) kann sie auch Achtung vor anderen haben und muss sie nicht „fertig machen". Bei diesem Thema, wie dort, wo sie über die Geltung eigener und fremder Regeln nachdenkt, weiß sie darum, nicht sagen zu können, „meins ist besser". Selbstreflexiv behält sie sich und ihr Verhalten im Blick. So gelingt es ihr eine Metaebene in der Frage der ‚Inländer' und ‚Ausländer' einzunehmen. Dies wie auch die selbstreflexive Distanz zur eigenen Religion stellt eine zentrale Voraussetzung dar für das Leben in einer postsäkularen, multikulturellen Gesellschaft und für den interkulturellen Dialog.

Die damit angesprochenen Spannungen zwischen Tradition, Lebensstil und Anforderungen der Herkunftskultur, Anpassung und selbst gewählter Veränderung durchziehen das ganze Interview. Sie erinnert ihre kosovarische, islamische Heimatkultur, die sie familiär prägte und prägt, sie lebt in ihrer deutschen Umgebung und sie lebt im Herausfinden neuer Handlungs-, Lebens- und Denkmöglichkeiten, die zwischen beiden Kontexten vermitteln und darüber hinausgehen.

Als Lebenswünsche formuliert sie: gute Ausbildung, gute Arbeit, guter Ehemann, Familie gründen und die Sorge um ihre Mutter; und sie sehnt sich nach Entscheidungsfreiheit, Selbstständigkeit und Liebe.

Zu ihrer Selbstachtung und ihrem Stolz gehört so auch jene Regel, die sie nicht aufgeschrieben hat, die ihr aber wichtig ist und die sie nach längerem Überlegen äußert: „frei zu entscheiden". Sie macht eine lange Pause im Interview, bevor sie auf die

Frage antwortet, ob es für sie noch andere Regeln gibt als die, die sie aufgeschrieben hat. Beides lässt darauf schließen, was für einen großen Schritt es bedeutet, diesen individuellen Freiheitsanspruch zu äußern in und gegenüber ihrer Herkunftskultur, in der die Gemeinschaft, und davon abgeleitet die (Groß)Familie alles bedeutet und regelt. Familie, Religion und Stolz bestimmen ihre eine Seite. Mit dem Wunsch und dem Willen, frei entscheiden zu können, sucht sie sich eine weitere Welt zu eröffnen. Es bleibt die Frage, ob ihre Regel „und sei immer stolz auf das, was du bist" möglicherweise ein Grundelement jenes neuen Regel- und Wertebewusstseins ist, das sich Fatima erarbeitet. Stolz, der sich ableitet aus der Gemeinschaftsbezogenheit ihrer Regeln, würde dann übersetzt eine ich-bezogene (nicht egoistische) Selbstständigkeit bedeuten. Individualität wäre dann nicht die grenzenlose Ich-Bezogenheit der Ego-Gesellschaft, sondern Individualität könnte heißen: Ich sage „Ich" und tue dies im Kontext des „Wir", in das ich eingebunden bleibe und für das ich Mitverantwortung trage, weil ich darum weiß oder dies zumindest spüre, dass „das Ego nicht der letzte Horizont des Selbst ist" (D. Sölle). So erscheint Fatimas Regelverständnis in einer Entwicklung, in der sie ihre Herkunft und das Leben in der deutschen Gesellschaft zu verknüpfen sucht.

Vertrauen

Vertrauen, so erzählt es Antoine de Saint-Exupéry in Der kleine
Prinz, *ist ein aktiver Prozess: „Zähmen, das ist eine in Verges-*
senheit geratene Sache", sagt der Fuchs zum kleinen Prinzen,
„... Es bedeutet, sich ‚vertraut machen'. ... Wenn du mich
zähmst, werden wir einander brauchen. Du wirst für mich einzig
sein in der Welt. Ich werde für dich einzig sein in der Welt. ...
‚Wenn du einen Freund willst, so zähme mich!' ‚Was muss ich
da tun?' ‚Du musst sehr geduldig sein. ... Du setzt dich zunächst
ein wenig abseits von mir ins Gras. Ich werde dich so verstohlen,
so aus den Augenwinkeln anschauen und du wirst nichts sagen.
Die Sprache ist die Quelle der Missverständnisse. Aber jeden
Tag wirst du dich ein bisschen näher setzen können' ..."

Dieses „vertraut machen" setzt verlockende Wahrnehmungs-
möglichkeiten frei: „Die Weizenfelder erinnern mich an nichts.
Und das ist traurig. Aber du hast weizenblondes Haar. Oh, es
wird wunderbar sein, wenn du mich einmal gezähmt hast! Das
Gold der Weizenfelder wird mich an dich erinnern."

Im ‚kleinen Prinzen' endet dieser Abschnitt mit dem bekann-
ten Satz: „Man sieht nur mit dem Herzen gut. Das Wesentliche
ist für die Augen unsichtbar." Und wenig später: „Du bist zeit-
lebens für das verantwortlich, was du dir vertraut gemacht hast.
Du bist für deine Rose verantwortlich..."[45]

Saint Exupéry beschreibt den aktiven Prozess des Vertraut-
machens. Um ihn zu verstehen, ist entscheidend festzuhalten:
„Zähmen" meint nicht, den anderen gefügig zu machen, meint
nicht, die Fremdheit der anderen aufzulösen, sondern der Fuchs
beschreibt mit diesem Wort den Prozess der Annäherung, eines
aktiven Aufeinander-Zugehens, das der kleine Prinz zu gestalten
hat: Ich mache mich dem anderen vertraut: „... jeden Tag wirst
du dich ein Stückchen näher setzen können..."

Doch dies ist lediglich die eine Seite von Vertrauen. Vertrau-
en hat stets auch den Charakter des Widerfahrnisses, des Ge-
schehens oder auch des Geschenks: Mir widerfährt Vertrauen,

das ich dankbar annehmen und erwidern oder ebenso auch enttäuschen und missbrauchen kann. Dieser Zusammenhang –
Vertrauen als Widerfahrnis – macht es schwierig, Vertrauen als
ethischen Begriff oder als ethische Haltung oder Tugend zu
reklamieren: Vertrauen entzieht sich der Macht von Appellen
oder Ratschlägen.[46] Dennoch soll „Vertrauen" hier im Kontext
ethischen Lehrens und Lernens, zwischen unserer Darstellung
der Interviews mit den Schülerinnen und Schülern und unseren
Auswertungen hinsichtlich ethischer Themen und Fragen, seinen
Ort haben.

Wir gehen einerseits davon aus, dass gelingende Lernprozesse
wie generell menschliche Kommunikation und menschliches
Handeln immer schon Vertrauen zur Voraussetzung haben. In
einer Atmosphäre von Misstrauen und Angst wird nicht gelernt,
gelingt bestenfalls so etwas wie kurzfristige Programmierung. In
einer Atmosphäre von Misstrauen und Angst wird nicht gehan-
delt, gelingt bestenfalls so etwas wie mehr oder weniger be-
wusstlose Reaktion. Andererseits sind wir mit Aristoteles der
Auffassung, dass Vertrauen nicht nur wesentlicher Bestandteil
von Freundschaft, sondern ebenfalls der „Polis" – also eines
politischen Gemeinwesens – ist.[47] Gemeinschaftliche Lebensfor-
men wie Freundschaft können so wenig wie gesellschaftliche
Zivilität gelingen ohne Vertrauen; d.h. aber auch, dass nicht nur
Unterricht, sondern auch Schule Vertrauen voraussetzt.

„Vertrauen" lässt sich beschreiben als ein mittlerer Zustand
zwischen Wissen und Nichtwissen (G. Simmel[48]), von möglicher
Sicherheit des Wissens unterschieden durch den Aspekt der
Hoffnung, von unsicherem Nichtwissen unterschieden durch
Treueerfahrungen der Vergangenheit, die das Vertrauen haben
entstehen lassen. Vertrauen ist bezogen auf offene Möglichkeiten
der Zukunft, – „du wirst für mich einzig sein in der Welt" – und
Qualifizierung der Vergangenheit – „das Gold der Weizenfelder
wird mich an dich erinnern". So kommen im Vertrauen zu-
kunftsorientierte Hoffnung (Th. von Aquin[49]) und vergangen-
heitsbewahrende Erfahrung – Vertrautheit mit Situationen, Menschen und sich selbst – zusammen und helfen dazu, dass Gewiss-
heit (nicht Sicherheit) das Vertrauen tragfähig macht.

Vertrautheit und Vertrauen bilden einen Zirkel: Vertrauen
baut auf Vertrautheit auf, die wiederum jenes bereits voraus-

setzt. Vertrauen ist, da auf Zukunft bezogen, immer verbunden mit Risiko und Wagnis. Bedachtes, nicht blindes Vertrauen ist freilich auch von der Überzeugung getragen, dass das, worauf man vertraut, das Vertrauen rechtfertigt und somit vertrauenswürdig ist, Risiko und Wagnis also einschätzbar und begründet einzugehen sind. Gleichwohl ist auch bedachtes Vertrauen immer verbunden mit einem bewusst eingegangenen oder unbewusst stattfindenden Kontrollverzicht.

Vertrauen wird erleichtert, wenn Menschen in der frühkindlichen Beziehung „Grundvertrauen" (E. H. Erikson[50]) erlebt und gelernt haben. Dabei steht dieses nicht gegen jede Möglichkeit oder gegen jeden Verdacht von Misstrauen, sondern es geht beim frühkindlich beginnenden Aufbau von Vertrauen darum, „dass sich Vertrauensfähigkeit auch unter Bedingungen akuter Misstrauensimpulse allmählich stabilisiert".[51]

Grundlegend gehört zu solcher Entwicklung und Bildung von Grundvertrauen die begründete Vorstellung eigener Fähigkeiten und damit verbunden Entwicklung und Bildung von Selbst-Vertrauen, das ebenso wie Vertrauen geprägt ist von der Hoffnung auf künftige Erfüllung von (erwarteten) Zuständen oder Entwicklungen und zu einer entsprechenden Lebenspraxis beiträgt.[52] Ohne (Selbst-)Vertrauen bliebe unser Selbst unvollständig. „Wie aus einem gefestigten Grundvertrauen individuelles Selbstvertrauen erwächst und sich lebensgeschichtlich verstärkt, so bleibt auch solches Selbstvertrauen nicht beschränkt bei und für sich, sondern erweist sich anderen gegenüber offen mit der Intention, auch ihr ,Selbstsein zu fördern.'[53] Vertrauen ist mithin auf Vertrauen aus."[54]

Ethisches Lehren und Lernen baut auf dem Vertrauen in die Schülerinnen und Schüler und auf dem Selbstvertrauen der Schülerinnen und Schüler auf und sucht es zu stabilisieren und zu stärken. Ethisches Lehren lebt von dem Vertrauen, dass Schülerinnen und Schüler der Schule als Lebens- und Lernraum wie den Lehrerinnen und Lehrern entgegenbringen; ethisches Lernen wird gefördert und verstärkt dadurch, dass Lehrerinnen und Lehrer sich den Schülerinnen und Schülern vertraut machen und den Schülerinnen und Schülern wie ihrer Fähigkeit und ihrem Willen zu lernender Selbsttätigkeit vertrauen.

6 „Für sein Leben verantwortlich sein" – Die ethischen Themen der Lebensregeln aller Schülerinnen und Schüler

Die Lebensregeln der Schülerinnen und Schüler ergänzen durch weitere Themen und eine Fülle unterschiedlicher Formulierungen die Wahrnehmungen, die wir aus den Interviews zusammengetragen haben. Folgende Beobachtungen erscheinen uns zunächst besonders wichtig.

Bedeutsam sind vor allem die Ergänzungen der ethischen Themen durch die Lebensregeln von Schülerinnen und Schülern aus anderen Altersstufen. So spielt in der 5. und 6. Klasse bei Mädchen und Jungen das Sauberkeitsgebot eine besondere Rolle, wenn es z. B. darum geht, „keine Gegenstände zu verunreinigen" oder „den Schulhof nicht zu beschmutzen" oder auch „saubere Kleidung" sich zu wünschen. Der sorgsame Umgang mit Gegenständen und dem schulischen Umfeld ist hier ein Thema, das in den höheren Klassen nicht mehr begegnet. Ebenfalls ist in dieser Klassenstufe das Verbot von Beschimpfungen und Hänseleien besonders bedeutsam, wenn beispielsweise aufgeschrieben wird, man solle „nicht schreiben, das wünsche ich dir xy" oder „xy nicht ärgern". In der 7. und 8. Klasse gewinnt das Thema „Gesundheit" besondere Bedeutung, zum einen im Kontext von Rauch- und Drogenverbot, zum anderen allgemein im Rahmen einer gesunden Lebensführung. Des Weiteren begegnet neu und fast nur in dieser Klassenstufe das Gebot, Tiere vor Tierquälerei zu schützen. In der 9. und 10. Klasse begegnen im Rahmen der „eigenen Bedürfnisse", die jetzt an Bedeutung gewinnen, ergänzend zu den in der gleichen Altersstufe erhobenen Interviews die als Regeln formulierten Wünsche nach einem Dach über dem Kopf und nach einem geregelten Tagesablauf sowie geregelten Mahlzeiten. An die Seite dieses Wunsches nach der Erfüllung von Grundbedürfnissen tritt ein großes Sicherheitsverlangen für die Fortführung des eigenen Lebens nach der Schulzeit.

Immer wieder zeigt sich in allen Alterstufen der als Regel formulierte Wunsch nach Lachen und Freude, nach Glück, nach einem guten Leben, nach Geld und Arbeit. In der sprachlich geforderten Form von Lebensregeln werden hier vielerlei immaterielle und materielle Sehnsüchte und Bedürfnisse von Kindern und Jugendlichen deutlich, die auf Erfüllung aus sind und oftmals zugleich als hoffnungslos wahrgenommen werden. So werden solchen Regeln oft Formulierungen beigefügt wie: „Aber das geht ja doch nicht", oder: „Das gibt's ja eh nie", oder: „Ich weiß, dass das nicht klappt". Die Spannung zwischen der Sehnsucht nach glückendem Leben und der Ahnung oder dem Wissen davon, dass dies den Kindern und Jugendlichen in ihrer Lebenssituation (oftmals) verwehrt erscheint, ist ethisch bedeutsam und wahrzunehmen.

Durchgängig durch alle Schulstufen erscheint schließlich eine in der Forschung vielfach angesprochene wichtige Differenz zwischen Schülerinnen und Schülern auch in deren Lebensregeln: Bei Mädchen dominieren gegenüber Jungen sehr klar Regeln wie „hilfsbereit sein" oder „sich gegenseitig helfen".

Das Thema „Angst" und „Umgang mit Angst", das im Unterricht eine selbstverständliche Bedeutung hat und im Kontext unserer Untersuchung in den Interviews in unterschiedlichen Zusammenhängen eine – teilweise recht bedeutsame – Rolle spielt, begegnet in den Lebensregeln an keiner Stelle explizit. Damit Schülerinnen und Schüler dies zur Sprache bringen, bedarf es wohl eines intensiveren Gesprächskontaktes. Erst ein solches Gespräch, geprägt von aktivem Zuhören, lässt das Vertrauen entstehen, das dem Erzählen von Lebenssituationen Raum gibt und es so auch ermöglicht, Gefühle, die mit bestimmten Regelformulierungen verbunden sind, überhaupt selbst wahrzunehmen und dann auch auszusprechen.[55]

Zentrale Themen in allen Klassen- und Altersstufen sind, wie auch bereits in den Interviews angesprochen, Streit, Konflikte und Gewalt. Dabei geht es um ganz unterschiedliche Formen und Erfahrungen, die hier zusammenfassend benannt werden sollen:

– Streit zwischen Kindern und Jugendlichen in und außerhalb der Schule,

- Konflikte zwischen Kindern, Jugendlichen und Erwachsenen, insbesondere auch zwischen Schülerinnen und Schülern und ihren Lehrerinnen und Lehrern,
- verbale und körperliche Gewalt, die Kinder und Jugendliche in unterschiedlichen Situationen als Opfer erfahren und erleiden und der gegenüber sie sich als schwach, wehrlos und hilflos erleben,
- Gewalt, mit der sie selbst umgehen und die sie in vielerlei Konflikten, oftmals auch wegen fehlender alternativer Handlungsmöglichkeiten, anwenden,
- Gewalt gegenüber Tieren und der Natur,
- kriegerische und vereinzelt terroristische Gewalt,
- die Tötung von Menschen und das Tötungsverbot, das beispielsweise in den Klassen 7/8 von der Hälfte der Schülerinnen und Schüler benannt wird und so die meist formulierte Lebensregel ist.

Insgesamt geben die Regelformulierungen wie die Interviews so einen Blick frei auf die Lebensbereiche der Kinder und Jugendlichen, die diese als konflikthaft und deshalb als regelungsbedürftig empfinden. Dabei stehen bei den Regelformulierungen fast immer Bedürfnisse und daraus resultierende Ansprüche der Kinder und Jugendlichen im Vordergrund: Die Diskrepanz zwischen erlebter Wirklichkeit und erwünschtem Leben zeigt sich so in den Regelaufstellungen der Schülerinnen und Schüler. Ethik lernen und lehren hat so immer auch diese Diskrepanz zu thematisieren, denn hier werden Bedürfnisse und Sehnsucht der Kinder und Jugendlichen deutlich, hier werden Handlungsalternativen wichtig.

Nehmen wir so die empirisch erhobenen ethischen Stichworte und Themen wahr, sensibilisiert dies immer wieder neu dazu, aufmerksam die expliziten und impliziten ethischen Situationen im Alltag von Unterricht und Schule zu entdecken: das Verlangen nach Glück und Freude wie die Erfahrung von Gewalt, Konflikte zwischen Schülerinnen und Schülern wie solche zwischen ihnen und den Lehrerinnen und Lehrern – oder auch das Problem eines ehrlichen Umgangs miteinander. So dienten auch uns die erhobenen Daten als Aufmerksamkeitsrichtlinien in der Beobachtung des Schul- und Unterrichtsalltags von Schülerinnen und Schülern und ihrer ethischen Themen in einer siebten Klasse. Dabei zeigte sich zum einen, wie hilfreich solche empirisch fundierten Wahrnehmungshilfen sind und zum andern wurde eine hohe Übereinstimmung deutlich zwischen dem, was den interviewten Schülerinnen und Schülern wichtig war und denjenigen, die uns nun in den Dokumentationen von Unterricht und Schulalltag und deren Reflexion begegnen.

Zärtlichkeit

Zärtlichkeit ist in philosophischem Kontext seit der Antike nicht nur eine ästhetische Kategorie, sondern ebenso ein Begriff im Kontext zwischenmenschlicher Beziehungen.[56] So ist Zärtlichkeit ein zugleich ästhetischer und ethischer Begriff. Obwohl das Wort im Kontext christlicher Religion eine ähnlich lange Geschichte hat, sucht man es in theologischen Lexika in der Regel vergebens.[57]

Als ästhetische Kategorie hat beispielsweise Francesco Petrarca Zartheit thematisiert, wenn er sie generell mit ästhetischer Empfänglichkeit und Empfindung gleich setzte. Im Kontext zwischenmenschlicher Beziehungen begegnet Zärtlichkeit seit Platon als Element der Liebe – vorgebildet in der Zärtlichkeit des mütterlichen – und Platon ergänzend: väterlichen – Umgangs mit dem Kind.

Eine gelungene Formulierung dessen, wie Zärtlichkeit erfahren werden und was Zärtlichkeit bedeuten und freisetzen kann, bietet der Dichter und Theologe Kurt Marti: „Zärtlichkeit ist gleichermaßen Sinnlichkeit, die intelligent, wie Intelligenz, die sinnlich macht. Selbst ihr Rausch betäubt nicht, er erleuchtet. Sie wird, die Anarchistin, erst herrschen können, wo keine Herrschaft mehr ist. Ihr Pathos ist das des Unscheinbaren: Eine hilflose Geste, ein Blitz oder Schatten im anderen Blick, eine spontane Bewegung werden plötzlich Dreh- und Angelpunkt allen Jetzt- und Da-Seins."[58]

Von solcher lebensverändernder Unscheinbarkeit reden biblische Geschichten und theologische Traditionen: Gott begegnet Elia, dem Fundamentalisten, der eben noch die Priester einer fremden Religion grausam verfolgt und vernichtet hat, nicht im Sturm oder Feuer oder Erdbeben, sondern in einem sanften „Windhauch" (1. Könige 19). Jesus berührt Menschen und solche Zärtlichkeit lässt sie gesunden. Die mittelalterliche Frauenmystik einer Hildegard von Bingen wie einer Mechthild von

*Magdeburg oder Theresa von Avila legt Zeugnis ab von herr-
schaftsfrei-zärtlicher Begegnung der Menschen untereinander
wie mit Jesus und Gott.*

> *Neben dem Hin-Sehen und Hin-Hören ist das Fühlen und Tas-
> ten der Sinn, der Zärtlichkeit erfahren lässt: Der Tast- oder
> Berührungssinn ist physiologisch der erste Sinn, der sich beim
> Säugling regt, und aus dem sich die anderen Sinne entwickeln:
> „Befühlend fängt der Mensch an, sich und seine Umgebung
> wahrzunehmen". Feinfühligkeit hat mit den Händen zu tun. Und:
> der Tast- oder Berührungssinn ist der Königs- und Königinnen-
> sinn der Erotik.*

*Liebe macht blind, heißt's zuweilen, doch den Berührungs-Sinn verfeinert
sie, er ist der kommunikativste aller Sinne. ... Jesus hat Kranke durch
sein Wort geheilt, sie dabei oft auch berührt. Seine Handauflegung war
ebenfalls Mitteilung, ... teilte Zuneigung, Solidarität und so eben Ge-fühl
sinnlich mit. .. Als Heiler, als Wiederbeleber unserer Sinne steht Jesus
quer und fremd in unseren Kirchen.[59]*

*Solche Erfahrungen verlangen nach einer Sprache, die aufmerk-
sam und sensibel lauscht und sorgsam formuliert; so hat schon
Blaise Jerry unterschieden zwischen einer ,Sprache der Geomet-
rie' und einer ,Sprache der Feinheit'. Dieser Sprache ist eine
Praxis verwandt, die im Sinne eines zärtlichen Umgangs, sich
als „behutsam leben und handeln", als „schonen" versteht,
gehen die Begriffe „zart" und „zärtlich" doch auf das mittel-
hochdeutsche Verb „zarten" zurück, was soviel bedeutet wie:
durch körperliche Berührung liebkosen. Eine sanfte Art des
Umgangs mit Menschen, Dingen und Natur ist hier im Blick. Der
homo faber, verwandt dem homo imperator – was ich machen
kann, beherrsche ich, was ich nicht machen kann, will ich wenigstens beherrschen – sind fixiert auf das Gegenteil von Schonen und Behutsamkeit, fixiert auf Herstellung und Funktionali-
sierung, auf Veränderung und Bemächtigung. Schonen kann
lassen. Th. W. Adorno sah im Verlust der Zärtlichkeit das Sym-
ptom der Entfremdung, ja der drohenden Unmöglichkeit zwischenmenschlicher Beziehungen innerhalb der kapitalistischen
Gesellschaft:*

*Zartheit zwischen Menschen ist nichts anderes als das Bewusstsein von
der Möglichkeit zweckfreier Beziehungen, das noch die Zweckverhafteten*

tröstlich streift; Erbteil alter Privilegien, das den privilegienlosen Stand verspricht."[60]

Solche Zartheit setzt Menschen voraus, die fähig sind, zu staunen und zu bewundern. *Staunen und bewundern aber sind immer frei von allen Zwecken, unmittelbare Erfahrung, die übergeht in Lob.* Wer zweckfrei staunen und bewundern kann, wird fähig zur Zärtlichkeit und ihrer Praxis des sanften Berührens und Berührtwerdens, des Schonens. So ist „schonen" eben nicht nur eine ethische Praxis, sondern ebenso eine ästhetische Kategorie. Ethik und Ästhetik, Güte und Schönheit gehören zusammen, das eine geht ohne das andere verloren.

„Schonen" ist etymologisch verwandt dem Adjektiv „schön" und bedeutet so stets auch: anderem zur Geltung verhelfen, Entfaltung, Schönheit ermöglichen (anstatt es zu unterdrücken, zu vergewaltigen, zu beherrschen, den eigenen Interessen zu opfern). Solche ‚Schonung' ist schön; sie ist zärtliche Zuwendung, die auch jene schön macht, denen sie gilt. „Wenn du mich anblickst, werd' ich schön, schön wie das Riedgras unterm Tau", formuliert ein Liebesgedicht von Gabriela Mistral. Und Fulbert Steffensky kommentiert: „Ihre Schönheit ist nicht selbstproduziert. Sie erkennt sie nicht, indem sie in den Spiegel schaut; sie erkennt sie im Blick der Liebe."[61] Zärtlichkeit, die andere und anderes schont, macht schön. Das Hohelied der Liebe in der hebräischen Bibel lobt und besingt Ähnliches. Hier findet sich eine Frau, die Ästhetik und Ethik, Wahrnehmen und Lebensform unmittelbar verknüpft und spricht: „Ich bin geworden in seinen Augen wie eine, die Frieden findet." (Hoheslied 8, 10).

Goethe schließlich, in dessen Werk „Zärtlichkeit" einen herausragenden Stellenwert einnimmt, fügt Ästhetisches und Ethisches zusammen, wenn er „zärtlich" als Kennzeichnung einer Erkenntnishaltung formuliert: „Es gibt eine zarte Empirie, die sich mit dem Gegenstand innigst identisch macht, und dadurch zur eigentlichen Theorie wird."[62] Theorie, das meint ursprünglich „Schau": eingriffslose Betrachtung, die andere, anderes schön macht. Hermann Hesse war es, der dies verdeutlicht am Gegenüber von „Betrachtung" auf der einen und „Forschung oder Kritik" auf der anderen Seite: Betrachtung „ist nichts als Liebe"; sie greift nicht ein, sondern „im Augenblick, da ... die

97

Betrachtung aufkommt, wird alles anders: jedes Ding wird schön. "[63]

Schön ist es und schön macht es, andere und anderes zärtlich wahrzunehmen und anderen wie anderem zärtlich zu begegnen. Ich kann es in seinem Wesen und seiner Eigenart belassen und sich entfalten lassen. Solche Begegnung ist der Liebe verschwistert. „Die Kraft im Schönen", schreibt Otto Nebel, „ist dessen Gewaltlosigkeit. "[64]

Ethisches Lehren und Lernen zielt auf eine Praxis der Zärtlichkeit mir selbst, anderen und anderem gegenüber und setzt diese im Lehr-Lern-Prozess immer schon voraus. Nicht zuletzt ist dies eine Anfrage auch an die Haltung wie an die Körpersprache Lehrender und Lernender. Es geht darum, die Schönheit anderer zu entdecken und zur Geltung kommen zu lassen und die eigene Schönheit zu würdigen.

7 „Bitte sieh mich an!", sagen ihre Augen – und oft auch ihr Verhalten.

Ethik lernen und lehren I

Erwachsene wissen (fast) immer schon, was Ethik ist. Sie kennen sich aus – und manchmal versuchen sie sogar, nach einer bestimmten Ethik zu leben, orientieren sich vielleicht auch an bestimmten philosophischen und/oder religiösen ethischen Traditionen, bemerken die dabei auftretenden Schwierigkeiten und reflektieren die Brüche, die sie aktuell oder im biografischen Rückblick wahrnehmen. Aus solcher Reflexion „sittlichen" und „unsittlichen" Handelns entsteht Ethik.

Der Brockhaus definiert dieses Erwachsenenwissen bündig: „Die Ethik ist die philosophische Wissenschaft vom Sittlichen."[65]

Lisa Fitz – wir wissen: der Sprung vom Brockhaus zur Satirikerin ist groß – schreibt:

Zu allem, was man in Begriffe fasst
und fassen muss
von dem man spricht und sprechen muss
hat man die wirkliche Verbindung
längst verloren.[66]

Der Sprung vom Brockhaus – dem gesammelten gutbürgerlichen Wissen – zur „heiligen Hur'" ist wenig geringer als der Graben zwischen der Ethik als philosophischer Wissenschaft vom Sittlichen und den Kindern und Jugendlichen in unterschiedlichen Schulen: „Hey Alte, wie redest du mit mir…" antwortet Marc, ein Grundschüler, auf die Ermahnung seiner Lehrerin, sich im Pausenhof anders zu verhalten. Es folgt die nächste Ermahnung, da die Lehrerin ein anderes Verhalten ihr gegenüber erwartet. „'ntschuldigung", wird gemurmelt und weg ist der Schüler. Hat er irgendetwas gelernt in dieser Situation? Wahrscheinlich nicht. Eher wurde er bestätigt in seiner Ansicht von Erwachsenen: Die meckern nur an mir rum… ‚Gespräche' mit ihnen sind Zurecht-weisungen… Marc ersehnt (vielleicht kann er nicht mal mehr dies?) ein anderes Verhalten seiner Lehrerin, von Erwachsenen ihm gegenüber. Er, der in der Schule wie zu Hause und in sich selbst total isoliert ist, wird von der Lehrerin ‚angeranzt' und zur Rechenschaft gezogen. Ihm wird, sein Verhalten interpretierend, unterstellt, er könne sich anders verhalten, sein Verhalten anders steuern, er mache es extra, um Mitschüler und Mitschülerinnen oder auch Lehrer und Lehrerinnen zu ärgern. Dabei tut er dies möglicherweise aus einer inneren Not.[67] Wenn die Lehrerin ihm nun sagt „Verhalte dich anders", hört sie nicht durch zu seiner möglichen Not.[68] Lehrerinnen und Lehrer sind keine Therapeu-tinnen oder Therapeuten und doch ist die Chance einer Begeg-nung, in der und aus der Lernen und Lehren entstehen könnte, vertan. Wir kennen an der Universität solche Situationen aus Zahlen und Analysen, aus Büchern und eigenen Reflexionen – sie waren kaum verbunden mit wirklichen Begegnungen und Gesichtern solcher Kinder und Jugendlichen. Wir kennen diese Situationen auch im täglichen Umgang mit Kindern und Jugend-lichen an einer Förderschule: im Unterricht, im Pausenhof, in Beratungstätigkeit, im Kollegium und nicht zuletzt in Elternge-sprächen. Wie kommt beides zusammen? Wie lässt sich aus beiden Perspektiven „Ethik lernen und lehren" konstruieren?

„Ethik lernen und lehren" besonders in Situationen der För-der- und Hauptschulen, was kann das sein und wie könnte das gehen? Wir versuchen Annäherungen an diese Aufgabenstel-lung, versuchen dabei in allem, was wir bedenken und schreiben, an der Lebenswirklichkeit der Schülerinnen und Schüler zu bleiben – und dabei die Träume nicht zu vergessen … Sie wer-den geboren aus der Begegnung mit der Wirklichkeit. So fragen wir zunächst nach einer Verständigung darüber, was „Ethik lernen und lehren" für uns selbst im Kontext Schule und deren unterschiedlichen Formen und Klassenstufen bedeuten kann. Auf Grund dieser Selbstverständigung geht es dann im zweiten Schritt an Hand konkreter Situationen und Konflikte sowie im Zusammenhang mit semi-realen Geschichten um didaktisch-methodische Überlegungen und Konstruktionen, Ethik zu lernen und zu lehren. Ausgangspunkt sind ausgewählte Gesichtspunkte der ethischen Themen der Schülerinnen und Schüler, die wir mit den Ergebnissen unserer empirischen Untersuchungen vorgestellt und zusammengefasst haben. In einem dritten Schritt reflektieren wir dann in theoretischen Zusammenhängen unsere didaktisch-methodischen Überlegungen und Konstruktionen.

Wie kann ich mit Kindern und Jugendlichen Ethik lernen und sie Ethik lehren, die oft so Schweres in ihrem Leben schon erlebt haben und erleben: mit Kindern und Jugendlichen, die ausgegrenzt werden und sich selbst ausgrenzen, die Gewalt erfahren und mit Gewalt antworten? Das war unsere Ausgangsfrage. Was erwarte ich eigentlich von jemandem, der so getreten wurde? Wie kann ich von Kindern und Jugendlichen freundlichen Umgang, Mitgefühl, Achtung, Gerechtigkeit erwarten, die nie oder fast nie freundlichen Umgang, Mitgefühl, Achtung und Gerechtigkeit erleben? Fordern wir von den Schülern und Schülerinnen das Lernen von etwas, dass sie nicht oder kaum kennen, und einen Umgang, den niemand oder fast niemand mit ihnen pflegt? Fragen über Fragen, wenn wir uns der Situation und dem Leben dieser Kinder und Jugendlichen, deren Zahl immer größer wird und die mittlerweile schon mehr als ein Viertel ihrer Altersgruppen ausmachen, wirklich stellen wollen.

Uns kommen die zehn Gebote in den Sinn, Lebensregeln, die Israel sich gegeben hat und die für dieses Volk so wichtig waren, dass es sie Gott in den Mund legte. Israel machte sie an einer historischen Erfahrung fest, die für jeden und jede biografische Bedeutung hat. Die zehn Gebote beginnen damit, dass Gott sagt: Ich bin der Herr, dein Gott, der dich aus Ägypten befreit hat. Befreiung aus erniedrigender Sklaverei – das war Voraussetzung dafür, dass die Gebote gelebt werden konnten. Auszug aus versklavenden Lebensbedingungen, Befreiung ins Leben – das war die Bedingung für die „zehn großen Freiheiten" (Ernst Lange): du wirst den Feiertag heiligen und Ruhe einlegen können, du wirst nicht mehr töten (müssen)… Ist es für die Kinder und Jugendlichen nötig, zuerst Schritte der Befreiung – ein viel zu großes Wort, wir wissen es – zu gehen? Marc will in eine andere Schule. In seiner jetzigen sind seine Rollen festgeschrieben, sein Verhalten ist programmiert durch Erwartungen, seine Lebens- und Lernmöglichkeiten sind eingeschränkt. Hinter dem Wunsch nach einem solchen Kontextwechsel verbergen sich bewusst oder unbewusst Sehnsüchte, Bedürfnisse und Wünsche, neu anfangen zu können. Wird ihm dieser Wechsel ermöglicht? Und wenn er stattfindet, was müsste geschehen: Das Wichtigste ist, dass ihm Wertschätzung entgegen gebracht wird, Anerkennung, Bestätigung, Zuhören. Das ist der notwendige Anteil der Erwachsenen, die solches Neu-Anfangen ermöglichen können.

Das Stichwort „Sehnsucht", das uns zufiel, faszinierte uns und ließ uns weiterdenken. Vielleicht haben diese Kinder und Jugendlichen Sehnsucht danach: nach freundlichem Umgang, nach Mitgefühl, nach Achtung, nach Gerechtigkeit. Vielleicht sogar unerfahrene, in fast jedem Falle unerfüllte Sehnsucht. Wäre es möglich Ethik zu verstehen als Antwort auf Sehnsüchte? Ethik als ein Nachdenken, das diese Sehnsucht aufsucht und aufnimmt, zur Sprache bringt, Möglichkeiten des Handelns und Unterlassens anbietet, damit sich Schülerinnen und Schüler auf den Weg machen können, sich mit ihren Bedürfnissen zu verbinden, ihre Sehnsüchte zu entdecken und sie – wenigstens ansatzweise – zu leben? Damit vielleicht Aha-Erlebnisse entstehen: Ja, es gibt andere Verhaltensmöglichkeiten, andere Strategien, meine Bedürfnisse zu erfüllen, als ich sie kenne, Alternativen, die ich ausprobieren kann, Möglichkeiten, meinen Sehnsüchten auf die Spur zu kommen und die eine oder andere zu verwirklichen...

Es entstand ein Mailwechsel zwischen uns Autoren, der seinen Ausgangspunkt bei dem Stichwort „Sehnsucht" nahm:

H.F.: Ethik als Aufnehmen und Antworten auf die Sehnsucht nach dem guten Leben. Ich weiß noch immer nicht, ob ich das unterschreiben kann. Mir ist nur klar, dass ich meine Schüler nicht mit ethischen Forderungen überhäufen kann und will. Zuerst kommt das Annehmen, die Wertschätzung. Das ist das, was sie brauchen. Vielleicht geht es genau darum: Was brauchen sie? Eben nicht – wie ich bei Ethik immer vermute: Was braucht die Gesellschaft an angepassten Menschen? Was braucht Schulleben an angepassten Schülern? Was brauchen Lehrer an angepassten Schülern? – Keine Frage, das alles brauchen wir auch. Doch im Mittelpunkt meines Denkens steht auch immer wieder: Was brauchen die Schüler? Was sind ihre Bedürfnisse? Und was würdest du sagen? Was brauchen sie? Brauchen sie Ethik? Sie haben Sehnsucht, ja, und auf die können wir antworten. Antwortet Ethik auf die Sehnsüchte nach dem guten Leben – jetzt, heute?

G.O.: Mit alledem bin ich einverstanden: Ethik muss nicht – und darf von uns nicht verstanden werden – als Anpassungsvorgang an von außen gesetzte und gesellschaftlich oder politisch mehr oder weniger erzwungene Maßstäbe oder Konventionen. Denk' mal an die Ethik Jesu: Er hat gesehen und gefühlt, was die Menschen brauchen: Zuwendung und nicht Verurteilung und im Zusammenhang damit Seligpreisungen und in diesem Kontext ethische Lebensperspektiven, die zu freiem, leichtem, Vertrauen ermöglichendem Leben helfen sollten – und dies gerade gegen die römische Herrschaft und das Großgrundbesitzertum, das die kleinen Leute, die Tagelöhner mit ihren Familien verhungern ließ. Ich glaube, die Schüler brauchen solche Ethik, nicht unbedingt die Ethik Jesu, aber eine, die ihr ähnlich ist: Eröffnung von Lebens- und Handlungsmöglichkeiten in Richtung ihrer Lebenssehnsüchte. Klar sind die meisten ihrer Sehnsüchte auch gesellschaftlich manipuliert, auch konsumbezogen programmiert. Doch kann ich ihnen dies vorwerfen? Es ist die Mehrheitswelt der Erwachsenen, die ihnen dies vorleben und „vor-werben". Ich bleibe erstmal dabei: Die Kinder und Jugendlichen brauchen Antworten auf ihre Sehnsüchte, auf Fragen wie: Was kann ich tun, um mein Leben gut leben zu können? Welche Möglichkeiten, welche Alternativen gibt es? Und wie kann ich mein Leben gut leben in einem Kontext und mit einer Hoffnung, dass es gutes Leben für alle gibt? Wie kann ich mein Leben gut leben ohne dass es auf Kosten des „unter mir" gesehenen anderen geht? Lass uns da weiter überlegen und nachdenken. Ich glaube, es ist eine gute Spur.

H.F.: Stimmt, wir sehen Ethiklernen nicht als Anpassungsvorgang. Und Jesu „Ethik" war Liebe, Solidarität, Zuwendung, Wertschätzung – und Deutlichkeit im Unterscheiden von Gutem und Bösem. Vielleicht ist das Wichtigste, die Bedürfnisse der Menschen, Kinder, Jugendlichen, Erwachsenen in allem und hinter allem zu sehen, was auch immer sie gerade sagen und tun. Und eben nicht „zum Siegen verdammt" (F. Steffensky). Bedürftigkeit und Sehnsucht – enge Zusammenhänge. Bedürftigkeit ist mir im Moment noch näher als Sehnsucht, Sehnsucht kommt mir schon so überhöht vor. Wenn du diese Kinderaugen siehst, hineinsiehst, auch die der Jugendlichen, dann siehst du ihre Bedürftigkeit, ihr „Bitte sieh mich!", ihr „Ich will, dass du mich gern hast und die anderen auch." – Geliebt werden, nicht selbst lieben (können), kommt an erster Stelle. Zugewandtheit erhalten, nicht sich selbst zuwenden. Beachtet sein, nicht beachten. ..... „Gutes Leben für alle" – ja, so hat es einer meiner Schüler einmal ausdrücken können, geliebt und beachtet zu Hause, in der Schule, von Freunden. So können es auch einige andere sich wünschen. Und wieder andere würden sagen „Gutes Leben für mich!" „Siegen für mich!" „Gut dastehen!" – Bei uns ist nicht unbedingt derjenige oder diejenige beachtet und gemocht, die sich hingebungsvoll für andere einsetzen. Die „Stars" sind oft die eher rücksichtsloseren, die „Coolen".

Warum das so ist? Es ist mir ein Rätsel, seit ich in Schule bin. Die Fragen sind eher nicht die Gesamt-Leben-Fragen, sondern:

Was kann ich tun, damit die anderen mich mögen?
Was kann ich tun, damit die anderen mich in Ruhe lassen?
Was kann ich tun, damit ich einen Freund oder eine Freundin bekomme?
Was kann ich tun, damit die anderen mich anerkennen?
Wie kann ich Aufmerksamkeit bekommen?

Eine Frage wie: „Wie kann ich mein Leben gut leben, ohne dass es auf Kosten des „unter mir" gesehenen anderen geht?" – das ist vielleicht eine selbstverständliche Frage für dich und für mich. Aber was heißt denn: „… auf Kosten eines anderen leben?" bzw. „nicht auf Kosten eines anderen leben?" – Das ist eine erwachsene Frage, glaube ich. Und eine schon sehr ethisch geschulte Frage. Luxus.

Und meine Denkrichtung verändert sich auch immer wieder, je nachdem, an welchen Schüler und an welche Schülerin ich denke. Ich nenne dir ein paar Schülerinnen und Schüler unserer Schule, die ich gut kenne: In meiner 7. Klasse am mutlosesten bin ich vielleicht bezogen auf Mustafa und Nathalie – beide eher Schul-Stars, die sehr nach unten treten, mehr oder weniger verdeckt. Angelina, die so gern zu den Stars gehören würde und sehr leidet unter der Ausgrenzung durch einige Mädchen und keine andere Antwort weiß als zu petzen, zu petzen, zu petzen – und sich dadurch immer unbeliebter macht. Alina, so still und auch in sich ruhend vielleicht, sehr geliebtes Kind ihrer Eltern, die sehr religiös sind, meist in Ruhe gelassen von den anderen, ein Mädchen, das sich nicht meldet, aus Angst ausgelacht zu werden, doch ihre Nische gefunden hat in der Schule mit ihrer Schwester und deren Freundinnen – und auch mit Angelina. Alex, der unter seinem Nicht-Lesen-Können leidet, angibt mit geringem Schmerzempfinden, doch anerkannt ist und gesehen wird, klar und interessiert ist an vielem und dann wieder den Klassenclown spielt, sich freut an der Beachtung durch Lacher. Muhammet, immer in meiner Nähe, unruhig und dauernd den Kopf voller (obszöner) Bilder und Worte, zeitweise freundlich zu anderen – dann wieder massiv abwertend und sehr kindlich. Chris mit seinen Zeichnungen von Friedhöfen und Waffen, Natur- und Tierliebe, der sich als Einzelgänger und Außenseiter bezeichnet und mit Stolz darüber es immer wieder verkündet, mutig seine Eigenheiten auch zeigt – und lange ausgegrenzt und gehänselt wurde. Jerry, ruhelos kindlich, meist träumend, wenig gesehen – und versunken im Spielen mit Chris mit Playmobilfiguren und Legosteinen, Fantasien erfindend zusammen und weiterspielend. Und Sarah – gefangen in ihrer Bedürftigkeit, die sie kaum äußern kann, die Hilfe kaum akzeptieren, die nicht einmal Geschenke annehmen kann, Bedürftigkeit darf nicht sein, führt nur zu „Schmerz". Und so könnte ich auch über meine alte Klasse schreiben. Bedürftigkeit, die Bedürfnisse der Kinder und Jugendlichen – das ist die Ausgangsfrage für Antworten von Ethik, wenn sie Bedeutung für die Kinder haben sollen. „Was brauchst du, um gut leben zu können, um dich lieben zu können, um dich anzuerkennen, um mit anderen leben zu können?" Schule ist auch dazu da, um auf diese Bedürfnisse zu antworten, sie zu sehen und zu antworten: Ich sehe dich, ich sehe dich an, ich achte dich, ich achte auf dein Tun und Sagen, ich beachte dich, ich anerkenne dich, ich schätze dich, ich fordere dich, ich helfe dir, ich frage dich, ich antworte dir ... und ich zeige mich dir.

G.O.: Danke für deine lange Passage zur Ethik und für deine Konkretionen und dein Herunterbrechen oder Heraufbrechen in den Schulalltag und zu deinen Erfahrungen mit jedem einzelnen Schüler, jeder einzelnen Schülerin... So wichtig, damit wir nicht über irgendwelche Köpfe hinweg schreiben, sondern bei den Kindern und Jugendlichen und ihrer Bedürftigkeit bleiben, wobei sie es sicher auch nicht so nennen würden, denke ich, wahrscheinlich würden sie sich klein gemacht fühlen, wenn sie sich selbst als bedürftig bezeichnen würden/sollten. Bedürftigkeit allein als Ansatz für Ethik ist mir auch zu wenig. Konkreter wird das schon, wenn wir von ihren Bedürfnissen sprechen, die sie haben und für die sie so oft keine angemessenen Strategen kennen, sie zu leben. Vielleicht hilft auch das Stichwort der Bedürfnisse dazu, dass die Schülerinnen und Schüler sich nicht „klein" fühlen? Und doch ist mir ein solcher Ansatz bei Bedürftigkeit und Bedürfnissen noch immer zu ungenau. Wo bleiben da ihre Stärken, das, was sie gut können, der eine kochen, die andere dichten, der dritte Fußball spielen, der andere zeichnen, die andere Theater spielen und wieder eine andere formulieren und noch ein anderer fürsorglich sein – all' die Fähigkeiten, von denen du auch immer wieder begeistert berichtest? Vielleicht lässt sich dies nicht abstrakt vermitteln – im konkreten Unterricht achtest du ohnehin darauf und in dessen Reflexion müssen wir dies mit bedenken. Und vielleicht stecken ja hinter diesen Stärken auch Sehnsüchte. Du merkst, ich möchte Bedürftigkeit und Bedürfnisse – ganz wichtige Stichwörter – und Sehnsucht zusammen halten. Ich vermute, dass hinter der Bedürftigkeit auch Sehnsucht steckt und Wünsche, Wünsche nach Leben, was immer das zunächst konkret heißen mag – nach Fülle... Fülle in vielem, was uns auch vielleicht fremd ist (mir vielleicht mehr als dir, die du täglich mit den Schülerinnen und Schülern zusammen bist). Der entscheidende Punkt scheint mir freilich zu sein – und da denken wir gleich –, dass Ethik lernen und lehren zu beziehen ist auf real erlebte, vielleicht noch real inszenierte Konflikte. Unabhängig davon erscheinen Aneignung und Vermittlung von Ethik für unsere besonderen Zielgruppen, vielleicht sogar für alle

Schülerinnen und Schüler unmöglich. Es geht um reales Leben, wenn es um Ethik geht. Du hast einmal gesagt und dies ist genau richtig: „Wenn ethisches Lernen immer nur ‚Dasselbe‘ erzählt, was alle sowieso schon wissen, dann ist das wie Vorträge über gesunde Ernährung – die meisten wissen es und nur wenige kriegen es hin…“ – „Und meine Denkrichtung verändert sich auch immer wieder, je nachdem, an welchen Schüler und an welche Schülerin ich denke.“ Ja, das ist das Spannende, wenn's konkret wird und wir merken, dass das, was für die eine Schülerin passend erscheint, für den anderen Schüler gar nicht passt… Und gleichwohl werden wir uns um Generalisierungen bemühen müssen.[69]

H.F.: Die Idee, „Ethik als Antwort auf Sehnsüchte" zu verstehen fand eine Freundin von mir gut. Doch eigentlich, meint sie, Ethik sei nicht Anforderung oder Forderung schlechthin, sondern in erster Linie gutes Tun – vermittelt durch glaubwürdige Menschen, die es tun ...

G.O.: Klar hat deine Freundin im Prinzip recht: Ethik ist vor allem gelebte Praxis, nicht allein Nachdenken. Doch damit es gelebte Praxis werden kann, sich Möglichkeiten des Handelns eröffnen können, Bedürfnisse und Bedürftigkeiten gesehen und Sehnsüchte gestillt werden können, braucht es Hinweise, Geschichten, Erfahrungen, Reflexionen für uns, von und mit denen wir lernen, und für die Kids, denen wir Lernchancen eröffnen können … Chancen eröffnen, Chancen auf „gemocht werden", auf „in Ruhe gelassen werden", auf „einen Freund oder eine Freundin bekommen", „damit die anderen mich anerkennen", auf „Aufmerksamkeit bekommen", auf Leben – ganz konkret für deine und andere Schülerinnen und Schüler (mit ihren Lehrerinnen und Lehrern).

Im Zusammenhang mit diesem Mailwechsel lasen wir „zufällig" Fulbert Steffenskys neues Büchlein *Mut zur Endlichkeit. Sterben in einer Gesellschaft der Sieger*.[70] Zwei Sätze daraus wurden uns besonders wichtig: „Die Bedürftigkeit ist der Grundzug aller Humanität. Je geistiger ein Wesen ist, umso bedürftiger ist es; umso mehr weiß es, dass es sich nicht selbst gebären und vollenden kann." Das zeigt: Bedürftigkeit macht nicht klein, sondern zeigt ‚Größe‘: Ich weiß, dass ich mich nicht selbst erschaffen kann und ich muss mich auch nicht vollendet darstellen. Ich bin nicht „zum Siegen verdammt", hat H.F. Steffensky zitiert. Und: „Gegen den Totalitätsterror möchte ich die gelungene Halbheit loben."[71] Beides gilt auch für ein Buch zum Ethik lernen und lehren: die gelungene Halbheit, das Zugleich von ethischem und unethischem Verhalten bei Schülerinnen und Schülern wie bei

Lehrerinnen und Lehrern,[72] und darin das Wissen um Bedürftigkeit, der wir die Sehnsucht an die Seite stellen wollen. Wir werden an den Unterrichtsbeispielen und ihrer Reflexion sehen, ob dieser Ansatz tragfähig sein und der Spagat zwischen ‚Brockhaus und heiliger Hur' gelingen kann.

Eigensinn und Liebe

Immer wieder haben wir im Zusammenhang dieser ethischen Stichworte, insbesondere bei den Stichworten Achtsamkeit, Sehen, Vertrauen und Zärtlichkeit auf den Zusammenhang von Eigensinn und Liebe hingewiesen. Nur indem ich bei mir bin, kann ich auch bei anderen sein; nur indem ich mich annehme und liebe, kann ich andere annehmen und lieben. Nur wenn ich eigensinnig um mein Glück besorgt bin, kann ich zum Glück anderer beitragen.

Was hilft mir, mich zu entdecken? Für mich gibt es (fast) nur eine Antwort: Eros. Eros war der griechische Gott der Liebe, der aus dem Chaos entstand. In der Philosophie bezeichnet Eros den Drang nach Erkenntnis und schöpferischer geistiger Tätigkeit, bei Plato eine der vier Liebesarten (neben Philia, Agape und Stoika), in der Pädagogik eine geistig-seelische Bindung zwischen Menschen (z.B. Lehrer und Schüler), in der Psychoanalyse einen der zwei Haupttriebe des Menschen, den Lebenstrieb: Leben wird möglich durch Liebe. Alltagssprachlich verbinden wir mit Eros eher den Begriff „Erotik", also die sinnliche Anziehung in der geschlechtlichen Liebe. ... Eros ist die Sehnsucht, der beflügelnde Antrieb zu lustvoller Intensität, zu inniger Lebendigkeit. Diese Intensität ist natürlich kein Dauerzustand, aber ein potenziell wiederkehrender und aktiv wiederholbarer Zustand, ist Ergebnis eigener Aktivität und der eigenen Arbeit, Fähigkeiten und Lust zu sammeln und zu bündeln, anstatt sie zu zerstreuen, ist Konzentration und größtmögliche Nähe zu mir selbst. Ich lerne immer mehr und immer wieder neu, mir zu trauen und so begegne ich anderen Menschen, gebe von mir und lasse mich in der Begegnung von ihnen beschenken mit ihrer Fülle des Lebens, ihrem Eros, ihrer Lust, ihrer Intensität und Konzentration.[73]

Eigensinn meint ein Doppeltes: Es geht um meinen Sinn und meine Sinnlichkeit. Denken und Fühlen kommen zusammen, wenn ich mir nahe bin. Sinn ohne Sinnlichkeit und sinnliche Erfahrung wird hier undenkbar und im wörtlichen Sinne sinnlos. Erst ihr Zusammenhang konstituiert mich und ist Ausdruck lebendigen Lebens. Zugleich tritt neben diese Nähe von Sinn und

Sinnlichkeit ein Moment der Distanz. Ich trete zurück und befrage meine Sinnkonstruktionen nach ihrer Sinnlichkeit; ich trete zurück und frage meine Sinnlichkeit nach ihrer Sinnhaftigkeit. Eigensinn ermöglicht Innehalten, verdeutlicht Nähe und Distanz zu mir selbst.

Hermann Hesse schreibt in seiner Erzählung „Klein und Wagner": „In sich selbst trug man alles, worauf es ankam. Von außen konnte niemand einem helfen. Mit sich selbst nicht im Krieg liegen, mit sich selbst in Liebe und Vertrauen leben, dann konnte man alles. Dann konnte man nicht nur Seiltanzen, dann konnte man fliegen."[74] Diesen Willen, das Einmalige zu Ende zu leben, diese „Fähigkeit, ein wirklich persönliches und einmaliges Leben (also kein Durchschnittsleben) zu führen",[75] sieht Hesse in einer doppelten Richtung: Jeder wird ganz er selber und jeder wird zugleich die ganze Welt. Der Weg dahin ist Bildung, Seelenbildung: Sie ist „das Streben nach geistiger und seelischer Vervollkommnung, nicht ein mühsamer Weg zu irgendwelchen begrenzten Zielen, sondern ein beglückendes und stärkendes Erweitern unseres Bewusstseins, eine Bereicherung unserer Lebens- und Glücksmöglichkeiten"; sie „hat ihren Sinn in sich selbst".[76] Obgleich diese Bereicherung unserer Lebens- und Glücksmöglichkeiten ihren Sinn in sich selbst trägt, ist sie doch auch zugleich Protest gegen das von Hesse beobachtete „Streben, die Menschen gleichförmig zu machen und ihr Persönliches möglichst zu beschneiden".[77]

Eigensinn, so verstanden, öffnet mich hin zu den Menschen: Die Liebe zu mir selbst macht mich frei zur Liebe anderer. Liebe-losen Eigensinn hatte wohl Goethe vor Augen, wenn er in der Trilogie der Leidenschaften schreibt: „ ... zerschmilzt der Selbstsinn tief in winterlichen Grüften; kein Eigenwille dauert". Hermann Hesse, der emphatisch immer wieder Lieben als Weg zu mir selbst beschreibt, reflektiert auch jenen Zusammenhang von Selbstliebe und Liebe zu anderen. Er zitiert das biblische Liebesgebot „Liebe deinen Nächsten wie dich selbst", und hält kritisch fest: Diese Liebe gilt zuerst mir selbst „und es war vielleicht der Urfehler, dass man immer beim Nächsten anfangen wollte".[78] Den vielen offenen oder verdeckten Selbstverneinungen, die familiär und gesellschaftlich und schulisch uns zugefügt werden, biografisch uns zuwachsen und die wir uns selbst antun, gilt es erfahrbare Bejahung entgegenzusetzen und zwar so, dass ‚Heilendes‘ dem ‚Gebrochenen‘ geschenkt werden kann. Die von Hesse beschriebene Liebe ist solche voraussetzungslose heilende Bejahung, der er immer wieder in ästhetischen wie ethischen Kategorien – und dieser Zusammenhang von Wahrnehmen und Handeln erscheint uns entscheidend – nachdenkt. Es geht dabei darum, das einzigartig Schöne wie das einzigartig Gute in mir selbst wie in jedem Mann und jeder Frau, jedem Kind und jedem Jugendlichen zu erspüren, zu entdecken, offen zu legen und zu bestärken. 1907 schreibt Hesse in einem kleinen Text „Zu Weihnachten“: „Wenn man die Sprüche des Neuen Testaments nicht als Gebote nimmt, sondern als Äußerungen eines ungewöhnlich tiefen Wissens um die Geheimnisse unserer Seele, dann ist das weiseste Wort, das je gesprochen wurde, der kurze Inbegriff aller Lebenskunst und Glückslehre, jenes Wort ‚Liebe deinen Nächsten wie dich selbst‘, das übrigens auch schon im Alten Testament steht. Man kann den Nächsten weniger lieben als sich selbst – dann ist man der Egoist, der Raffer, der Kapitalist, der Bourgeois, und man kann zwar Geld und Macht sammeln, aber kein frohes Herz haben, und die feinsten und schmackhaftesten Freuden der Seele sind einem verschlossen. Oder man kann den Nächsten mehr lieben als sich selbst – dann ist man ein armer Teufel, voll von Minderwertigkeitsgefühlen, voll Verlangen, alles zu lieben, und doch voll Ranküne und Plagerei gegen sich selber, und lebt in einer Hölle, die man sich täglich selber heizt. Dagegen das Gleichgewicht der Liebe, das Liebenkönnen, ohne hier oder dort schuldig zu bleiben, diese Liebe zu sich selbst, die doch niemandem gestohlen ist, diese Liebe zum anderen, die das eigene Ich doch nicht verkürzt und vergewaltigt! Das Geheimnis alles Glücks, aller Seligkeit ist in diesem Wort enthalten. ... Liebe den Nächsten, denn er ist du selbst.“[79]

Was Hesse hier im Blick auf die Beziehung zwischen Menschen reflektiert, erweitert buddhistisches Denken, von dem ja auch Hesse nicht wenig geprägt war, hin nicht nur auf die Natur, sondern auf das ganze Universum. Wir zitieren einen Text über die universale Liebe aus dem Metta-Sutta, der auf Shakyamuni Buddha selbst zurückgehen soll. Er ist zu lesen mit dem Wissen um Achtsamkeit, die ausgeht von dem bewussten Wahrnehmen meiner selbst: „Genauso, wie eine Mutter ihr einziges Kind liebt und unter Einsatz ihres Lebens schützt, sollten auch wir grenzenlose, allumfassende Liebe für alle Lebewesen entwickeln, wo immer sie sich auch befinden mögen. Unsere grenzenlose Liebe sollte das ganze Universum durchdringen, nach oben, nach unten und überall hin. Unsere Liebe wird keine Hindernisse kennen, und unsere Herzen werden vollkommen frei von Hass und Feindschaft sein. Ob wir stehen oder gehen, sitzen oder liegen – solange wir wach sind, sollen wir diese liebende Achtsamkeit in unserem Herzen bewahren."[80] Oder anders im Sutta-Nipata: „Was es an Wesen und Geschöpfen gibt, ob schwach sie sind oder stark sie sind, ... Ach, möchten doch alle glücklich sein! Zur ganzen Welt entfalte man ein Herz voll Güte, unbeschränkt."[81]

Ganz ähnlich hinsichtlich ihrer Unbeschränktheit erfährt und bedenkt Liebe auch der Sufismus des Islam in seiner Liebesmystik: Al-Hallag stellt die Liebe sogar über den Glauben und Jalaluddin Rumi bekennt: „Sie ist größer als hundert Auferstehungen; denn die Auferstehung ist eine Grenze, während Liebe unbegrenzt ist." So müsste, meinte Fakhruddin Iraqi, das Glaubensbekenntnis eigentlich heißen: „Es gibt keine Gottheit außer Liebe". Umfassend wird in dieser islamischen Mystik Liebe gedacht und sie vereinigt in sich alle körperlichen, geistigen und seelischen Aspekte der Liebe, von der sexuellen und erotischen Liebe bis zur Begierde der Seele nach Gott und transzendiert sie.[82]

Werden unsere Herzen in der Liebe in dieser Weise frei von Hass und Feindschaft und voll von Güte sein, dann finden wir – das ist die Botschaft aller Liebenden nicht nur in den Religionen – in Eigensinn und Liebe zum Frieden und dann wird deutlich (gewesen) sein, dass, wer nur an sich denkt, die anderen und damit sich selbst verfehlt, und dass wer nur an die anderen denkt, sich selbst und damit die anderen verliert.

8 „Lehre mich nicht, lass mich lernen".

Ethik lernen und lehren II

Die folgenden praktischen Unterrichtserfahrungen und -beispiele aus dem Schulalltag stammen aus dem Kontext einer Förderschule mit dem Schwerpunkt Lernen; zu diesem Kontext schreibt H.F.:[83]

Ich merke, dass mir so viele Geschichten einfallen, die ich nicht lese, sondern die zu diesen Schülern gehören – und doch sind sie nicht immer präsent. Ich glaube, sie machen ‚nur‘, dass ich meinen Raum Schule mit ihnen mehr nutze, weitreichender nutze als ‚nur‘ für Unterricht. Unterricht und Schule ist Begegnung zwischen Menschen, zwischen mir und jedem einzelnen Schüler. Ich werde gesehen als Ich dort, mit meinem Leben, von dem sie viel wissen, und ich sehe den, der mir begegnet. Und das ist Leben in Schule. Präsenz ist möglich und Menschlichkeit bekommt Raum. Solche Situationen sind alltäglich: Gespräche auf dem Flur zwischen Schüler und Lehrer, zwischen Lehrern verschiedener Klassen und Schülern, um Konfliktlösungen ringend, Bitten an den Schulleiter, einen heute aggressiven Schüler in seine Obhut zu nehmen und bei ihm lassen zu können, ihm eine Aufgabe im Garten zu geben, Lehrer, die einem Schüler ihre Jacke geben, da er keine hat bei der Kälte, Wahrnehmung von Veränderungen im Gesichtsausdruck eines Schülers und Gespräch zwischen Lehrern über mögliche Ursachen, Bitten im Kollegium, auf einen Schüler besonders zu achten, der es gerade schwer hat zu Hause ... und vieles, vieles mehr. So viel geschieht. So viel Aufmerksamkeit. Und das ist nur möglich, wenn ich nicht auf mehr als acht oder zehn achten „muss", auch das ist schon manchmal zu viel und die Stillen fallen „durch" die Aufmerksamkeit. Immer wieder ein Ringen um jeden Einzelnen. Das ist das Glück dieser Schule.

Bei den Unterrichts- und Schulerfahrungen halten wir uns bis auf einen ‚blöden Vormittag‘, der – wie sich in unserem Nachdenken darüber herausstellte – gar nicht so ‚blöd‘ war, im Wesentlichen an Situationen, die ein gelungenes Miteinander von Schülerinnen und Schülern und ihrer Lehrerin wiedergeben. Wir wissen, dass, wer unterrichtet nicht ins Gelingen verliebt sein darf – Scheitern und Gelingen wechseln einander ab und gehören zusammen, sind Unterricht und Schule sowie Universität doch (zum Glück) weder in ihrer Gänze planbar noch in ihrem Vollzug standardisierbar. Doch wir denken und hoffen, dass die Highlights im Schulalltag eher Anlass zur Ermutigung, zum Lernen, zum Nachvollziehen sind als das Lernen aus nicht so geglückten Unterrichtssituationen. Wir wollen für Alternativen und kleine Schritte der Veränderung im Verhältnis von Lehrerinnen und Lehrern zu ihren Schülerinnen und Schülern und untereinander begeistern – und dazu taugt einfach Gelungenes eher als Missglücktes, was wir auch zur Genüge kennen.

8.1 Lachen, Glück und Freude

Der Wunsch nach Lachen und Freude und Glück begegnet als Lebensregel formuliert in allen Altersstufen. Ethik, wie wir sie verstehen möchten, als Begleitung und Antwortversuch auf die Bedürftigkeit und die Sehnsüchte der Kinder und Jugendlichen beginnt auch deshalb genau damit: Ethisches Lernen und Lehren fängt mit der Freude an und mit dem Entdecken dessen, „was wir lieben",[84] worüber Schülerinnen und Schüler sich freuen, wonach sie sich sehnen und wessen sie bedürftig sind. Das folgende Unterrichtsbeispiel aus dem Deutschunterricht einer 7. Klasse (13-15-jährige Schülerinnen und Schüler) und seine Reflexion zeigen, dass Ethik lernen und lehren nicht auf ein Schulfach – sei es „Werte und Normen" oder „Religion" – beschränkt ist, sondern ebenso in anderen Schulfächern wie im gesamten Schulleben seinen Ort hat; es ist Teil der Schulkultur.

Sozusagen grundlos vergnügt

Ich freu mich, dass am Himmel Wolken ziehen
Und dass es regnet, hagelt, friert und schneit.
Ich freu mich auch zur grünen Jahreszeit,

Wenn Heckenrosen und Holunder blühen.
– Dass Amseln flöten und dass Immen summen,
Dass Mücken stechen und dass Brummer brummen.
Dass rote Luftballons ins Blaue steigen.
Dass Spatzen schwatzen. Und dass Fische schweigen.

Ich freu mich, dass der Mond am Himmel steht
Und dass die Sonne täglich neu aufgeht.
Dass Herbst dem Sommer folgt und Lenz dem Winter,
Gefällt mir wohl. Da steckt ein Sinn dahinter,
Wenn auch die Neunmalklugen ihn nicht sehn.
Man kann nicht alles mit dem Kopf verstehn!
Ich freue mich. Das ist des Lebens Sinn.
Ich freue mich vor allem, dass ich bin.

In mir ist alles aufgeräumt und heiter:
Die Diele blitzt. Das Feuer ist geschürt.
An solchen Tagen erklettert man die Leiter,
Die von der Erde in den Himmel führt.
Da kann der Mensch, wie es ihm vorgeschrieben,
– Weil er sich selber liebt – den Nächsten lieben.
Ich freue mich, dass ich mich an das Schöne
Und an das Wunder niemals ganz gewöhne.
Dass alles so erstaunlich bleibt, und neu!
Ich freue mich, dass ich ... dass ich mich freu.
Mascha Kaléko[85]

Als ich, H.F.,[86] dieses Gedicht zum ersten Mal las, dachte ich spontan an meine Klasse. Wir waren gerade in einer Reihe, in der wir uns mit Gedichten von Guggenmos beschäftigt hatten, durchweg fröhliche Texte, die Überraschendes, zum Staunen Bringendes zur Sprache brachten...
Staunen auch im Mittelpunkt des Gedichtes von Mascha Kaléko: Staunen über das Schöne, sich freuen über das Schöne – sich freuen an der Freude mit dem Höhepunkt: „Ich freue mich vor allem, dass ich bin."
Das widerspricht meinen Schülern: Ihr Alltag und ihr Lebensweg sind häufig geprägt von Armut und Arbeitslosigkeit der Eltern und/oder von unterschiedlichen Formen der Fremdheit und des Ausgeschlossenseins in unserer Gesellschaft. Hinzu kommen oftmals Erfahrungen der Gewalt, denen die Kinder und Jugendlichen und ihre Mütter ausgesetzt sind. Die Kinder und Jugendlichen sind dadurch begrenzt und belastet. Und: Förderschule kann nichts Entscheidendes an dem Alltag und dem Lebensweg der Kinder und Jugendlichen ändern. Der „Ausbruch aus dem Bildungskeller",[87] den Hiller in den 1980er Jahren gefordert hat, findet in aller Regel nicht statt – heute weniger denn je, nachdem sich schamlos wiederum eine Gewinner-Verlierer-Semantik in unserer Gesellschaft durchgesetzt hat.
Meine Schülerinnen und Schüler, die sich selbst so oft abwerten, auch abgewertet werden, werden mit diesem Text gleichgesetzt mit all dem Schönen: Sie sind wie die Wolken am Himmel, wie Sonne und Mond,

Schnee und Frost, wie wild blühende Rosen und Früchte, Spatzen und Fische, Bienen und Mücken, singende Vögel und aufsteigende Luftballons ..... Sie sind Schönes auf der Erde – gehören dazu. „Ich" bin in all dem Schönen, „ich" freue mich und „ich" bin Freude, bin Teil des Schönen und bin Wunder. Das Gedicht Kalékos bedeutet für die Schülerinnen und Schüler in einem qualifizierten Sinne: Unterbrechung – ihres Alltages wie ihrer Erfahrungen: „Poesie ist Widerspruch, nicht Zustimmung zum Bestehenden" (Hans Magnus Enzensberger). Mit Unterbrechung beginnt Ethik lernen und lehren.

Mir ist so wichtig, dass meine Schüler dies immer wieder auch erfahren, neben all der Schwere ihrer Leben, neben aller Selbstabwertung und Abwertung durch andere, unabhängig von aller Leistung spüren: Ich freue mich und bin Grund zur Freude, ich bin Teil der Schönheit der Welt und bin Wunder, ich bin wertvoll und wertgeschätzt!

Gedichte haben einen Klang, der erlebt wird im Lesen und Vortragen. Meine Schüler üben das Lesen des Gedichtes, das Vorlesen des Gedichtes zuerst in der Klasse zusammen, später in Partnerarbeit. Nach dem ersten Vorlesen klären wir unbekannte Wörter: Immen, Holunder, Neunmalkluge, schüren... Wir überlegen, welchen Klang die eigene Stimme haben sollte, wenn dieses Gedicht vorgelesen wird: „Ist doch klar, Freu-Stimme!" Wir probieren, die Freude des Gedichts mit unserer Stimme auszudrücken und ich zeige ihnen deutlich, wie sehr ich mich über ihr schönes Vorlesen freue, wie sehr ich es genieße, mir dieses Freude-Gedicht von ihnen mit ihrer „Freu-Stimme" vorlesen zu lassen: „Ihr schenkt mir euer schönes Vorlesen, danke!"

Die Schüler erstellen eine lange Liste all dessen, worüber sich die Dichterin freut und sie finden heraus, dass es nichts Gekauftes ist, sondern etwas, das immer für alle Menschen da ist – wenn sie hinsehen und darauf achten. So, wie sie selbst da sind, jetzt gesehen und beachtet.

Neue Aufgabe: „Schreibe bitte auf, worüber DU dich freust!" Und sie haben verstanden:

„Ich freue mich, dass wir frühstücken."

„Ich freue mich, wenn Ferien sind."

„Ich freue mich auf den Sommer."

„Ich freue mich, wenn die Schule zu Ende ist."

„Ich freue mich, dass ich mit René zusammen bin."

„Ich freue mich, dass ich nicht mehr im Konfi[88] bin."

„Ich freue mich, dass ich immer auf Partys gehe."

„Ich freue mich, wenn ich Zeit zum Spielen habe."

„Ich freue mich, wenn ich Bilder malen kann."

„Ich freue mich, wenn ich im Winter im Schnee spielen kann."

„Ich freue mich, dass ich mich mit Freunden so gut verstehe."

„Ich freue mich, dass es Menschen gibt."

„Ich freue mich, dass ich lebe."

„Ich freue mich, dass die Sonne täglich scheint."

„Ich freue mich auf meinen Geburtstag."

„Ich freue mich auf Mathe."

„Ich freue mich über Tiere."

„Ich freue mich über meine Familie."

„Ich freue mich über Essen."

„Ich freu mich über Blätterfallen."

„Ich freue mich, wenn die Sonne untergeht."

„Ich freue mich, wenn wir draußen Inliner fahren."

„Ich freue mich, wenn wir eine Schneeballschlacht machen."

Vermeintliche Selbstverständlichkeiten werden bewusst als Grund zur Freude gesehen und beachtet – und sie implizieren, dass ich mich selbst bewusst als Grund für Freude sehe und beachte. Daraus, „weil ich mich selber liebe", kann die Liebe zum nächsten Anderen wachsen: Ich sehe mich und kann andere sehen. Ich beachte mich und kann andere beachten. Ich freue mich über mich und kann mich über andere(s) freuen.

„An solchen Tagen" „erklettere (ich) die Leiter, die von der Erde in den Himmel führt" – ein konkreter Ort der Freude – überall …

Einige Schüler zeichnen – und dies zeigt die Fruchtbarkeit einer solchen produktionsorientierten Herangehensweise an poetische Texte[89] – in kleinen Rechtecken zu jedem ihrer Sätze ein eigenes Bild, Zeichnungen „meiner" Freude, der es nicht genügt nur ausgesprochen zu werden, sondern die „ich" sichtbar machen und zeigen will. Andere zeichnen Bilder zu den Sätzen, die ihnen am wichtigsten sind. Mustafa, Jerry, Alex, Angelina, Muhammet, Alina zeichnen sich auch selbst, Nathalie, indem sie ihren Namen in die Zeichnungen setzt.

Und nicht alle mögen die eigenen Freude-Sätze schreiben. Sarah sagt: „Kann ich nicht, ich freu mich über nichts …"

116

Was geschieht in diesem Unterricht?

Zunächst: Er hätte ja auch ganz anders geplant sein und verlaufen können: Lesen des Gedichtes, Zusammenfassung seines Inhaltes, Gespräch über den Text und seine poetische Form, Interpretation des Textes und vielleicht noch als Abschluss: Auswendiglernen dieses Gedichtes. So könnte ein fremdes Gedicht, ein „Original" aus dem Schatz der Poesie weitergegeben, in einem lehrerzentrierten Unterricht vermittelt und in der Schule als Behörde, in der ich als Lehrer Deutsch unterrichte, verwaltet werden. Nichts davon geschieht in dem berichteten Unterrichtsbeispiel.

Die Lehrerin berichtet zunächst von ihrer eigenen Freude an diesem Text und von ihrem spontanen Denken an ihre Klasse: Der Text hängt mit mir als Lehrerin und mit meiner Klasse zusammen. Die Lehrerin unterrichtet Schülerinnen und Schüler, nicht Deutsch! Der Text hat Teil an der Beziehung zwischen Lehrerin und Schülerinnen und Schülern – ist kein abstrakter Stoff. Sind Gedichte sensibel „wie die erde über den quellen" (Reiner Kunze), so wird diese Sensibilität gerade dadurch aufgenommen, dass sie Teil der Beziehung zwischen der Lehrerin und der Klasse wird – als Stoff des Unterrichtes wäre sie zerstört wie die Freude, die sich nicht zum Unterrichtsstoff machen lässt. Und daraus entwickelt sich beziehungsorientiert und im Kontext einer subjektfreundlichen Didaktik die Gestaltung des Unterrichts. „Die ganze Klassengruppe (Lehrerin und Schüler und Schülerinnen) fungiert als potenziell gleichberechtigte (wenn auch unterschiedlich kompetente) Teilnehmer und Teilnehmerinnen am unterrichtlichen Kommunikationsprozess."[90]

Als Erstes erleben die Schüler und Schülerinnen das Gedicht, indem sie sein Lesen üben und es vortragen. Sein Klang soll deutlich werden: Wie geht das, mit einer „Freu-Stimme" sprechen? Gefühle haben ihren Platz, sind Ausgangspunkt poetischen Verstehens. Um einfühlendes Mitschwingen und Nacherleben geht es beim Verstehen des Gedichtes. Inhalte bleiben dabei nicht auf der Strecke: Die unbekannten Wörter werden geklärt, und der spezifische Modus der Sprache bleibt nicht ausgeblendet: „Ist doch klar, Freu-Stimme!"[91] Im Lesen und Vortragen eignen sich die Schüler und Schülerinnen das Gedicht an, machen es zu ihrem eigenen „Schatz". Es wird nicht vermittelt als ein fremdes. Gefühl und Verstand finden im Unterricht am Beispiel des „sozusagen grundlos vergnügt" zusammen – scheinbar mühelos. So machen die Schülerinnen und Schüler der Lehrerin ein Geschenk und sie kann ihre Dankbarkeit äußern. Da ist eine Lehrerin am Werk, die ihre Person nicht versteckt: Sie ist ‚ganz da' – mit allen Anteilen ihrer Person und Profession; sie legt für sich und die Schülerinnen und Schüler offen, was Lehren bedeutet: „Lehren bedeutet zeigen, was man liebt" (F. Steffensky). Und dieses „Zeigen" eröffnet den Schülerinnen und Schülern Möglichkeiten zum Mittun. „Bei-sich-selbst-Bleiben ermöglicht dem anderen das Zu-sich-Kommen."[92]

Mit diesem Schatz arbeiten die Schülerinnen und Schüler nun weiter: Worüber freut sich die Dichterin? Nicht über Gekauftes, sondern über das, was für alle Menschen immer da ist. Eine lebenswichtige Erfahrung kann beginnen, zu wachsen: Wir leben nicht (nur) aus dem, was wir uns kaufen können, sondern zuerst und vor allem aus dem, was da ist, aus dem, was als Geschenk allen Menschen gegeben ist – auch den Kinder und Jugendlichen. Sie sind aufgefordert, es zu sehen. Und diese Erkenntnis entsteht nicht aus diskursiver Auseinandersetzung mit dem Text, sondern aus dem Aufspüren der Gründe der Freude, die die Dichterin benennt. Assoziatives Denken wird hier geschult.

Und diese Form des Unterrichtes wird nun beibehalten: Die Schülerinnen und Schüler reden nicht über das Gedicht, sondern schreiben es fort: Sie benennen und beschreiben die Gründe und Anlässe ihrer Freude. Sie werden Teil der Freude, die Mascha Kaléko besingt. Und sie benennen und beschreiben nicht nur, sondern einige zeichnen Bilder ihrer Freude, sieben Schülerinnen und Schüler zeichnen oder schreiben sich selbst in ihre Bilder: In dem, was ich erfahre und worüber ich mich freue, bin ich.

Dies alles geschieht einladend und ohne Zwang – der Zwang zur Freude würde diese zerstören. Und so kann eine Schülerin auch sich nicht beteiligen an der Aufgabenstellung: Sie freut sich gegenwärtig über nichts. Ob sie von den anderen angesteckt wird, nachzufühlen und nachzudenken, darf offen bleiben.

In einer folgenden Stunde bringt die Lehrerin einen Text mit, in dem sie – wie die Schülerinnen und Schüler zuvor – ihre Freuden aufgeschrieben hat. Nicht allein die Schülerinnen und Schüler, auch die Lehrerin äußert die Gründe ihrer Freude. Die

Beziehungsebene, die diesen Unterricht inhaltlich ermöglicht hat, hält sich so durch bis zu dessen Ende.

Hermeneutisch geschieht in diesem Unterricht Spannendes: „Das Original existiert nicht", schreibt Alessandro Barrico.[93] Ein Gedicht ist seine eigene Geschichte: Die Klänge des Vortragens – die „Freu-Stimme" – und die Art des Fortschreibens konstruieren das Gedicht neu. Mit der Poesie ist es wie mit der Musik und dies ist „das Einzigartige und Außergewöhnliche: Ihre Überlieferung und ihre Interpretation sind ein und derselbe Vorgang. Gemälde kann man in Museen aufbewahren; interpretieren kann man sie natürlich auch, aber das ist ein anderer, separater Vorgang, der nichts mit ihrer bloßen Erhaltung zu tun hat. Bei der Musik – und der Poesie – ist das anders. Musik – und Poesie – sind Klang, sie existieren erst in dem Moment, in dem sie erklingen – und in dem Moment, in dem man sie zum Klingen bringt, interpretiert man sie unweigerlich. Der Prozess ihrer Erhaltung, ihrer Überlieferung, ist immer ‚gezeichnet' von den unendlich vielen Variationsmöglichkeiten, die das Musizieren – und Gedichte lesen – mit sich bringen."[94] Die „echte" Kaléko – falls es je so etwas gegeben hat – ist mit dem ersten Erklingen des Gedichtes für immer verloren. Wenn wir dies unterrichtlich ernst nehmen, hat es weit reichende Konsequenzen: Das Reden über Poesie oder darüber, was Kaléko mit ihrem Gedicht „eigentlich" gemeint hat, wird sinnlos: Poesie vermittelt sich in ihrer Aneignung und wird dabei jeweils neu konstruiert. „Sozusagen grundlos vergnügt" wurde im Unterricht jener Schulklasse mit ihrer Lehrerin zu einem Gedicht von Mascha Kaléko und Mustafa, Jerry, Alex, Angelina, Muhammet, Alina, Nathalie und Sarah. Und: Die Pflicht zur Überlieferung braucht nicht mehr die Lust an der Interpretation zu zensieren,[95] wie dies nicht nur in Literaturwissenschaft und Literaturunterricht immer wieder zu beobachten ist. Überlieferung gibt es hier nur als meine, unsere Interpretation, oder noch einmal mit Barrico: „Das Kunstwerk ist seine eigene Geschichte. ... Was wir letztlich erben, ist nicht mehr die unversehrte Schöpfung eines Autors, sondern eine Spurensammlung, bei der die ursprünglichen Merkmale von den andern nicht mehr zu unterscheiden sind. ... Der Akt, der das Original preisgibt, findet zum innersten Wesen des Werkes: seinem eigentlichen Anspruch, nie zu vergehen."[96] Genau dies ist in jenem Unterricht geschehen: grundloses Vergnügtsein wird weitergegeben, weiter verschenkt und neue Schauplätze der Freude werden entdeckt: in Mustafa und Jerry, in Alex und Angelina, in Muhammet, Alina und Nathalie...

Anschlussfähig ist ein solcher Unterricht an ganz unterschiedliche Themen und Fächer. Im Deutschunterricht wäre es möglich weitere poetische Texte zu anderen Gefühlen als denen der Freude einzubeziehen. In Erdkunde oder Geschichte lässt sich nach dem Herkunftsland der Autorin und ihrer Lebenssituation fragen – eine emotionale Beziehung zu ihr haben die Schülerinnen und Schülern durch ihre Mit-Freude bereits aufgebaut. In Religion lassen sich die biblischen Schöpfungserzählungen anschließen: Wir leben aus dem, was wir uns nicht kaufen können, was uns voraus ist: „... und siehe, es war sehr gut"; und dies können Schülerinnen für sich jeweils neu dekonstruieren und konstruieren. In „Werte und Normen" können sich weitere ethische Themen anschließen, deren Anfang die Lehrerin schon beschrieben hat: Vermeintliche Selbstverständlichkeiten werden bewusst als Grund zur Freude gesehen und beachtet – und sie implizieren, dass ich mich selbst bewusst als Grund für Freude sehe und beachte. Daraus, „weil ich mich selber liebe", kann die Liebe zum nächsten Anderen wachsen: Ich sehe mich und kann andere sehen. Ich beachte mich und kann andere beachten. Ich freue mich über mich und kann mich über andere und anderes freuen. „An solchen Tagen erklettere (ich) die Leiter, die von der Erde in den Himmel führt..." Ethisches Lernen und Lehren fängt mit der Freude an und mit dem Entdecken „was wir lieben" – wir wollen lernen und lehren, wie wir achtsam und zärtlich mit uns und mit dem Leben umgehen, dessen wir uns freuen und das uns staunen lässt ... Hier liegen unsere Sehnsucht wie unsere Bedürftigkeit.

8.2 Streit, Konflikte und Gewalt

Zentrale Themen in allen Klassen- und Altersstufen, das zeigen die Lebensregeln der Schülerinnen und Schüler und die Interviews mit einigen von ihnen, sind Streit, Konflikte und Gewalt.

Darum geht es in den folgenden Beispielen und ihrer Reflexion, die Situationen unterrichtlich aufnehmen und bearbeiten.

In der Arbeitsgemeinschaft Theater nehme ich manchmal das auf, was gerade bei den Schülerinnen und Schülern dran ist oder was gerade passiert ist, und versuche, etwas daraus zu machen. Heute erlebte ich viele Schüler sehr aggressiv und unruhig. Auch die Theater-AG-Kids waren miteinander verkracht.

Ich möchte dann nicht so viel darüber reden. Das wertet die Streitereien doch nur auf. Also habe ich im Warming-up zu ziemlich heftiger Musik immer neue Aufgaben gestellt: einander nicht ansehen, einander Zunge rausstrecken im Begegnen, einander einen Vogel zeigen, „Stinkefinger zeigen", „Arschloch" sagen – tztztz, sie waren begeistert und die besondere Aggressivität war sofort raus, durch Lachen ersetzt.

Dann setzte sich spontan ein Schüler auf einen Stuhl und ein Mädchen machte aus Spaß eine Verbeugung vor ihm. Daraus wurde die Aufgabe, dass einer oder eine sich vor dem/der anderen verneigt – jeder konnte sich auf den Stuhl setzen, wer wollte ... viele wollten. Es war eine schöne Atmosphäre danach und wir haben noch mal darüber kurz gesprochen, was es bedeutet, wenn einer sagt, der andere sei blöd, dass es mehr über den sagt, der blöd ist. Und – ein bisschen an Nathalie gerichtet – wer sagt: „Du bist doch hässlich." findet sich selbst meist nicht so schön. Das erträgt sie nicht, dass jemand denken könnte, sie sei nicht schön ...

Anschließend habe ich gesagt, sie könnten sich zu zweit oder dritt zusammen tun, dürften alle Verkleidungssachen und Requisiten benutzen und sollten sich in einer halben Stunde eine eigene kurze Theatergeschichte ausdenken. Jetzt waren sie so begeistert und gingen ganz in ihrem Tun auf, alle, sogar Nathalie. Sie machten es ganz ungezwungen: Jede und jeder verkleideten sich wie sie wollten, ohne Rollenabsprache und aus den Verkleidungen wurden dann die drei Gruppenstückchen gebildet. Toll.

In der zweiten Stunde haben sie erst noch geprobt und dann aufgeführt und ich habe Fotos gemacht. Drei Geschichten: Ein Prinz, der eine Prinzessin zum Ball einlädt und sie einige Tage später mit einem großen Blumenstrauß zur Kutsche führt. Eine Königin, die sich ärgert über ihre zickige Prinzessinnentochter. Am Ende vertragen sie sich aber wieder. Ein König, der von Räubern überfallen wird, am Schluss sind alle tot ... das war die Jungencrew mit ganz wild-witzigen Kampfszenen.

Ich habe dann am Schluss noch mal eine Runde gemacht, in der ich zu jedem und jeder und zu jeder Idee ganz viel Lob gesagt habe. Das tut ihnen so gut! Und mir auch.

Aggressivität und Gewalterfahrung am Beginn der Doppelstunde der Theater-AG, ganz viel Lob an deren Ende. Was war dazwischen geschehen?

Der Bericht beginnt mit einem ungewöhnlichen Satz: Ich nehme das auf, was gerade bei den Schülerinnen und Schülern, wie ich sie erlebe, dran ist, und versuche, etwas daraus zu machen. Das, was bei den Schülerinnen und Schülern dran ist, wird aufgenommen – es wird ihm nichts entgegen gesetzt, es wird nicht einfach im Plan weiter gemacht. Die Schülerinnen und Schüler stehen im Mittelpunkt – nicht das einzuübende Stück in der Theater-AG. Sie werden ‚gesehen‘ und wahrgenommen mit dem, was sie jetzt mitbringen. Sie sind entscheidend und nicht die Schule als Institution oder Programm.

Und so ungewöhnlich geht es weiter. Die Schülerinnen und Schüler sind es gewohnt, dass auf Aggressivität und Gewalt mit Mahnungen und Zurechtweisungen, eventuell mit Strafen reagiert wird. Nichts dergleichen geschieht hier. Eine paradoxe Reaktion steht an dessen Stelle: Aggressivität wird aufgenommen in „ziemlich heftiger Musik". Und die Aggressivität darf – kontrolliert – ausgelebt werden bis hin zum „Arschloch" sagen, worüber sich die Lehrerin nachträglich selbst wundert: „tztztz" ist im Bericht (mit einem Augenzwinkern) zu lesen. Und die Schülerinnen und Schüler „waren begeistert" und die destruktive und bittere Aggressivität verschwunden. Hätte die Lehrerin den Erwartungen der Schülerinnen und Schüler mit Mahnungen und Zurechtweisungen und reden, reden, reden darüber, was sie alle sowieso wissen, entsprochen, hätte dies der Situation nur zusätzlich Bedeutung verliehen und eine weitere Konfrontation eingeleitet oder die bestehende Konfrontation fortgeführt. So war die Heftigkeit raus und „die Stunde hätte beginnen können".

Doch nein: „Dann setzte sich einer auf einen Stuhl und ein Mädchen machte aus Spaß eine Verbeugung vor ihm." Signalisiert dies seitens der Schülerinnen und Schüler: Wir haben verstanden und gehen aufeinander zu? Wir wissen es nicht. Jedenfalls wird die Situation wiederum aufgenommen. Die Idee des Schülers wird wertgeschätzt und die Lehrerin konstruiert daraus die Aufgabenstellung, sich voreinander zu verbeugen. Jetzt war nicht allein die Heftigkeit verschwunden, eine „schöne Atmosphäre" war entstanden. Sie bot die Möglichkeit zum Gespräch darüber, was diese Unterrichtssequenzen nötig gemacht hatte, Reflexion und Selbstreflexion werden möglich. Was am Beginn der Stunde Konfrontation bedeutet hätte, konnte nun besprochen werden: „kurz", denn im Spielen war schon alles deutlich geworden. Schule ist auch reflektierender Unterricht und dieser gelingt dann, wenn ihm der Boden bereitet ist.

Aus Aggressivität und Gewalt wurde Aufeinander-Zugehen. Doch damit nicht genug: Zusammenarbeit ist gefragt. So entsteht die Aufgabe, sich in Kleingruppen eine kurze Theatergeschichte auszudenken: „Jetzt waren sie so begeistert und gingen ganz in ihrem Tun auf." Ganz unterschiedliche Präsentationen entstehen: eine von Anfang bis Ende harmonische Geschichte; eine konfliktreiche Geschichte, die „gut" und verträglich ausgeht; eine Gewaltgeschichte, an deren Ende alle tot sind. Und alle Erfindungen der „AG-Kids" werden gewürdigt: Die Lehrerin macht Fotos von den Aufführungen – vielleicht auch eine Chance zu einem späteren Gespräch? Und neben der Wertschätzung durch das Fotografieren steht am Schluss wieder eine Gesprächsrunde: die Ideen von jedem und jeder werden gelobt. Und die Lehrerin ist mit den Schülerinnen und Schülern in allem notwendigen Gegenüber zu einer Gruppe geworden.

Die Lehrerin hat den Schülerinnen und Schülern zugetraut, dass sie ihr aggressives und gewaltförmiges Verhalten erkennen und eigenständig verändern können – wenigstens für die Zeit der Theater-AG. Was danach kommt und was daraus dann gelernt wurde, kann offen gelassen werden. Dahinter steckt auch das Wissen, nicht in die Schülerinnen und Schüler eindringen und sie zu einem bestimmten Verhalten verpflichten zu können. Und die Lehrerin hat dem Spiel vertraut: Spielen ist Unterbrechen des Alltags. Nur durch diese bewusste Unterbrechung werden, selbst wenn Theater als Arbeitsgemeinschaft der Schule angeboten ist, Veränderungen möglich. Der Alltag selbst setzt sie nicht frei.

Zutrauen in die Schülerinnen und Schüler ist wie das Spielen ein ergebnisoffener Vorsprung, den ‚wir' einander gewähren, damit das Leben gelingen und Anlass zum Loben geben kann. Auch darin geben wir ‚uns' aus der Hand – vertrauend dem, was zwischen ‚uns', zwischen Schülerinnen und Schülern und ihren Lehrerinnen und Lehrern, zwischen Kindern und Jugendlichen und Erwachsenen geschehen kann.

Mustafa wird beleidigt und schlägt zurück

In der Pause wird Mustafa (14 Jahre alt) von einem jüngeren Schüler beleidigt und er schlägt ihn daraufhin. Eine Lehrerin kommt hinzu, zieht Mustafa zur Rechenschaft und will, dass er sich nicht durch Schläge gegen Beleidigungen wehrt, sondern solche der Aufsicht meldet. Mustafa soll einsehen, dass er sich falsch verhalten hat, soll sich entschuldigen. Mustafa äußert aufgebracht, er sei schließlich beleidigt worden, dann dürfe er auch zuschlagen.

Es klingelt. Die Schüler gehen in die Klassen, auch Mustafa. Die Klasse von Mustafa hat nun bei mir Unterricht. Auf dem Flur bekomme ich die Auseinandersetzung berichtet. Ich gehe an die Tafel und beginne zu schreiben:

„Neue Regeln:"

Eine Schülerin fragt, ob sie das ins Heft mitschreiben sollen. Ich bejahe dies.

„Wenn ein Jugendlicher einen Polizisten beleidigt, muss der Polizist den Jugendlichen schlagen.

Wenn ein Schüler einen Lehrer beleidigt, muss der Lehrer den Schüler schlagen.

Wenn ein Arbeiter seinen Chef beleidigt, muss der Chef den Arbeiter schlagen."

Eine Schülerin legt den Stift zur Seite: „Das kann ja wohl nicht sein, dass wir das aufschreiben sollen…. Sie sind krank….". Keinem der Schülerinnen oder Schüler gelingt ein Transfer auf die Situation im Pausenhof.

Ich setze den Tafelanschrieb fort:

„Wenn ein jüngerer Schüler einen älteren Schüler beleidigt, muss der ältere Schüler den jüngeren Schüler schlagen."

Daraufhin äußert Mustafa: „Das haben Sie jetzt alles wegen mir gemacht?!"

Ich war stolz darauf, dass die Schüler den Stift beiseite gelegt und sich gegen diese Sätze gewehrt haben…. Da haben sie was gelernt! Was daraus wurde, ob Mustafa sich bei der anderen Lehrerin gemeldet hat, weiß ich nicht. Mir ist dies auch jetzt nicht wichtig. Ich interpretiere die Situation so: Mustafa wurde nicht klein gemacht. Er wurde mit Autoritäten „verglichen": Chef, Polizist, Lehrer… und er hat die Erfahrung machen können, dass er und diese Situation ernst genommen werden. Sehr kurz habe ich auch noch einmal mit Mustafa gesprochen: ‚Was macht ein Polizist denn wirklich, wenn er beleidigt wird? ' ‚Keine Ahnung! Schlagen darf er nicht, okay …' ‚Genau, schlagen darf er nicht. Er erstattet Anzeige, das heißt, er meldet einer anderen Stelle, dass er beleidigt wurde … Der Polizist bemüht sich um sein Recht, nicht beleidigt zu werden.

Er macht das nicht über Schlagen, sondern wendet sich an eine zuständige Instanz. Das ist also nichts Ehrenrühriges.'
Und immer noch ist nicht wichtig, wie Mustafa sich konkret verhalten hat. Eine Verhaltensalternative zum Schlagen hat er und hat die Klasse wahrnehmen können... Nicht nur in förderpädagogischen Zusammenhängen sind mir solche ‚paradoxen‘ Reaktionen, in denen ich als Lehrerin gerade nicht so reagiere, wie die Schülerinnen und Schüler es von mir erwarten, wichtig. So eröffne ich Verhaltensalternativen und schaue nicht (!), was dabei jetzt herauskommt (das wäre moralisch-kurzschlüssig), sondern ich vertraue darauf, dass Erfahrungen und Verhaltensweisen wachsen können... Und ich bin stolz auf die Schülerinnen und Schüler und auf mich: Eine schwierige ethische Situation haben wir ohne moralische Urteile oder gar Verurteilungen ansprechen können. Was daraus wird, wird wachsen....

Wochen später auf dem Schulhof habe ich Pausenaufsicht. Mustafa kommt angerannt, zeigt auf einen anderen Schüler und sagt: „Der hat mich „motherficker“ genannt.“ Darauf ich: „Warum erzählst du mir das?“ Mustafa: „Sie haben doch gesagt: nicht zurückschlagen, sondern Bescheid geben, dann wird es geregelt ...“

Und noch mal einige Zeit später: Ein Schüler beklagt sich, Mustafa habe ihn beleidigt. Die Situation wird geklärt und ich frage nicht, wer Recht hat, und urteile nicht. Darauf Mustafa: „Wer mich beleidigt, wird wieder beleidigt.“ Ich sagte: „Das ist ein neuer Schritt für dich: nicht zurückschlagen, sondern auch beleidigen.“ Darauf Mustafa zu dem kleineren Schüler: „Pass auf, dass du nicht mal verprügelt wirst, wenn du an einen anderen Großen gerätst...“ Ich frage: „Was könntet ihr anders machen?“ Obwohl die Schüler diese Frage kennen, sind sie jedes Mal erstaunt, dass kein „richtig“ oder „falsch“, sondern die Frage nach Verhaltensalternativen kommt.

Ein Teil der Reflexion findet sich bereits im Bericht. Wir fassen die Punkte zusammen:
- Positiv wird gewertet, dass die Schüler sich gewehrt haben, offensichtlich unsinnige Sätze ins Heft zu schreiben.
- Mustafa wurde ernst genommen: In seiner Kultur haben Kleinere Größere zu respektieren, sonst sind sie – auch mit Schlägen – zurechtzuweisen.
- Anstelle moralischer Urteile oder gar Verurteilungen werden Verhaltensalternativen angeboten.
- Ein schnelles Ergebnis wird nicht erwartet. Geduld spielt eine zentrale Rolle. Erfahrungen, Verhaltensalternativen und Einsichten müssen wachsen können.

Wir schauen genauer auf Mustafas Verhalten:

- Auf die normal-alltägliche Reaktion[97] – Zurechtweisung und zur Rechenschaft ziehen – reagiert er aufgebracht.
- Er erkennt, dass er wertgeschätzt wird, wenn er noch ungläubig fragend feststellt: „Das haben Sie jetzt alles wegen mir gemacht?!"
- Er hat Verhaltensalternativen wahrnehmen können, ohne unter Druck gesetzt zu werden, diese sofort anzuwenden oder auch nur zu bejahen.
- Beim nächsten Konflikt zeigt er diesen der Lehrerin an.
- Wieder einige Zeit später gibt Mustafa die erfahrene Beleidigung mit einer Beleidigung zurück und schlägt nicht zu. Er erkennt sein Verhalten als besser als Schlagen und will den anderen Schüler schützen, wenn er ihn vor anderen Großen warnt, die möglicherweise schlagen, wenn sie beleidigt werden.

Schauen wir nun auf die Handlungsformen der Lehrerin:

- Sie äußert Gefühle: Sie war stolz auf die Schülerinnen und Schüler, das diese den Unsinn an der Tafel nicht abschrieben, und sie war stolz auf die Schülerinnen und Schüler und sich, dass eine schwierige ethische Situation ohne moralische Urteile oder gar Verurteilungen angesprochen werden konnte.
- Sie vertraut auf das Unterrichtsgeschehen und redet „sehr kurz" nur nochmals mit Mustafa.
- Es ist ihr jetzt nicht wichtig, wie Mustafa sich konkret verhalten hat und dass er auch die ‚richtigen Konsequenzen' aus dem Geschehen zieht. Sie kann dies Mustafa – er ist sein eigener Experte für sein Verhalten – überlassen.
- Als Mustafa beim nächsten Konflikt ihr diesen anzeigt, lobt sie ihn nicht, sondern fragt Mustafa, warum er ihr dies mitteile.
- Sie kann auch ein ‚unethisches' Verhalten – beleidigen – positiv würdigen, wenn es als ein Schritt weg von physischer Gewalt erkennbar sein kann.
- Doch es bleibt nicht bei diesem Lob, das jetzt seinen Ort hat (dann wären Beleidigungen eine gute Verhaltensweise), sondern sie fragt nach der zunächst wertschätzenden Würdigung von Mustafas Verhalten erneut nach Verhaltensalternativen.

Was uns an dieser Schul- und Unterrichtserfahrung für ethisches Lernen besonders wichtig erscheint, sind vier Gesichtspunkte: Es wird gerade nicht moralisch geurteilt oder gar Personen verurteilt, auch wenn dies die Schülerinnen und Schüler auf Grund ihrer Erfahrungen erwarten (paradoxe Reaktion). Obwohl ihr Verhalten nicht hingenommen wird, wird die Person wertgeschätzt. Es wird nicht rückblickend argumentiert und aufgearbeitet, wer angefangen hat, wer Recht oder Unrecht hat, wer der ‚Bessere' ist oder ähnliches, sondern es werden Verhaltensalternativen nach vorne hin angeboten und entworfen. Es wird nicht erwartet, dass diese sogleich übernommen und angewendet werden, sondern es wird anerkannt, dass jede und jeder der Experte seines eigenen Verhaltens ist und Alternativen dazu Zeit brauchen, zu wachsen und ggf. angenommen zu werden; was jetzt noch nicht gelingt, kann werden. Und: Es werden Emotionen wahrgenommen und mitgeteilt und nicht versteckt; Ethik lernen und lehren ist – geht es doch nicht nur um unser Verhalten, sondern um unsere emotional verankerten Werthaltungen – nicht möglich, ohne dass Emotionen zur Sprache kommen.

8.3 Ethik lernen und lehren mit semi-realen Geschichten

Im Folgenden betrachten wir Unterrichtssequenzen zu semi-realen Geschichten in einer aus zwei 7. Klassen zusammengesetzten Lerngruppe (13-15-jährige Schülerinnen und Schüler), an der alle nicht-katholischen Schülerinnen und Schüler im Fach „Werte und Normen" teilnehmen. Ausgangspunkt sind nicht unmittelbare Schul-, Unterrichts- oder Lebenssituationen oder auch mit diesen ebenso unmittelbar zu verknüpfende Texte wie beispielsweise das Gedicht von Kaléko. Vielmehr sind es Texte, mit denen und von denen ausgehend Schülerinnen und Schüler Ethik lernen.

Dabei geht es zunächst um eine Dilemma-Geschichte. Wir gehen mit Kohlberg davon aus, dass ein Urteilen, das auf den eigenen Werten gründet, prinzipiell erlernbar und also im pädagogischen Sinne förderbar ist.[98] Mit dem Erzählen einer semi-realen Dilemma-Geschichte wird im Unterricht seitens der Lehrerin oder des Lehrers ein Raum für einen moralischen Diskurs bereitgestellt, ohne dass damit Beurteilungen oder Wertungen der Schüler- und Schülerinnenäußerungen durch die Lehrenden verbunden sind – zeichnet sich doch ein moralisches Dilemma gerade dadurch aus, dass es keine richtigen oder falschen Entscheidungen gibt.

Zum zweiten geht es um zwei Songs deutscher Rapper: Sido, „Ein Teil von mir" sowie Bushido, „Janine". Diese Musik ist selbstverständlicher Bestandteil der Kultur der meisten Schülerinnen und Schüler der Klasse.

Unterricht mit der Dilemma-Geschichte: Katjas beste Freundin

Katja und ihre beste Freundin Monika sind beide 15 Jahre alt und gehen zur selben Schule. In der großen Pause kommt ein kleinerer Junge, den Katja bisher noch nicht gesehen hatte, auf den Pausenhof und geht auf Monika zu. Monika sagt zu Katja, sie solle kurz warten., sie müsse etwas mit dem Jungen allein besprechen. Katja geht ihr heimlich nach und sieht, wie ihre Freundin dem Jungen ein kleines Päckchen gibt und dafür einen großen Schein bekommt. Katja wird plötzlich klar, warum Moni in letzter Zeit so viel Geld hat. Offenbar handelt sie mit Drogen. Katja will Monika zur Rede stellen. Aber da klingelt es und Monika läuft in die Schule. Als Katja ihr folgen will, steht plötzlich ein Lehrer vor ihr und sagt ihr, sie solle mit zum Schulleiter kommen. „Deine Freundin scheint mit Drogen zu handeln. Was war vorhin in der Pause? Hast du gesehen, was Monika da hinter der Schule gemacht hat? Hat sie da etwas an andere Kinder verkauft? In der letzten Zeit werden schon an Grundschüler Drogen verkauft. Wer das macht, ist kriminell und muss hart bestraft werden. Du musst uns sagen, was du weißt. Sonst hängst du mit drin." Katja denkt verzweifelt darüber nach, was sie tun soll. Katja steckt in einem Dilemma. Sie entscheidet, ihre Freundin nicht zu verraten.

1. Stunde: Der Beginn des Unterrichts zu der Dilemma-Geschichte war von mir vorsichtig geplant – und ist wohl ganz gut gelungen. Ich habe zunächst an die Tafel geschrieben: Dilemma-Geschichten... und gefragt, ob jemand weiß, was Dilemma bedeutet. Chris meldete sich und sagte: „Das sind Geschichten von die Kinder von Schafen..." (Also auf der Nebentafel anschreiben: „das Lamm – die Lämmer" – gar nicht so leicht, alles zu verstehen, wenn Schreibweisen und Rechtschreibung ein so großes Problem sind wie bei Chris). Dann der erste erklärende Satz an der Tafel: „Dilemma-Geschichten sind Geschichten von Menschen, die eine Entscheidung treffen müssen." Die Schüler fragte ich dann, wann sie zuletzt eine Entscheidung trafen. Eddie meldete sich: „Letzte Woche.

128

Zwei Freunde von mir haben Streit. Und sie sagten mir, ich müsse mich entscheiden, mit wem ich Freund sein will. Der oder der." Serdar: „Gestern. Da musste ich mich entscheiden, ob ich das Handy haben will oder das." Chris: „Gestern beim Grillen, ob ich Bauch will oder Lamm." Steven: „Auch beim Grillen, ob ich Wurst will oder Fleisch." Ich schrieb dann an die Tafel: „Es gibt leichte und schwere Entscheidungen." und fragte die Schüler zu den geäußerten Konflikten, ob sie schwer oder leicht zu entscheiden gewesen seien und wie sie entschieden hätten. Chris hatte sich für Bauch und Lamm entschieden, Steven für Fleisch, Serdar zeigte sein neues Handy und ließ es bestaunen – und Eddie sagte, er habe sich nicht entschieden zwischen den beiden Freunden und sei einfach weggegangen, die würden schon irgendwann wieder aufhören zu streiten. Und er könne sich nicht entscheiden und wolle das auch nicht. Chris meldete sich und sagte, eine schwere Entscheidung sei bei Kindern, wenn die Eltern sich trennen. Die Kinder müssten dann entscheiden, bei wem sie leben wollen und das sei ganz schwer, wenn sie doch beide Eltern lieben. „Stimmt wohl", sagte Sarah, „aber das ist auch nicht immer so, manchmal lieben die auch einen nicht." Ich ließ dies so stehen und bestätigte nur, dass dies für Kinder eine sehr sehr schwere Entscheidung sei, weil die Kinder sich ja eigentlich nicht entscheiden wollen. An die Tafel schrieb ich dann weiter: „Ein Dilemma aber ist nur dann, wenn es um eine sehr schwere, wichtige Entscheidung geht, eine Situation ausweglos ist. Im Dilemma gibt es keine richtige oder falsche Entscheidung, aber man muss entscheiden." Chris: „Ja, wie bei den Kindern mit den Eltern." Wir lasen dann die Geschichte „Katjas beste Freundin", ich ließ die Geschichte noch einmal nacherzählen und den Konflikt verdeutlichen zwischen „Freundin verraten" und „Drogenverkauf an Kinder decken". Bei der – geheimen – Abstimmung, in der sie „richtig" oder „falsch" aufschreiben sollten, bezogen auf Katjas Entscheidung, die Freundin nicht zu verraten, schrieben acht Schüler „falsch" und nur zwei „richtig". Ich bin gespannt, welche Argumente sie in der nächsten Stunde für „richtig" und für „falsch" finden. Merkwürdig war auch für die Gruppe, dass es kein von mir vorgegebenes „Richtig" oder „Falsch" gibt, also keine Auflösung und Bewertung ihrer Entscheidungen. Sie halfen sich damit, dass die „Falsch-Entscheider" sich zu Siegern erklärten, weil sie in der Mehrzahl waren ...

2. Stunde (eine Woche später): Wir haben die Geschichte von Katja noch einmal gelesen. Da Mustafa beim letzten Mal gefehlt hatte, haben die anderen ihm noch mal erklärt, was ein Dilemma ist, dann die Geschichte nochmals gelesen und ich habe gefragt, was denn bei der geheimen Abstimmung beim letzten Mal für die „Ja: Entscheidung war richtig"-Gruppe das Wichtigste war (Freundschaft) und was für die „Nein:

Entscheidung war falsch"-Gruppe das Wichtigste war (Gesetz/kleine Kinder). Das habe ich dann in einer Tabelle als Überschriften an die Tafel geschrieben und dann die drei (Mustafa entschied sich auch für Freundschaft) der Ja-Gruppe zum Argumente-Sammeln rausgeschickt, danach die Nein-Gruppe in zwei Gruppen geteilt. Zehn Minuten hatten beide Gruppen Zeit und nach anfänglicher Unsicherheit und Herumalberei haben sie dann wirklich Argumente zusammenbekommen. Lege artis[99] müssten sie dann in einen Disput eintreten, Gruppe 1 nennt ein Argument und sucht aus, wer aus Gruppe 2 darauf antwortet, aber das war mir zu viel für den Anfang. Wir haben die Argumente nur an der Tafel gesammelt und sie haben die Tabelle in ihr Heft übertragen.

Tafelbild

Katjas Entscheidung war richtig: Freundschaft *(3 Schüler)*	Katjas Entscheidung war falsch: Gesetz / kleine Kinder *(2 Schülerinnen, 5 Schüler)*
Katja hat Angst, dass sie verkloppt wird. Freunde sind auch wichtig. Wenn man petzt, ist man ein Verräter. Wenn man andere Kinder verpetzt, ist man auch ein Verräter. Kollegen verpetzt man nicht, weil man Kollegen nicht verpetzt. Die Freundin verdient viel Geld mit dem Dealen. Freunde muss man nicht verklagen. Weil das ist nicht gut. Freunde muss man nicht verpetzen, nur weil sie Drogen verkaufen.	Es gibt Gesetze. Sie könnte ihrer Freundin helfen, damit sie endlich aufhört, Drogen an Kinder zu verkaufen. Weil sie keine Drogen an Kinder verkaufen darf. Sie soll das nicht machen, weil sie den Kindern damit schadet. Die Freundin schadet damit anderen Kindern. Kinder dürfen keine Drogen nehmen. Drogen sind nicht für Kinder gedacht. Die Freundin könnte ja in den Jugendknast kommen, wenn sie weiter Drogen verkauft. Die Freundin könnte auch später noch in den Knast kommen, wenn sie weitermacht. Die Kinder können davon abhängig werden. Die Kinder würden dann krank.

3. Stunde (wieder eine Woche später): Die Schüler sollten in dieser Stunde versuchen, die Argumente direkt gegenüber zu stellen. Ich hatte den Tafelanschrieb von der letzten Woche auf Folie kopiert und sie staunten darüber. Ich erläuterte ihnen, dass ich die Stunden alle aufschreibe und mit einem Freund an einem Buch arbeite und sie fanden es spannend, dass über das, was sie sagen, vielleicht in einem Buch etwas geschrieben wird.

Mustafa las zunächst die linke Spalte zum Wert „Freundschaft" vor. Alle Schüler lachten, als er las: „Kollegen verpetzt man nicht, weil man Kollegen nicht verpetzt." Ich fragte nach den Gründen für das Lachen und sie sagten: „Ach mit Kollegen und so." „Na ja", sagte ich, „ihr nennt Freunde ja manchmal so, das kann dann auch so stehen bleiben. Doch es gibt vielleicht noch andere Gründe für euer Lachen." Sie kamen nicht drauf und ich gab ein Beispiel: „Ich esse gern Salami, weil ich gern Salami esse." Muhammet: „Nee, weil die schmeckt." „Genau, wenn ich ‚weil' gebrauche, muss auch ein Grund folgen, nicht nur eine Wiederholung. Also: „Kollegen verpetzt man nicht, weil die schmecken?" Lachen. Und nun folgten Gründe:

„Kollegen verpetzt man nicht, weil man dann als Verräter gilt."
„Kollegen verpetzt man nicht, weil die Freundschaft dann zu Ende ist."
„Kollegen verpetzt man nicht, weil man zu denen hält."

Es folgte ein Gespräch über die letzten beiden Gründe, vor allem über den letzten. Ob sie immer zu ihren Freunden halten, fragte ich sie. Nein, nicht immer, nicht wenn die „Scheiß bauen wollen, klauen oder so." Dann rede man es denen aus, aber man würde sie nicht verpetzen, wenn sie es doch getan hätten.

Serdar las nun die zweite Spalte zum Wert „Gesetz/Schutz kleiner Kinder".

Nun las ich das erste Argument der ersten Spalte und bat einen Schüler aus der zweiten Gruppe, darauf zu antworten mit einem passenden Argument der zweiten Spalte. Serdar: „Katja hat Angst, dass sie verkloppt wird, aber sie muss auch an die Kinder denken, die abhängig oder krank werden." Mustafa konterte sofort und sagte (finde ich spannend): „Freunde sind aber wichtiger, die Kinder kennt man ja nicht."[100]

Zweites Argument: Freunde sind auch wichtig. – Stimmt, aber die Katja will ja ihrer Freundin helfen, dass die nicht in den Knast oder ins Heim kommt. Hier hakte wieder Mustafa ein: „Aber das gilt ja nicht echt, weil wenn die sowieso schon nach dem Verpetzen in den Knast kommt oder ins Heim, dann hat man sie ja dahin gebracht und ihr nicht geholfen."

Danach gab es ein langes Gespräch über die Folgen eines möglichen Verrats von Monika durch Katja. Die Schüler sahen Monika bereits in einer Gerichtsverhandlung (wie im Fernsehen mit Anwalt und Staatsanwalt und Zeugenvernehmung und Zuschauern). Und sie sahen sie im

Heim, weil das Jugendamt sie den Eltern wegnehmen würde. An all dem wäre dann Katja Schuld. Wir besprachen, was normalerweise passiert, wenn ein Jugendlicher zum ersten Mal „erwischt" wird, über Vorladung, Verwarnungen, Sozialstunden – und wir sprachen über den langen Prozess, bis ein Kind in ein Heim kommt. Sogar Sarah – eine Schülerin, die gegenwärtig im Heim lebt – machte einige Bemerkungen dazu, sagte sie aber so leise, dass ich sie nicht verstehen konnte, wiederholen wollte sie sie nicht in der Klasse. Sie schien aber mit meiner Antwort zufrieden zu sein, dass es normalerweise lange dauere und dass das Jugendamt den Eltern helfen möchte und dem Kind oder Jugendlichen. Manchmal gebe es dann auch eine Entscheidung für ein Heim, weil Eltern überfordert sind und glauben, dass es dem Kind in einem Heim besser gehe. Nathalie erzählte dann noch von ihrem Antrag auf Inobhutnahme, den sie sozusagen im Schlepptau ihrer Schwester stellte, die von zu Hause weg wollte. Nathalie sei dann einfach mit und habe die ganzen Sommerferien außerhalb ihres Zuhauses verbracht.

Leider sind wir nach dieser langen Gesprächsphase nicht mehr zum Argument: „Die Freundin verdient viel Geld mit dem Dealen" und einer Antwort darauf gekommen. Die Luft war einfach raus, sie mussten etwas tun und haben die Tabelle ausgeschnitten, in ihr Heft geklebt und die erste Spalte um die Begründungen für „Kollegen verpetzt man nicht" ergänzt.

Ich fand es eine tolle Stunde – auch für mich voller Lernen von den Schülerinnen und Schülern. Sie zeigte, wie „anders" die Schüler denken, wie viel sie im Blick hatten, und wie bedrohlich sie Gefahren eines „Verrats" der Freundin einschätzten (Knast, Heim).

4. und 5. Stunde (wieder im Wochenabstand): So ganz begeistert sind die Schüler nicht, dass es „noch einmal" um Katja und Monika gehen soll. Mustafa nennt den für ihn wesentlichen Grund: „Kann ja keiner gewinnen, haben Sie ja gesagt. Dann ist das nicht so spannend." – Doch dann fragt er, ob ich wieder etwas aufgeschrieben hätte zur vorangegangenen Stunde. Ich las den Schülerinnen und Schülern den Text vor, in dem ich von ihrem Denken und ihren Antworten erzählt hatte. Ganz ernsthaft verfolgten sie, ob ich alles richtig dargestellt hatte, freuten sich über das Auftauchen ihrer Namen. Auf den Overheadprojektor legte ich dann Folien mit zweispaltigen, zweizeiligen Tabellen (das frühere Tafelbild aufnehmend), in die jeweils der Satzanfang eingefügt ist. Die Schüler ergänzen die Erwiderung auf das Argument der ersten Spalte.

Wir antworten auf Argumente!

Katja hat Angst, dass sie verkloppt wird …	*... aber sie muss doch auch an die Kinder denken, die abhängig oder krank werden.*
Katja denkt an die Kinder, die abhängig werden ...	... aber sie hat auch Angst, dass sie verkloppt wird.

Was denn der Unterschied zwischen dem ersten Satzstreifen und dem zweiten sei, frage ich. „Das zweite ist zuerst." „Ja, stimmt." Plötzlich sagt Chris: „,Aber' ist ein Nochmal-Nachdenk-Wort." „Genau!" Serdar: „Ach so, ich denke erst was und dann denke ich auch an die andere Seite." „Sehr gut. Entweder ich denke selbst ‚noch mal nach' oder jemand anderer sagt das ‚aber'." Wir unterstreichen die beiden „aber" rot auf den Folienstreifen.

Ein neuer Folienstreifen mit nur dem ersten Argument wird durch die Gruppe ergänzt...

Freunde sind wichtig, man hält zu denen ...	*... aber Katja kann durch Sagen helfen, dass es mit Monika nicht noch schlimmer wird.*
Katja will Monika helfen und erzählt, was sie gesehen hat ...	*... aber das hilft Monika nicht, sie bekäme Ärger und Katja hält zu Monika.*

Und ein dritter Folienstreifen ...

Die Freundin verdient viel Geld mit dem Dealen ...	*... aber sie könnte auch anders Geld verdienen, so schadet sie den Kindern.*

Hier wird klar, dass diesmal Argument und Gegenargument nicht umgedreht werden können.

Nun stelle ich die Frage, die sich auf die vorangegangene Stunde bezieht, als Mustafa sagte: „Freunde sind aber wichtiger, die Kinder kennt man ja nicht." „Mustafa, was wäre, wenn das kleine Kind, an das Monika die Drogen verkauft, deine kleine Schwester Qendoline wäre?" „Oder dein kleiner Bruder, Muhammet?" – Betroffenes Schweigen. Mustafa sitzt wirklich mit offenem Mund dort, setzt mehrmals zu einer Antwort an: „Dann ... dann..." und Muhammet bringt es auf den Punkt: „Dann zählt

Familie mehr!" Es scheint eine Wert-Rangfolge zu geben: Schutz der Familie(nmitglieder) – Freundschaft und Zusammenhalt – Gesetz bzw. Schutz unbekannter Kinder. Alle Schüler stellen die eigene Familie an die erste Stelle. Die Schüler übertragen die Sätze der Folienstreifen in ihr Heft und sollen als Hausaufgabe und Abschluss ein Bild zu der Geschichte von Katja und Monika zeichnen. Eigentlich wollte ich in dieser Stunde die Zeichnungen der Schüler gemeinsam betrachten und herausstellen, was für sie offensichtlich die bedeutsamsten Szenen waren. Leider hatte niemand an die Hausaufgabe gedacht aufgrund des langen Himmelfahrts-Wochenendes ...

Vergegenwärtigen wir uns zunächst die Schritte dieses Ethik-Unterrichtes:

- Erste Klärungen des Begriffs „Dilemma", indem das akustische Wahrnehmen von Chris zunächst aufgenommen und geklärt und nicht abgetan oder lächerlich gemacht wird.

- Frage nach unterschiedlichen Situationen, in denen sich die Schülerinnen und Schüler entscheiden mussten, und Klärung des unterschiedlichen Gewichtes und der verschiedenen Schwierigkeit von Entscheidungen. Dadurch waren alle mit ihren differenten Entscheidungssituationen und Entscheidungen in die Thematik hinein genommen. Kognitive und emotionale Identifikationen werden angeregt, Empathie mit Katja – wie mit Monika – wird ermöglicht.

- Betonung, dass in Dilemma-Situationen es kein „richtig" oder „falsch" gibt, was die Schüler, die in jenen Kategorien sonst denken und zu denken haben, als „merkwürdig" empfinden und ihre eigene Lösung dieses für sie existierenden Problems konstruieren: die Mehrheit gilt.

- Argumente für Entscheidungen finden; hierzu bedarf es der Fähigkeit zur Rollenübernahme wie zur Empathie in die fremde Rolle von Katja.

- Zwischendurch ein wenig Deutschunterricht zu Begründungssätzen mit „weil".

- Gespräch zum Denken der Schüler und Schülerinnen hinsichtlich ihnen naher und ferner Menschen (Familienmitglieder, Freunde und Freundschaft und wie weit diese reicht sowie die Bedeutung ferner Menschen, hier: ihnen unbekannter Kinder). Die Dilemma-Geschichte tritt ein Stück weit zurück zugunsten der realen Lebenssituation der Schülerinnen und Schüler.

- Die Erfahrungswelt einiger Schülerinnen und Schüler: Heim und Knast wird besonderes Thema.
- Ethisches Urteilen und Argumentieren (Begründungen für das eigene Urteil finden) einüben: „Aber" – ein „Nochmal-Nachdenk-Wort", um etwas von zwei Seiten zu bedenken.
- Ein Bild der Geschichte zeichnen.

In diesen fünf Unterrichtsstunden geschieht anderes als in den bisher und im Folgenden thematisierten Unterrichts- und Schulbeispielen: ein zunächst fremdes Problem wird in den Unterricht eingeführt: das Dilemma von Katja, um die Schülerinnen und Schüler zum eigenständigen und reflektierten ethischen Argumentieren anzuregen. Deutlich wird auch hier, obwohl es sich „nur" um ein semi-reales Problem handelt, die Nähe und die Beziehung der Lehrerin zu den Schülerinnen und Schülern:

- das sensible Eingehen auch auf den lautmalerischen Einstieg von Chris;
- die Wichtigkeit des „anderen Denkens" der Schülerinnen und Schüler;
- die Bedrohung, die sie fühlen und bedenken, wenn von Heim oder Knast die Rede ist, als es um die Folgen eines möglichen Verrates geht: das ist die Welt vieler Schülerinnen und Schüler, die sie unmittelbar oder mittelbar kennen – und davor haben sie Angst;
- die Offenheit gegenüber den Urteilen der Schülerinnen und Schüler und die Nicht-Bewertung ihrer Positionen und Argumentationen.

Auf den ersten Blick am meisten fasziniert hat uns freilich anderes, nämlich die Haltung der Fürsorglichkeit, die sich in den Argumenten der Schülerinnen und Schüler durchhält – und zwar gleichgültig, wie sie sich innerhalb des Dilemmas konkret entscheiden: entweder gegenüber der Freundin Monika oder gegenüber den Kindern, denen diese Rauschgift verkauft. Bis auf das Verdienst- und das juristische Argument sind alle Argumente bestimmt von dieser Haltung der Fürsorglichkeit, die offensichtlich für die Schülerinnen und Schüler ein zentrales ethisches Argument bedeutet. Damit wird ein für die Schülerinnen und

Schüler – zumindest theoretisch – „entscheidender, moralisch relevanter Aspekt zum Gegenstand des Unterrichtes":[101] die argumentativ vertretene Fürsorglichkeit der Schülerinnen und Schüler – nicht zuletzt angesichts dessen, dass sie sich wohl vergleichsweise gut in die Situation von Katja und Monika hineinversetzen und mögliche Konsequenzen bedenken können.

Fürsorglichkeit war so ein erstes bedeutsames Thema. Das andere Thema, das sich aus der Arbeit an dem Dilemma ergab, war die Frage nach nahen und fernen Menschen und nach der Relevanz von Nähe oder Ferne für ethisches Urteilen sowie die Überlegung, wie weit Freundschaft reicht, wenn Freunde sich falsch verhalten. Ein drittes Thema war „Aber" als ein „Nochmal-Nachdenk-Wort",[102] das dazu führt, ein ethisches Thema von zwei Seiten her zu betrachten. Uns erscheint dies als ein entscheidendes Lernmoment: Es geht bei ethischen Urteilen nicht nur um die eigene Position, die eigene Meinung, das eigene Urteil, sondern gerade in Dilemma-Situationen geht es immer auch um die Positionen des bzw. der anderen. Schließlich ging es auf einer kognitiven Ebene darum, Entscheidungssituationen ethisch wahrzunehmen, Handlungsmodi stellvertretend für Katja zu bedenken, sich selbst sodann begründet zu entscheiden und dabei die Entscheidungen anderer zu achten.

Unser Interesse an der Arbeit mit Dilemmata lag ja nicht daran, ein mögliches Stufenmodell moralischer Entwicklung zu verifizieren bzw. die Schülerinnen und Schüler danach in ihrer Entwicklung zu taxieren. Auch verzichtete die Lehrerin darauf, mögliche Antworten der Schülerinnen und Schüler entsprechend eines möglichen Erwartungshorizontes nach einem Stufenmodell in ihre Vorüberlegungen einzubeziehen, um beispielsweise „plus-1-Konventionen" wahrnehmen und didaktisch ‚einplanen' zu können.[103] Es ging lediglich darum, zu erproben, ob Dilemmageschichten in einem ethisch offenen Unterricht an Förder- und Hauptschulen Möglichkeiten bieten, in semi-realen Situationen Ethik zu lehren und zu lernen. Uns erscheint dies angesichts der Unterrichtsthemen und -ergebnisse als eine gute Möglichkeit, einen Raum ethischen Argumentierens und Urteilens zu eröffnen, wenn die Lehrerin bzw. der Lehrer folgende Voraussetzungen immer wieder überprüft bzw. in den laufenden Unterricht einführt:

- In der Literatur begegnende Verlaufsschemata eines solchen Unterrichtes dürfen flexibel gehandhabt und aktuell in der konkreten Unterrichtssituation didaktisch-methodisch verändert werden.
- Aktuelle Entscheidungssituationen der Schülerinnen und Schüler – auch und gerade außerhalb des Dilemmas der Geschichte – dürfen immer wieder in den Unterricht einbezogen werden.
- Dilemmageschichten können so ausgewählt oder konstruiert werden,[104] dass die Kontexte der handelnden Personen möglichst nahe den Lebens- und Schulkontexten der Schülerinnen und Schüler sind, da so immer wieder Anschlussmöglichkeiten für konkrete situationsorientierte und lebensbegleitende Unterrichtsangebote – gerade ausgehend von einer zunächst ‚fremden‘ Situation – sich ergeben oder auch gesucht werden.
- Die Arbeit mit Dilemmageschichten verweist in besonderer Weise auf die Situationsabhängigkeit, die Individualität und die Begründungsnotwendigkeit ethischer Urteile. Diese drei Faktoren können immer wieder in zukünftigen Unterrichtsvorhaben bzw. Unterrichts- und Schulsituationen zur Sprache kommen und eingeübt werden.

8.4 Unterricht zu Songs deutscher Rapper

Immer wieder treffe ich in den Pausen oder auch zu Beginn des Unterrichts auf Schülerinnen und Schüler, die mit ihren MP3-Playern Musik hören, oft auch gemeinsam, indem sie sich die Kopfhörer teilen – und sehr oft fragen sie mich, ob ich mithören möchte, halten mir einen Kopfhörer ans Ohr. Die meisten hören Hip-Hop oder Rap.

„Sido ist geil!" – „Bushido ist der Coolste!" – so höre ich es oft von Schülern, rümpfe innerlich die Nase, wende mich ab – und immer mal wieder sage ich auch zu Schülern, dass ich nicht einverstanden sei mit ihren Texten, die Sprache so unerträglich fände, voller Schimpfworte. Wenn ich so etwas sage, belächeln sie mich mitleidig – und verstehen mich nicht, widersprechen: „Aber so ist Rap! Das ist doch gerade das Coole!"

Von Sido und Bushido hatte ich gelesen, gelten sie doch als populärste Vertreter eines erfolgreichen deutschen Rap. Besorgt las ich auch Zitate aus ihren Song-Texten, wie sie in großen deutschen Magazinen angeführt werden zur Verdeutlichung von Thesen zur Verrohung und Sexualisierung deutscher Jugendlicher.

Und eines Tages fragte unvermittelt in „Werte und Normen" Mustafa, ob wir nicht mal im Unterricht Sido und Bushido „machen" könnten, vor allem den Song „Janine" von Bushido. Oh je, ich wollte die Raps nicht dadurch aufwerten, dass ich sie auch noch im Unterricht bespreche, war auch nicht sicher, ob alle Schülerinnen und Schüler der beiden Klassen mit solchen Texten umgehen können. Andererseits: Es wäre eine Chance, kam die Bitte doch von Schülern, im Unterricht die Texte kritischer zu betrachten als ich annahm, dass sie es sonst tun. Ich begann, noch immer zweifelnd, mich mit den beiden Rappern und ihren Texten (und ihrem Marketing) zu beschäftigen, fragte gleichzeitig in der Lerngruppe, wer Sido und Bushido höre, wer sich gern mit den Songs beschäftigen wolle und welche ihnen die wichtigsten Raps seien. Von dreizehn Schülerinnen und Schülern hören zehn Deutsch-Rap, auch Sido und Bushido, einer schreibt sogar: „Sido ist mein bester Freund, weil er ‚Straßenjunge' drauf hat!" Auch die anderen nennen bis zu sieben Songs, einer schreibt auswendig einen großen Teil eines Songtextes auf.

Im Internet suche ich die Texte, die am häufigsten genannt wurden: „Ein Teil von mir", „Straßenjunge", „Goldjunge", „Mein Block", „Weihnachtszeit", „Schmetterling", „11. September" und natürlich „Janine". Ich beginne zu verstehen, was die Schülerinnen und Schüler an diesen Texten berührt: Es ist ihre Welt, es ist ihre Sprache, es sind ihre Probleme – und ihre Sehnsüchte, wenn auch in dramatischen Geschichten verpackt und zugespitzt häufig. Ich erinnere mich, welche Faszination „Die Kinder vom Bahnhof Zoo" in all der Fremdheit und doch gespannter Nähe auf mich und meine Mitschüler zu Schulzeiten ausübten ... Ich sah zunächst eine Stunde zu Sidos Rap „Ein Teil von mir" vor und wollte es von meinem Eindruck der Stunde abhängig machen, ob wir anschließend noch mit einem Rap von Bushido weiter arbeiten werden.

Sido: „Ein Teil von mir"

Endlich – aus Sicht der Schüler – bringe ich einen Text von Sido mit: „Ein Teil von mir". Es ist ein Text, in dem Sido seinem nunmehr sechsjährigen Sohn erzählt, warum er sich sechs Jahre lang nicht um ihn kümmerte, und berichtet, dass er ihn jedoch als Teil von sich sehe, als sein „Fleisch und Blut", als „Mini-Me" – und dass er von nun an für ihn immer da sein wolle. Ich sah eine Unterrichtsstunde in „Werte und Normen" für diesen Text vor.

Sido – „Ein Teil von mir"[105]

Ich hab deine Mutter kennengelernt,
als ich noch ein Niemand war.
Ich hatte nichts,
ich hatte niemanden,
doch sie war da.
Ich hab bei ihr gewohnt,
sie hat sich um mich gekümmert.
Doch ich merkte schnell,
dass das alles keinen Sinn hat.
Ohne Perspektiven,
was konnte ich ihr schon bieten?
Jungs wie ich,
warn für Mädchen doch nur Parasiten.
Ich hatte Angst vor Verpflichtungen,
ich war ein Streuner.
Ich zog den ganzen Tag
mit Kumpels um die Häuser.
Wir haben uns oft gestritten,
die Fetzen sind geflogen.
Erst schreit man sich laut an,
dann glätten sich die Wogen.
Wir sind im Bett gelandet,
wie kann das anders sein.
So ist das nunmal
wenn die Frauen einem Mann verzeihen.
So ging das jeden Tag weiter,
bis zu dem Tag als sie anrief und geweint hat.
Sie klang verzweifelt,
jetzt kam der Hammer.
Ich dachte sie sei fremdgegangen,
doch sie war schwanger.

Du bist mein Sohn, ich liebe dich.
Ich werd alles dafür tun,
dass du zufrieden bist.
Ich mach mein Fehler wieder gut,
ich beweis es dir.
Du bist mein Fleisch,
mein Blut, du bist ein Teil von mir.
Du bist mein Sohn, ich liebe dich.
Ich werd alles dafür tun,
dass du zufrieden bist.

Ich weiß jetzt alles wird gut,
du zeigst es mir.
Du bist mein Fleisch, mein Blut,
du bist ein Teil von mir.

Ich wusste nicht, wie das gehn soll,
ich war erst 19 Jahre.
Nicht mit beiden Beinen auf dem Boden
so wie heutzutage.
Ich war selbst noch ein Kind,
wie sollt ich dich erziehn?
Warum soll Mama
einen nichtsnutzigen Kiffer lieben?
Ich bin gegangen, ja,
ich hab sie im Stich gelassen.
Und es tut mir so weh,
ich hab auch dich verlassen.
Wahrscheinlich wars ein Fehler,
und verdammt ich bereu es.
Es tut mir leid, ich kann verstehen,
wenn du von mir enttäuscht bist.
Ich hab dein ersten Schritt verpasst,
bitte verzeih mir.
Du hast dein erstes Wort gesagt,
ich war nicht bei dir.
Dein erstes Haar,
dein erster Zahn, jetzt ist es zu spät.
Ich hab nur jeden Tag gehofft,
dass es dir gut geht.

Du bist mein Sohn, ich liebe dich.
Ich werd alles dafür tun,
dass du zufrieden bist.
Ich mach mein Fehler wieder gut,
ich beweis es dir.
Du bist mein Fleisch, mein Blut,
du bist ein Teil von mir.
Du bist mein Sohn, ich liebe dich.
Ich werd alles dafür tun,
dass du zufrieden bist.
Ich weiß jetzt alles wird gut,
du zeigst es mir.
Du bist mein Fleisch, mein Blut,

du bist ein Teil von mir.

Jetzt bist du 6 und guck mich an,
ich bin ein Mann jetzt.
Bei dem plötzlich alles Gold wird,
was er anfasst.
Und wie das Schicksal so spielt,
ich traf einen, der einen kannte.
Der einen kannte
mit der Nummer von deiner Tante.
Ich hab da angerufen,
ich war so aufgeregt.
Zum Glück hat deine Tante
nicht gleich wieder aufgelegt.
Und ich bin fast gestorben,
ich ging in die Knie.
Als ich dich wieder sah,
du siehst aus wie Mini-Me.
Ich bin so stolz auf dich,
ich geh nie wieder weg.
Ich bin jetzt da für dich,
ich mach mein Fehler wieder weg.
Ich werd alles dafür tun,
dass du zufrieden bist.
Du bist mein Fleisch und mein Blut,
mein Sohn, ich liebe dich.

Du bist mein Sohn, ich liebe dich.
Ich werd alles dafür tun,
dass du zufrieden bist.
Ich mach mein Fehler wieder gut,
ich beweis es dir.
Du bist mein Fleisch, mein Blut,
du bist ein Teil von mir.
Du bist mein Sohn, ich liebe dich.
Ich werd alles dafür tun,
dass du zufrieden bist.
Ich weiß jetzt alles wird gut,
du zeigst es mir.
Du bist mein Fleisch, mein Blut,
du bist ein Teil von mir.

Die Schülerinnen und Schüler sitzen an einem schattigen Platz auf dem Schulhof bei strahlendem Sonnenschein auf ihren mitgebrachten Stühlen im Kreis. Die Texte sind verteilt – ja, sooo viel Text für einen Song, drei Seiten. Staunen. Ich frage, wer den Text „vorlesen" möchte, viele möchten und wechseln sich ab, versuchen, den Text zu rappen, auch ohne Musik. Als Muhammet, der den ganzen Text fast auswendig kann, ihn vorgetragen hat bei absoluter Stille der anderen, beginnen sie zu klatschen. Anspannung und Aufregung verfliegt. Er ist so stolz und genießt sichtlich die Bewunderung. Ich bitte die Schüler, die Geschichte zu erzählen, die Sido gerappt hat: „Da ist Sido, der ist Vater von einem kleinen Jungen und sagt dem, dass er nicht eher sich kümmern konnte um ihn – und er sagt ihm, dass er ihn liebt." Ich schaue noch einmal auf den Text und sage dann nachdenklich: „Schon mutig von Sido, seinem Sohn zu sagen, wirklich zu sagen, dass er ihn liebt!" Und schließe an: „Wem von euch hat sein oder ihr Vater schon mal mit Worten gesagt, dass er ihn oder sie liebt?" Einige schauen mich lächelnd oder unsicher an, andere scheinen versunken. Schließlich sagt Serdar: „Na ja, gesagt nicht ganz so, aber ich weiß das doch." Mehrere stimmen zögernd zu, wissen sich geliebt, fühlen sich geliebt. Eddie sagt: „Mit Worten nicht so, aber der liebt mich, weil der für mich sorgt und Geld verdient für mich auch." Wieder Zustimmung von einigen Schülerinnen und Schülern. Und andere bleiben still, schauen auf den Boden, Schülerinnen und Schüler, die nicht mit ihrem Vater zusammenleben. Ich sage zu allen: „Sido hat sich sechs Jahre nicht um seinen Sohn gekümmert. Was sagt er denn, warum das so war?" „Er war noch zu jung, war auf Drogen, hat nicht gearbeitet und hatte Angst." „Wovor hatte er denn Angst?" – Schweigen – „Was steht da vor ‚Verpflichtungen', was bedeutet das denn?" „Was sind denn Parasiten?" – „Der wollte kein Geld verdienen für seinen Sohn und seine Freundin." „Ja, das kann ein Grund gewesen sein." „Der wollte Spaß haben." „Ja, auch das." „Der hat seine Freundin und seinen Sohn im Stich gelassen." „Ja, stimmt." – „Was meint ihr, hat er in den sechs Jahren an seinen Sohn gedacht?" Alle bis auf Sarah, die mit den Achseln zuckt, glauben das und suchen dies zu beweisen, indem sie zeigen, dass Sido ja versucht habe, die Nummer herauszukriegen. Ich verweise auf eine Textstelle auf der zweiten Seite, lasse sie noch einmal lesen: „Es tut mir leid, ich kann verstehen, wenn du von mir enttäuscht bist. Ich hab deinen ersten Schritt verpasst, bitte verzeih mir. Du hast dein erstes Wort gesagt, ich war nicht bei dir. Dein erstes Haar, dein erster Zahn, jetzt ist es zu spät. Ich hab nur jeden Tag gehofft, dass es dir gut geht." „Ey, der hat jeden Tag an den gedacht." Staunen! „Ja, stimmt .... und ich glaube, dass dies immer so ist. Wenn ein Mann oder eine Frau ein Kind haben, dann denken sie jeden Tag an dieses Kind, auch wenn sie nicht mit dem Kind zusammenwohnen." Sarah, die im Heim lebt, ihren Vater seit Jahren nicht sah, blickt zum ersten Mal auf. Zweifel im Blick. Ich sehe ihr in die Augen: „Ja, Sarah, das glaube ich." – „Und Sido ist so mutig, seinen Sohn um Verzeihung zu bitten." „Der gibt zu, dass er was falsch gemacht hat."

Einige Schülerinnen und Schüler möchten noch einmal den Text bzw. Teile davon rappen. Ich bitte sie, sich einen Abschnitt auszuwählen und sie tragen ihn vor, oft folgt Applaus, manchmal aber auch – wohlwollendes – Gelächter, wenn es nicht so klappt. Entspannte Atmosphäre. Die meisten wählen den Refrain, er ist ihnen vertraut und daher leichter in der vorgesehenen Rap-Geschwindigkeit vorzutragen. Drei schließen den Absatz an: „Und ich bin fast gestorben, ich ging in die Knie. / Als ich dich wieder sah, / du siehst aus wie Mini-Me. / Ich bin so stolz auf dich, / ich geh nie wieder weg. / Ich bin jetzt da für dich, / ich mach mein Fehler wieder weg. / Ich werd' alles dafür tun, / dass du zufrieden bist. / Du bist mein Fleisch und mein Blut, / mein Sohn, ich liebe dich."

So viel Sehnsucht geliebt zu werden, so viel Sehnsucht, dass Eltern stolz auf sie sind .....

In seinem Vorwort zu dem 1989 erschienen Buch von G. G. Hiller *Ausbruch aus dem Bildungskeller* schreibt Andreas Flitner: „Eine Schule für benachteiligte Kinder und Jugendliche muss die Lebenswelt ihrer Schüler nachweislich zu ihrem Bezugspunkt machen. Denn diese hat ihre bisherige Lebensgeschichte geprägt und wird sie auch weiterhin bestimmen."[106] Zu dieser Lebenswelt und ihrem kulturellen Kontext gehören für die meisten Jugendlichen der Förder- und Hauptschule, so auch in dieser Klasse, die deutschen Rapper Sido und Bushido, ihre Songs und die darin beschriebenen Erfahrungen – bis hin zur Sprache dieser Musik und ihrer Texte.

Angesichts der lebensweltlichen und kulturellen Differenzen der Kultusbürokratien und Schulbehörden, der Institution Schule und der Lehrer und Lehrerinnen zu Schülerinnen und Schülern in Förder- und Hauptschulen formulierte Hiller die provokante These: „Was sich in den Schulen und Klassenzimmern der Schule für Lernbehinderte abspielte und abspielt, lässt sich als Kulturimperialismus beschreiben, vergleichbar den Missionsaktivitäten in früheren Jahrhunderten in Übersee. Kultureller Imperialismus stellt sich heute längst nicht mehr allein als Problem zwischen Nationen dar."[107] So ist der Versuch, Teile der Kultur der Jugendlichen zum Unterrichtsgegenstand auch in „Werte und Normen" zu machen, überfällig – mit den Texten von Sido und

Bushido bleibt dies gleichwohl eine ebenso mutige wie gefährliche Gratwanderung.[108] Eine Gratwanderung aus vier Gründen:

1. Die Sprache vieler Songs ist oftmals gewaltförmig, menschen- und insbesondere frauenverachtend und hat einen gewalttätig-sexualisierenden Charakter.
2. Auf Grund der Durchökonomisierung auch der Kultur suchen deren Träger selbstverständlich nach Medien und Formen, die auch diejenigen erreichen können, die jenseits des herrschenden bürgerlichen Kulturbetriebes und seiner Milieus leben, um auch mit deren Geld Geschäfte zu machen.
3. Dazu sind die Idole und Stars dieser Kulturen ebenso auf ihre Zielgruppe hin gestylt und biografisiert wie in anderen Kulturformen auch; schließlich muss Identifikation ermöglicht werden, um die Songs zu verkaufen. Und
4. bleibt die bohrende Frage, ob dies alles nicht durch seine schulische Thematisierung noch aufgewertet wird …

Wie wird in diesem Unterricht und seiner Vorgeschichte diese Gratwanderung[109] gestaltet?

Die Schülerinnen und Schüler wissen um die Abneigung ihrer Lehrerin gegenüber dieser Musik und ihren Texten und sie kennen auch die Gründe dafür. Doch damit war das Thema nicht erledigt. Die Schüler und Schülerinnen und die Lehrerin, jeder und jede auf ihre Weise, bleiben dran; die Lehrerin mit zunächst skeptischen Erkundungen zu Sido und Bushido und biografischen Erinnerungen an die Faszination der *Kinder vom Bahnhof Zoo*, die Jugendlichen mit immer neuen Mithöranfragen in den Pausen und schließlich der unvermittelten Frage von Mustafa in „Werte und Normen", ob man Sido und Bushido nicht zum Unterrichtsthema machen könne. Jetzt gab es fast kein Entrinnen mehr und die Lehrerin „muss" sich mit Sido und Bushido intensiv beschäftigen und entdeckt, ihre eigene Biografie erinnernd, Gründe der Faszination dieser beiden Rapper für ihre Schülerinnen und Schüler, die mehrheitlich von ihnen affiziert sind. So kommen Menschen differenter Kulturen auf einer biografischen Beziehungsebene in Kontakt miteinander – die Lehrerin biografisch-reflexiv, die Schüler und Schülerinnen in ihrem aktuellen Erleben. Sidos Song *Ein Teil von mir* wird Unterrichtsthema.

Repräsentationen müssen als Abbilder/Spiegelungen, als pädagogisch interessierte Rekonstruktionen von Sachverhalten für Kinder und Jugendliche durchsichtig werden. ... Didaktische Repräsentationen müssen nachweislich und erkennbar von einem pädagogischen Interesse bestimmt sein: Sie müssen in ihrem Engagement für beziehungsweise gegen bestehende Strukturen, Handlungsweisen, Meinungen und Überzeugungen für Schüler erkennbar und diskutabel sein,

schreibt G. G. Hiller grundsätzlich hinsichtlich von Repräsentationen der „Welt" im schulischen Unterricht.[110] Diese Qualität erfüllt der Song von Sido. Er repräsentiert die Erfahrungen einiger Kinder der Klasse, die nicht mit ihrem Vater zusammenleben. Die anderen kennen diese Situation aus ihren Nachbarschaften oder von Freunden oder Freundinnen und Mitschülern wie Mitschülerinnen.

In der Unterrichtsstunde geht es nun genau darum, die Beziehung von Vätern und Kindern in unterschiedlichen Familienformen zu thematisieren, und das erste Schülervotum bringt es sofort auf den Punkt: „...und er sagt ihm, dass er ihn liebt". Das wird nun Thema: Wie ist das mit – der gewiss nicht wenig heiklen Frage – der Liebe der Väter zu ihren Söhnen? Die Frage verunsichert. Und die Schüler überlegen, wie sich die Liebe des Vaters zu ihnen zeigt und konkretisiert, denn so direkt, wie Sido es formuliert, haben sie es kaum gehört. Anschließend werden diejenigen, die nicht mit ihrem Vater zusammenleben, in den Vordergrund gerückt – freilich mit einer Frage an alle Schülerinnen und Schüler der Klasse. Es geht um Gründe für Sidos Verhalten. Ohne zu urteilen, nennen die Schülerinnen und Schüler die im Song angeführten Begründungen und erleben die Überraschung: „Ey, der hat jeden Tag an den gedacht. Staunen!" Und es ergibt sich – auch eine genuine Aufgabe von „Ethik lernen und lehren" in der Schule! – eine quasi seelsorgerliche oder lebensbegleitende und -ermutigende Situation im Unterricht: Sarah erfährt in und gegen ihre Zweifel den Zuspruch ihrer Lehrerin: „Ja, Sarah, das glaube ich." Mit all ihren Zweifeln ob ihrer Lebenssituation wird Sarah bei ihrer ersten am Unterricht teilnehmenden Reaktion angesehen und positiv wahrgenommen – und die Mitschülerinnen und Mitschüler, die Sarahs Situation und ihre ‚Besonderheiten' kennen, erleben es mit, wie diese Schülerin mit Worten „in den Arm genommen wird". Zweifellos ist das der Höhepunkt der Stunde. Es wird nun noch entdeckt und erläutert, dass Sido zugibt, etwas falsch gemacht zu haben – für die Schülerinnen und Schüler sicher auch eine unbekannte, jedenfalls nicht alltägliche Verhaltensweise von Vätern, besonders in ihrem sozialen Kontext.

Und dann wird gerappt: Die meisten tragen den bekannten Refrain vor. Drei Schüler freilich wählen die Passage des Textes, die inhaltlich unmittelbar anschließt an das von Schülerseite bestimmte Thema des Unterrichts: die geäußerte Liebe des Vaters zu seinem Sohn und was zu dieser Liebe gehört: Stolz, Präsenz, Fehler zugeben und versuchen, wieder gut zu machen, und die erklärte zukünftige Fürsorge des Vaters für den Sohn: der Sohn soll zufrieden sein können. Die Gratwanderung ist gelungen: der Schlusspunkt der Stunde ist der Wunsch der Schülerinnen und Schüler nach väterlicher Zärtlichkeit.

Bushido: „Janine"

Drei Unterrichtsstunden in den letzten Wochen vor den Sommerferien war Bushidos Rap *Janine* Thema in „Werte und Normen".

Bushido – „Janine"[111]

Es war' mal ein Mädchen,
sie war etwas frühreif
und sie macht es einem
warm um's Herz wie Glühwein.
Sie war noch jung
ihr Name war Janine.
Mama war da
doch er hat gewartet, bis sie schlief.

Die Erfahrung hatte sie schon mit 14 gemacht,
armes Mädchen,
denn sie wohnt im schlimmsten Viertel der Stadt.
Ihre Mutter hängt sich immer an die falschen Männer,
an geldlose aggressive alte Penner,
so wie auch ihr Stiefvater war.
Aber Janine glaubte selber nicht,
was diesmal geschah.

Denn er sagt ihr,
dass er nicht mehr zu alt ist für sie.
Und kurze Zeit darauf vergewaltigt er sie.

Es wird ihr alles zu viel,
weil er es immer wieder macht.
Und genau wie jede Nacht
kommt er auch in dieser Nacht.
„Du musst mir geben,
was mir Mama nicht mehr geben kann."
Und bald merkt sie dass sie schwanger ist
von diesem Mann.

[Refrain:]

Ich erzähl dir 'ne Geschichte, sie ist wirklich wahr,
über Janine, ein Mädchen, das erst 14 war.
Sie hatte keinen Ausweg mehr gesehen.
Sie wollte immer irgendwem vertrauen, aber wem?
Sie konnte nicht einmal sich selbst vertrauen.
Sie war am Ende
und verlor ihr ganzes Selbstvertrauen.
Und obwohl doch alles immer so normal schien,
ist alles im Arsch.
Sie, sie hieß Janine.

Sie ist schwanger, keiner darf es mitbekommen.
Wie soll sie es hinbekommen?
Wie soll sie ein Kind bekommen?
Eigentlich sind Freunde ja für so was da.
Sie hatte keine, als sie im neunten Monat war.
Auf einmal fangen die Wehen an
und schnell merkte Janine,
jetzt kommt das Baby auf die Welt.

Sie kommt nicht weit,
die Treppen kommt sie runter.
Wo kann sie allein sein, im Keller ihrer Mutter?
Zwischen Spinnweben und Kartons
sollte sie einen wunderschönen Jungen bekommen.
Das Baby auf dem Schoß,
sie weiß nicht, was sie machen soll,
sie weiß nicht mehr, ob sie weinen
oder lachen soll…

Aus Angst mit dem Kind nach Haus zu gehen,
bleibt sie erst mal einen Moment da draußen stehen.
Sie ist erst 14 …

147

Janine legte aus Angst vor Schlägen
jetzt ihr Baby vor die Kirche und lief …

[Refrain:]

Sie war keine, die mit 14 Nägel lackiert,
eher eine, die mit 14 Schläge kassiert.
Heute weiß es Janine,
wenn es regnet, wird sie nass.
Sie bereut es jeden Tag,
dass sie ihr Baby nicht mehr hat.

Sie wurde nicht glücklich
und schämte sich so krass.
Sie dachte immer wieder, ihr Leben ist verkackt,
'ne gescheiterte Existenz,
ihr Lifestyle ist secondhand,
und sie war es Leid, einfach wegzurenn'.
Was soll sie machen, kriegt sie bald die Kurve?
Sie kommt nicht klar,
weil sie damals vergewaltigt wurde.

Es ist Janine, vom Stiefvater entehrt
und ihr Leben war für sie
nicht mal ein Cent wert.
Es war so, sie kämpfte bis zum Schluss,
doch sie wusste, dass sie all dem jetzt
ein Ende setzen muss.
Und sie erinnert sich zurück an ihr Kind,
sie weiß nicht weiter,
stellt sich einfach auf die Brücke und …

[Refrain:]

Leider hatten wir gleich in der ersten Stunde viel zu wenig Zeit, weil in
der großen Pause ein Konflikt zwischen Mustafa, Muhammet und Steven
aus der Parallelklasse war, der zunächst geklärt werden musste. Mustafa
und Muhammet hatten Steven, der sich sehr schnell bedroht fühlt und
„austickt" (obwohl er selbst auch gern ärgert, wenn er gerade in der
Laune ist), mit dem Finger an den Hinterkopf geschnippt – angeblich
weil das so üblich sei, wenn jemand beim Friseur war. Die Aufsicht
führende Lehrerin erzählte mir, sie habe mehrmals die beiden ermahnt,
sie hätten aber immer wieder nachgehakt – wortwörtlich. Ach, wie so oft:
Mustafa sagt, es sei vor allem Muhammet gewesen, Muhammet weiß von
gar nichts – und beide meinen, Steven könne eben keinen Spaß verste-

hen, es sei doch nur ein Witz gewesen. Also nochmals darüber gesprochen, ob etwas als Witz gelte, wenn beide es witzig finden – oder wenn nur einer einen „Witz" macht. „Okay, okay", sagen beide, „haben Sie schon tausend Mal gesagt!" Steven musste dann vom Schulhof in die Klasse geholt werden, kurze Gespräche mit Muhammet und Steven sowie Mustafa und Steven auf dem Flur, wo Steven dann auch „zugab": „Ja, hab ich auch schon öfter gemacht, wenn einer 'ne neue Frisur hat. Aber ich kann das nicht ab, wenn alle lachen über mich." Ein Blick zu Mustafa bzw. Muhammet genügte: „Wir lassen ihn in Ruhe."

So begann die Stunde zu „Janine" verzögert – und mit zusätzlichem Besuch eines Schülers, der vor zwei Jahren entlassen wurde. Angesichts des Themas hatte er gefragt, ob er in der Stunde dabei sein kann. Ich erzählte den Schülern und dem Besuch, dass ich durch sie eine neue Entdeckung gemacht hatte. „Hä?" „Durch uns?" „Wieso?" „Was denn?" – „Ja, ich habe entdeckt, dass in den Texten von Sido und Bushido sehr viel Ernstes und Wichtiges und Kluges ist. Das habe ich euch zu verdanken. Wenn ihr nicht gebeten hättet, über diese Raps im Unterricht zu sprechen, hätte ich mich nicht damit beschäftigt." Ich erzählte ihnen zugleich auch, dass ich nicht alle Songs gut finde, viele seien in einer Sprache, die ich nicht hören möge. Dann fragte ich, ob die Schüler wüssten, warum Bushido das Lied *Janine* geschrieben habe – und erklärte kurz die Geschichte dieses Textes, wie ich sie von Bushido in einem Interview gehört hatte. Eine traurige, ernste, wahre Geschichte.

Ich bat die Schüler den Text still zu lesen, ganz still – erinnerte sie noch einmal daran, dass diese Geschichte ernst sei und ich sie ernst besprechen möchte, dazu ihre Hilfe brauche. Es war ganz still, als alle lasen – auch Sarah nahm nach ein paar Minuten die Seiten und begann zu lesen. So eine hörbare Stille, fast atemlos, obwohl einige die Geschichte natürlich kannten. Sie stellten sich ihr. Niemand lachte, niemand riss Witze. Eine mitfühlende Stille, so schien es mir. Weitgehende Ruhe auch, als einige eher fertig waren als andere.

Ganz leise begann ich wieder zu sprechen – und fragte, wie diese Geschichte gelesen werden könnte. Hava zeigte auf: „Das muss von Mädchen gelesen werden, weil es einem Mädchen passiert ist." Was für ein guter Gedanke. Damit war es auch keine Frage mehr, ob es gerappt wird. „Die Mädchen lesen die traurige Geschichte eines anderen Mädchens für alle vor." Und die Jungen waren wirklich still, hörten zu. Hava begann mit dem Refrain, ließ ihn dann im weiteren Lesen aus.

Während die Mädchen abwechselnd lasen, begann dann am Schluss Serdar doch zu giggeln hinten, mehrmals fiel: „Ey ... vergewaltigen ... Vergewaltigung..." Ich unterbrach das Vorlesen und schickte Serdar hinaus mit der Bemerkung: „Manchmal ist etwas Trauriges schwer auszuhalten, dann helfen wir uns damit, daraus einen Witz zu machen. Doch das hat heute keinen Platz hier. Diese Geschichte will auch ausgehalten werden. Ich spreche nachher mit dir draußen, Serdar."

Die Mädchen lasen weiter bis zum Schluss – und dann Stille, ja, eine auch ehrfürchtige Stille. Von allen ausgehalten. Die Geschichte haben wir nur noch kurz nacherzählt, niemand lachte mehr darüber ...

Nach dem Pausenzeichen ging ich zu Serdar vor die Tür, er saß am Fenster und schaute auf den Schulhof. „Weißt du, warum ich dich hinausgeschickt habe, Serdar?" „Ja, glaub schon!" „Dann lass uns darüber sprechen." „Also, weil ich so laut ‚vergewaltigt' gesagt habe – und das ist ein Schimpfwort." – „Hm, du meinst, es ist ein Schimpfwort. Was bedeutet denn ‚Vergewaltigung'?" – „Dass einer, dass einer mit der schläft, Sex macht." – „Stimmt, einer macht Sex mit einem anderen. Aber Sex machen ist ja nicht Vergewaltigung. Was für ein Wort steckt noch darin?" – „Gewalt?" – „Ja, Gewalt. Vergewaltigung bedeutet Sex machen mit Gewalt. Der Stiefvater hat mit Janine Sex gemacht gegen den Willen von Janine, er hat sie brutal gezwungen. Was sagt Bushido, wie es Janine ging?" – „Sehr schlecht, die ist schwanger geworden und hatte keinen Ausweg. Die hat Selbstmord gemacht." – „Genau, die Vergewaltigungen des Stiefvaters brachten Janine dazu, sich umzubringen. Du hast das alles richtig verstanden. Und ich sehe auch an deinem Gesicht, dass du Mitleid mit Janine hast." – „Ja." – „Genau. Du hast Mitleid mit Janine und Bushido hatte das auch. Deshalb hat er diesen Rap geschrieben. Aus Mitleid mit Janine. Und um allen Menschen zu sagen, dass Vergewaltigung etwas Böses ist." Serdar schaut mich etwas verlegen an: „Aber alle machen Witze darüber." „Worüber?" „Über – Vergewaltigung." „Ja, stimmt. Was meinst du, warum die das tun?" „Weil das Sex ist." „Ja, ich glaube auch, viele verstehen nicht den Unterschied zwischen Sex, mit dem beide einverstanden sind – und Vergewaltigung. Und du hast den Unterschied verstanden. Also musst du keine Witze mehr darüber machen." – „Okay, mach ich nicht mehr!"

Eine Woche später die zweite Stunde zu *Janine*. Wie in der letzten Schulwoche vor den Sommerferien nicht anders zu erwarten, sind die Schülerinnen und Schüler der Lerngruppe aufgekratzt und sehr unruhig. In allen Stunden werden Noten besprochen, die Schüler hoffen: „Wir machen aber keinen Unterricht mehr!"

Nach einigen Sitzordnungsproblemen – immer wieder versuchen Muhammet, Serdar und Daniel, oft auch Mustafa, nach der großen Pause, wenn die nicht katholischen Schülerinnen und Schüler aus beiden siebten Klassen sich in einem Klassenraum zu „Werte und Normen" treffen, eine eigene Sitzreihe im hinteren Teil zu bilden, sich aus der U-Form auszuklammern – fragt Mustafa unvermittelt: „Ist in Deutschland Abtreibung eigentlich verboten oder erlaubt?" – Die Schülerinnen und Schüler sind unterschiedlicher Meinung. Ich erkläre ihnen, dass Abtreibung in

Deutschland verboten ist, dass es aber bestimmte Gründe geben kann, bei denen sie erlaubt ist. „Bei Vergewaltigung auch?", fragt Serdar. „Ja, bei Vergewaltigung auch, wenn das Mädchen oder die Frau in einer Beratung war." „Und warum hat Janine dann nicht abgetrieben?", fragt Mustafa. „Was meint ihr?", gebe ich die Frage an die Gruppe weiter. „Weil das weh tut!" „Weil die später noch mal Kinder wollte!" „Weil die zu traurig war." „Weil die Angst hatte." Und: „Weil die mit keinem reden wollte, die hat ja auch nichts von schwanger erzählt." „Aber das muss man doch sehen!", rätseln Mustafa und Daniel. „Genau, das sieht man doch!" „Bei Frau W. sieht man das doch auch, aber vielleicht nur, weil die trotzdem enge Sachen anzieht." „Vielleicht hat Janine weite Sachen angezogen?", überlegt Eddie. Es scheint die Schüler sehr zu beschäftigen, dass niemand die Schwangerschaft Janines bemerkte, nicht die Mutter, nicht der Stiefvater, keine Lehrer, keine Mitschüler, niemand. „Also ich hätte das gemerkt, wenn eine aus meiner Klasse schwanger ist!", sagt Mustafa überzeugt und ich bestätige ihn darin: „Ja, ich glaube, du siehst die Menschen, die mit dir sind und du bemerkst, wenn sich etwas verändert an ihnen. Du siehst hin, Mustafa!" „Ach so", sagt Serdar, „keiner hat die gesehen, keiner hat die angesehen. Die war wirklich ganz allein." „Aber nicht mal die Mutter", fragt Jasmin, „was sind das für Menschen?" „Ihr habt das sehr gut herausgefunden, ich glaube auch, dass Janine ein Mädchen war, die niemand wirklich sah. Sonst kann ich mir auch nicht erklären, warum niemand merkte, dass sie schwanger und verzweifelt war." „Vielleicht hat die sich auch versteckt?!", wirft Steven ein. „Hm, du meinst, sie hat sich vor allen Menschen versteckt, ist nicht mehr zur Schule gegangen, ist nicht mehr aus ihrem Zimmer rausgekommen?" „Nee, vor allen kann man sich nicht verstecken, doch nicht vor der Mutter!" „Die Mutter war doch ʻne Schlampe ...!" – Auf die letzte Bemerkung gehe ich zunächst nicht ein. „Ich glaube, ihr habt Recht. Die Mutter, der Stiefvater, die Mitschüler haben Janine nicht wirklich gesehen und angesehen. Das ist die eine Seite. Und vielleicht stimmt auch Stevens Gedanke vom Verstecken. Es könnte sein, dass Janine auch irgendwann lieber nicht mehr gesehen werden wollte." „Ja, die hatte doch immer Angst, die kriegte doch immer Schläge und der Arsch von Stiefvater vergewaltigte sie. Da wollte ich auch lieber verschwinden", überlegt Daniel. Mehrere Schülerinnen und Schüler bestätigen, dass sie bei schlechter Laune ihrer Eltern auch lieber einen großen Bogen um sie machen, sich „verstecken". „Aber die müsste doch Freunde haben..." „Steht da doch, hatte sie nicht, sagt Bushido doch!" – So geht das Gespräch eine Weile hin und her, sehr nah an Janine und verbunden mit ihrer Einsamkeit. Die Vorstellung, nicht gesehen zu werden, von niemandem wahrgenommen zu werden, entsetzt die Schülerinnen und Schüler. Noch einmal bekräftigt Mustafa: „Ich hätte sie gesehen und ich hätte das gemerkt!" – und mehrere stimmen zu. Sie sind überzeugt davon, dass unter ihren Freundinnen und Mitschülerinnen so etwas nicht unbemerkt geschehen könnte. „Wie gut, dass ihr so achtsam seid miteinander."

Ich schreibe die drei Personen des Liedes an die Tafel: Janine, Stiefvater, Mutter. „Jasmin hat gefragt: ‚Was sind das für Menschen?!' – Das möchte ich mit euch herausfinden, Bushidos Text hilft uns dabei." Selda, Alina und Jasmin, die drei Mädchen, die heute in der Lerngruppe sind, möchten zu Janine schreiben, Serdar, Eddie und Steven zu dritt und Chris allein zum Stiefvater, Mustafa, Daniel und Muhammet zur Mutter.

Eifrig arbeiten die Gruppen und Chris allein am Text. Schließlich diktieren sie mir dieses Tafelbild:

Janine	Stiefvater	Mutter
(Selda, Alina, Jasmin)	*(Serdar, Eddie, Steven) (Chris)*	*(Mustafa, Daniel, Muhammet)*
wollte vertrauen	Penner	immer falsche Männer
ist allein und einsam	geldlos / Hartz IV	Penner
bereut, dass sie ihr Baby nicht mehr hat	aggressiv	kümmert sich nicht um Janine
ihr Leben war für sie nicht einmal einen Cent wert	geht zu Janine, wenn die Mutter schläft (weiß, dass es falsch ist, hat Angst vor der Mutter)	beschützt Janine nicht
verzweifelt – legt ihr Baby vor eine Kirche	brutal	
14 Jahre alt	sein Grund ist kein Grund („gibt mir was ihre Mutter mir nicht mehr geben kann")	
lackiert keine Nägel		
wird geschlagen		
wird vergewaltigt		
weiß keinen Ausweg (Brücke)		

Und Jasmin wiederholt noch einmal nach dem Zusammentragen der Gruppenergebnisse: „Was sind das für Menschen?!"

Mir scheint, dass für die Schülerinnen und Schüler das Thema des „Alleinseins", der „Einsamkeit" von Janine von sehr großer Bedeutung ist.

Emotional wenden sich alle ihr zu und fühlen mit dem Mädchen – besonders die Gefühle der Verlassenheit und Ausweglosigkeit sind ihnen nahe. Mustafa wiederholt noch einmal am Schluss: „Und ich hätte es gesehen!!!" – und es hört sich an wie: „Ich hätte ihr geholfen!"

Wieder eine Woche später und wieder denkbar schlechte Voraussetzungen für eine abschließende Auseinandersetzung mit dem Rap *Janine* von Bushido in der Lerngruppe „Werte und Normen" der 7. Klassen: zwei Tage vor den Sommerferien, 34° C Außentemperatur – und im Klassenraum sicher noch darüber – und die katholische Religionsgruppe geht parallel Eis essen... Normaler Schulalltag eben. Dennoch ist es mir wichtig, dieses Thema nicht unabgeschlossen in die Sommerferien mitzunehmen: Die Frage von Jasmin: „Was sind das für Menschen?" stand noch offen und undiskutiert im Raum. Und auch die Zusicherung von Mustafa wollte ich noch einmal ansprechen. Viele hatten Mustafas Behauptung: „Ich hätte das gesehen!" zugestimmt und ich hatte sie für mich interpretiert mit dem Satz: „Ich hätte Janine geholfen!"

Zunächst musste geklärt werden, wie die Lerngruppe „Werte und Normen" ebenfalls ein „Letzte-Unterrichtsstunde-im-Schuljahr-Eis" bekommt. Mit der Religionslehrerin wurde besprochen, dass ihre Gruppe für uns das Eis in die Schule mitbringt. Die Mienen der Schülerinnen und Schüler hellten sich auf und wir konnten beginnen.

Zu Beginn lege ich meinen Bericht der vorangegangenen Stunde als OHP-Folie auf und Steven beginnt vorzulesen. Noch immer bedeutet es für die Schülerinnen und Schüler eine besondere Wertschätzung ihrer Arbeit, dass ich über sie und ihre Beiträge schreibe, noch immer wünschen sie sich, zu Beginn einer Stunde davon zu hören oder zu lesen. Steven liest vor und jedes Mal, wenn im Text ein Name aus der Gruppe auftaucht, lächelt der oder die entsprechende Jugendliche, freut sich vorzukommen, wichtig gewesen zu sein in der Stunde.

Noch einmal bleiben einzelne Schüler hängen an den Worten: „Ich hätte das gesehen!": „Also, bei Frau W. kann (!!) das doch auch keiner übersehen, dass die schwanger ist, echt nicht!" Zorn auf die Mutter wird laut: „Das ist doch keine richtige Mutter, die nichts merkt!" „Vielleicht war die immer betrunken, gibt's ja!" „Die kümmert sich nicht um Janine!" – Ich will nicht näher auf mögliche Gründe für das Verhalten der Mutter eingehen, lasse Raum für diesen Zorn. „Mütter müssen sich um ihre Kinder immer kümmern und für die sorgen!", fordert Serdar kategorisch. „Väter auch!", ergänze ich. „Okay, Väter auch. Richtige Väter! Aber das war nicht ihr Vater. Also musste die Mutter sich mehr kümmern", stellte Mustafa fest und auch für die anderen scheint dies eine eindeutige Konsequenz zu sein.

„Mustafa, du hast gesagt: ,Ich hätte das gesehen!', für mich hörte sich das auch an wie: ,Ich hätte Janine geholfen!' Habe ich dich richtig so verstanden?" „Na ja", schränkt Mustafa ein, „wenn die eine Freundin wäre, schon!" „Und wenn sie ‚nur' deine Mitschülerin wäre?" „Hm, weiß nicht, dann hätte ich das gesagt wahrscheinlich, dass andere ihr helfen, aber ich nicht selber." „Ich denke, auch das wäre Hilfe für Janine gewesen, wichtige Hilfe, Mustafa."

„Ich möchte, dass ihr alle über diesen wichtigen Punkt nachdenkt. Dazu schreibe ich drei Fragen an die Tafel und bitte euch, jede und jeder für sich über mögliche Antworten nachzudenken." An die Tafel schreibe ich:

Hilfe für Janine

Wer hätte Janine helfen können?   Wie?

Wen hätte Janine um Hilfe bitten können?

Einzelarbeit in Stille – nicht so ganz leicht für meine Schülerinnen und Schüler, auch am vorletzten Schultag nicht, es ist so heiß. Dennoch ist es zu diesem Zeitpunkt die einzige Möglichkeit, die Ideen aller Schülerinnen und Schüler zusammentragen zu können, nicht nur die der redegewandten.

Gleich zu Beginn dieser Arbeitsphase, als Steven für sich als Hilfe noch einmal die Fragen laut von der Tafel liest, platzt er spontan mit einer Antwort in die Klasse: „Wer hätte Janine helfen können? – Der Pastor!" Und zehn Sekunden später: „Und die Nonnen." Sofort hakt Mustafa nach: „Stimmt, Pastor ist gut!" und Jasmin: „Genau! Die kennt den bestimmt, die hat ja auch bei dem vor die Kirche das Baby gelegt." Steven: „Und Nonnen auch, die kümmern sich immer um die Babys, die vor Kirchen gelegt werden. Die sind dann die Mütter von den Babys!"

Ich bitte die Schülerinnen und Schüler nunmehr doch um ruhige Weiterarbeit für zehn Minuten. Jetzt wird dies sogar weitgehend eingehalten.

Anschließend tragen die Schüler zu den einzelnen Fragen ihre Antworten vor (O-Ton, ich verbessere einmal keine Grammatik):

	Wer hätte Janine helfen können?	Wie?	Wen hätte Janine um Hilfe bitten können?
Serdar	Die Mutter hätte Janine helfen können.	Sie hätte den Stiefvater rausgeworfen und mit Janine zum Doktor gehen können.	Janine könnte die Polizei um Hilfe bitten können.

Nathalie	Die Mutter hätte Janine helfen können.	Die Mutter könnte ihn rausschmeißen und anzeigen und weg ziehen.	Sie hätte den Pastor fragen können, ob er sie hilft.
Jasmin	Die Mutter oder die Lehrerin. Mit den Pastor in der Kirche reden.	Indem sie den Mann anzeigen tut und mit der Mutter oder Lehrerin usw.	Mit den Pastor und die Mutter und die Vertrauenslehrerin.
Selda	Bushido. Pastor. Nummer gegen Kummer.	Mit Worten.	Kirche
Muhammet	Die Polizei. Mutter. Lehrer, Mitschüler.	Den Stiefvater rauswerfen, in den Knast werfen.	Lehrer, Polizei, mit den Priester, die mit der Mutter reden
Mustafa	Der Pastor.	Der Pastor könnte zu den Eltern gehen oder zu Polizei und er könnte Janine ins Heim bringen.	alle
Alina	Freunde, Lehrerin, Mutter	Indem sie sie ermutigen.	Lehrerin.
Steven	Sie hätte mit dem Pastor reden können. Sie hätte mit den Nonnen reden können.	Mit Worten.	Sie hätte mit der Polizei reden können.

Die spontane Antwort von Steven zum „Pastor" als Helfer für Janine wurde von sechs Schülerinnen und Schülern aufgenommen, fünfmal ist die Polizei genannt, fünfmal auch die Mutter selbst, dreimal Vertrauenslehrerin / Lehrerin / Lehrer, einmal die Nummer gegen Kummer, einmal Bushido, einmal die Nonnen – und zweimal Freunde bzw. Mitschüler.

Während des Vortrags der Schülerinnen und Schüler habe ich plötzlich den Eindruck, dass die Hoffnung der Schüler auf Hilfe, die sich an den „Pastor" richtet, diesen sieht als eine integre, vertrauenswürdige, einflussreiche und unabhängige Autoritätsperson auf der einen Seite und als einen Menschen, wo man sich auch selbst aufgehoben wissen könnte ...

So nennt Mustafa den Pastor als einzige Person, die helfen könnte, die Janine beisteht und zu den Eltern, zur Polizei geht und Janine auch hilft, das Elternhaus zu verlassen.

Alle Schüler haben ihre Gedanken und Ideen zur Hilfe für Janine vorgelesen und ich bitte sie, noch einmal alle Menschen aufzuzählen, die helfen und/oder von Janine angesprochen werden könnten. Serdar hat sich alle gemerkt: „Pastor, Bushido, Nonnen, Priester, Mutter, Polizei, Lehrerin, Vertrauenslehrerin, Mitschüler, Freunde..." und Mustafa fügt hinzu: „Doch eigentlich alle! Hab ich ja auch geschrieben!"

„Ihr sagt, so viele Menschen hätten Janine helfen können. Und so viele Menschen hätte Janine um Hilfe bitten können. Wenn sie das getan hätte, wäre sie jetzt nicht tot. Warum hat sie es denn dann nicht getan?" Jasmin: „Die hat sich nicht getraut. Ich würde mich auch nicht trauen." Nathalie: „Stell dir doch mal vor, die Polizei taucht bei der Mutter auf. Oder der Pastor. Dann wäre Janine auch tot – totgeschlagen." Serdar: „Nee, die würden Janine dann sofort mitnehmen." Mustafa: „Aber der glaubt das bestimmt keiner." – „Genau, Mustafa, das ist manchmal ein Problem, dass Kinder und Jugendliche denken, ihnen glaubt niemand. Vielleicht schämt Janine sich auch. Und es ist wichtig, wenn ein Kind oder ein Jugendlicher von eigener Not erzählt, dass andere Menschen ihnen glauben – und ihnen helfen." „Immer?", fragt Nathalie skeptisch. „Ja, immer!" sage ich überzeugt und mit Nachdruck. Staunende Gesichter, etwas ungläubig.

„Ich habe noch eine Frage an euch: Muhammet schreibt: Mitschüler können helfen. Alina schreibt: Freunde können helfen. Wie könnten sie denn das tun? Wie könntet ihr als Freunde oder Mitschüler helfen?" „Der auch glauben", antwortet Jasmin spontan. „Ja genau, das zuerst und ganz wichtig!" „Fragen, was die hat." „Fragen, was los ist, ob die traurig ist, ob die geschlagen wird." „Fragen, warum die so dick geworden ist." „Sagen, dass die mit der Lehrerin reden soll!" – „Ihr habt so viele gute Hilfe-Gedanken. Und Alina hat ein gutes Wort für diese Hilfe gefunden und aufgeschrieben: Sie ermutigen. Ja, Freunde und Mitschüler können genau hinsehen, Acht geben auf die anderen und ermutigen, vielleicht

auch begleiten zum Reden mit einer Lehrerin oder einem Lehrer. Das wäre für Janine eine so große Hilfe gewesen und hätte sie wohl gerettet." Steven: „Dann wäre sie nicht allein gewesen."
In diesem Moment klopft es und das Eis wird gebracht – ein schöner Abschluss mit Schülerinnen und Schülern, die sich vornehmen, einander nicht allein zu lassen...

Drei „normale" Unterrichtsstunden – begrenzt durch Konflikte des Schulalltages und die Notwendigkeit, sie unmittelbar zu klären und wenigstens ein Stück weit zu bearbeiten, begrenzt auch durch die jahreszeitliche Situation vor den Sommerferien. Und doch gelingt es, jeweils für die verbleibenden Phasen die Schülerinnen und Schüler hineinzunehmen in den von ihnen selbst gewünschten Unterrichtsgegenstand – den Rap von Bushido – und damit zugleich in Erfahrungen und Welten, die ihnen nicht fremd sind. In der ersten und dritten Stunde gelingt der Unterrichtsbeginn dadurch, dass die Lehrerin von ihrem eigenen Lernen durch die Anregungen ihrer Schülerinnen und Schüler und davon erzählt, dass sie die Stunden protokolliert – und die Schülerinnen und Schüler freuen sich über die Wertschätzung, die sie durch beides erfahren. In der mittleren Stunde beginnt der Unterricht mit der zum Thema gehörenden Frage von Mustafa nach Abtreibungsregelungen in Deutschland.

Sogleich zu Beginn der ersten Stunde signalisiert die Lehrerin: Das Thema, das euch in den letzten Wochen so wichtig war, ist zu meinem Thema geworden. Die Lehrerin hat eigene Entdeckungen gemacht, die sie den Schülerinnen und Schülern verdankt. Das Bedeutsame ist nicht, dass Lehrer von ihren Schülern lernen, sondern – das zeigt auch die erstaunte Reaktion der Schülerinnen und Schüler – dass es ausgesprochen und so die Beziehung zwischen Lehrerin und Klasse zum Thema wird – und sich damit zunächst nur für einen Moment die Rollen von Schüler und Lehrer vertauschen, das Gegenüber von Schülerinnen und Schülern und Lehrerin wird fließend: die Schüler-Lehrerin und der Lehrer-Schüler (P. Freire) werden möglich – und von den Schülerinnen und Schülern in dieser und den kommenden beiden Stunden wahrgenommen.

Über den Beginn der Einheit gab es viele Gedanken: Die musikalische Aggressivität des Raps sollte die Geschichte von Janine nicht dominieren. Doch für die Schülerinnen war dies kein Problem. Hava übernimmt die Regie der Stunde: Das ist die Geschichte eines Mädchens und deshalb lesen die Mädchen diese Geschichte vor – und zwar als Geschichte. Selbstständig entschied Hava, mit dem Refrain zu beginnen und ihn dann auszulassen. Dies verdeutlichte den Charakter einer Geschichte. Kaum mehr als dieser Zugang zu *Janine*, das individuelle und gemeinschaftliche Lesen und das Nacherzählen der Geschichte von Janine, geschah in dieser ersten Stunde – dazu der Konflikt mit Serdar. Er wird nicht einfach der Klasse verwiesen, weil er laut ist oder das Lesen stört. Vielmehr thematisiert die Begründung für den „Rausschmiss" die Beziehungsebene und die Gefühle, die entstanden sind zwischen der Geschichte von Janine und den Schülerinnen und Schülern: Trauriges soll ausgehalten werden können. Die Schülerinnen und Schüler sollen lernen: Es gibt Situationen, die muss man aushalten, aus denen darf man sich auch nicht durch Witze oder Überspielen hinweg schleichen … Die Lehrerin wollte, dass sich die Schülerinnen und Schüler der Geschichte von Janine aussetzen – schließlich waren sie es, die mit ihr im Unterricht darüber reden wollten.

In dem in der Stunde angekündigten Gespräch mit Serdar zu Beginn der Pause traut die Lehrerin diesem viel zu. Es geht um eine kognitive Ebene und um eine der Geschichte von Janine entsprechende, freilich verallgemeinerte emotionale Ebene: Serdar erklärt die Situation, die zur Aufforderung, die Klasse zu verlassen, führte, er entdeckt das Wort „Gewalt" und soll die Differenz zwischen Sex und Vergewaltigung verstehen, er erinnert, wie es Janine dann ging, er zeigt, so liest es zumindest die Lehrerin aus seinem Gesicht und spricht es aus: Mitleid. Sinnvoller wäre sicher gewesen, die Lehrerin hätte Serdar gleich zu Beginn nochmals Verständnis für sein Verhalten signalisiert wie schon beim Hinausgehen und ihn dann gefragt: „Möchtest du, dass wir jetzt gleich sprechen oder später mit mehr Zeit?" So vermittelt die Lehrerin im Wesentlichen, was ihr wichtig war, dass Serdar es hätte erkennen sollen: Wer Gewalt erfährt, braucht Mitgefühl; die Reaktion auf Gewalt ist Mitgefühl, Mitleiden, nicht Witze machen und sich so der Situation und ihren Gefühlen entziehen. Serdar versucht sich noch mal rauszureden – hat er den Unterschied zwischen Vergewaltigung und Sex schon verstanden? Die Lehrerin spürt wohl, dass dem nicht so ist und erklärt es nochmals und sagt dann – woher weiß sie es jetzt? – er habe den Unterschied verstanden. Er: Okay – und weg ist er. Die Reaktion von Serdar entspricht der Aktion seiner Lehrerin: Sie will dies Gespräch offensichtlich jetzt beenden, schließlich ist Pause. Und so klingt auch Serdars Schluss: Ich will raus aus der Situation jetzt und das geht nur, wenn ich der Lehrerin sage: Ich habe verstanden und ich mache auch keine Witze mehr darüber. Ob dem so ist, weiß keiner von beiden …

Wie Hava in der ersten Stunde, so ist es nun in der zweiten Stunde Mustafa, ‚der die Regie übernimmt‘. Schülerinnen und Schüler gestalten Unterricht, sind mitverantwortlich für den Unterricht und das, was in ihm geschieht – und die Lehrerin lässt es zu, ‚klebt‘ nicht an ihrem Konzept, gibt die Leitung der Stunde aus der Hand, gestaltet das, was jetzt von den Schülerinnen und Schülern kommt – und vertraut darauf, dass es dies ist, was jetzt dran ist. Und siehe da: Die Frage von Mustafa führt mitten in ein Zentrum der Geschichte: Trauer, Angst, Alleinsein, Gesehen-Werden. Serdar gebraucht sogar das Wort „ansehen“: „Keiner hat die angesehen“ – er spürt vielleicht: Es geht um ein qualifiziertes Sehen, nicht einfach nur hingucken… Ja, so war es wohl mit Janine: „Die war wirklich ganz allein“ – das klingt fast ungläubig! Die Schülerinnen und Schüler versuchen sich in die Situation von Janine und ihrer Umgebung zu versetzen – auch mit Vergleichen zu ihrer Schulsituation: Die Schwangerschaft einer Lehrerin und die Gedanken der Schülerinnen und Schüler um weite oder „trotzdem“ enge Kleidung… – und können es doch nicht wirklich verstehen, was geschah: Was sind das für Menschen …

Und dann schließt derjenige, der die Stunde einleitete, auch diese Unterrichtssequenz, als wolle er signalisieren: Ja, darum ging es mir eigentlich: „Also ich hätte das gemerkt, wenn eine aus meiner Klasse schwanger ist!“, sagt Mustafa. Und die Lehrerin reagiert situationsadäquat: im Pausengespräch mit Serdar eher konfrontativ und wissend, jetzt einfühlsam und bestätigend: „Du siehst hin, Mustafa!“ Und dann folgen quasi als Zusammenfassung die Voten von Serdar und Jasmin. Serdar äußert sich eher allgemein-konstatierend – „keiner“ – und zugleich berührt von der Situation, und Jasmin versetzt sich in die Mutter, kann diese nicht verstehen und folgert daraus allgemein „was sind das für Menschen?" Die Lehrerin nimmt die beiden Zusammenfassungen für die gesamte Klasse auf, lobt, wie die Schülerinnen und Schüler das sehr gut herausgefunden haben und signalisiert damit ihr Einverständnis mit dem von Mustafa vorgeschlagenen Ende dieser Unterrichtssequenz.

Doch die in Jasmins Frage mitschwingende Fassungslosigkeit lässt die Schülerinnen und Schüler so schnell noch nicht los. Steven leitet eine weitere Gesprächsrunde zu dem Thema ein, das jetzt für die Schülerinnen und Schüler wichtig ist: „Vielleicht hat die sich auch versteckt?!" Die Schülerinnen und Schüler verlassen nun die Perspektive der Umwelt von Janine und fragen nach Janines Handeln in der nach der Vergewaltigung eingetretenen ausweglosen Situation. Die Lehrerin nimmt diesen Perspektivenwechsel auf: „Es könnte sein, dass Janine auch irgendwann lieber nicht mehr gesehen werden wollte." Und die Schülerinnen und Schüler sind sofort mittendrin in der Geschichte – und sie sind bei sich selbst, kennen dies auch von sich! Das ist ihr Thema jetzt: allein sein, nicht gesehen werden, keine Freunde haben, sich irgendwann verstecken und so das Fremdbild – Ich werde nicht gesehen – zum Selbstbild zu machen: Ich muss mich verstecken, denn ich bin nicht wert, gesehen zu werden, und wenn ich mich zeige, „kriegte die doch immer Schläge und der Arsch von Stiefvater vergewaltigte sie. Da wollte ich auch lieber verschwinden…" (und dazu die Autorität von Bushido: „…sagt Bushido doch!").[112]

Dem allem lässt die Lehrerin Raum, ohne die vorgesehene Planung der Stunde aus den Augen zu verlieren. Mustafa versucht eine weitere Zusammenfassung: „‚Ich hätte sie gesehen und ich hätte das gemerkt!' – und mehrere stimmen zu. Sie sind überzeugt davon, dass unter ihren Freundinnen und Mitschülerinnen so etwas nicht unbemerkt geschehen könnte." Und die Lehrerin nimmt dies wiederum auf und markiert sehr klar den Fortschritt, den diese Runde zur vorherigen Unterrichtssequenz erbracht hat. Am Ende der ersten Sequenz sagte sie: „Ihr habt das sehr gut herausgefunden, ich glaube auch, dass Janine ein Mädchen war, das niemand wirklich sah." Jetzt ist ihr wichtig: „Wie gut, dass ihr so achtsam seid miteinander": Wie gut, dass ihr einander sehen wollt… Der Zusammenhang von Unterrichtsgegenstand und Schülerinnen und Schülern, ihre Nähe zu Janine ist beim „Sich Verstecken" gleichsam mit Händen zu greifen.

Nun geht die Lehrerin zur Tafel und signalisiert damit: Jetzt beginnt etwas anderes. Sie entfernt sich auch körperlich aus der U-Form-Runde des Gesprächs und zeigt damit ein Stück Distanz – „Wir gehen jetzt heraus aus der Nähe der Kommunikation der beiden ersten Unterrichtssequenzen"... Die drei im Rap begegnenden Personen werden an der Tafel notiert. „Was sind das für Menschen?" – auf diese Frage Jasmins sollen die Schülerinnen und Schüler nun kognitiv und nicht mehr zunächst auf der Beziehungsebene eine Antwort finden. Und sie wollen es wissen, wenden sich „eifrig" dem Text zu und finden in der Textarbeit – viel Zeit stand dafür ja nicht mehr zur Verfügung – sehr viel heraus. Und wieder bleibt der Rap kein lediglich fremder Text, sondern auch auf dieser kognitiv-begrifflichen Ebene formulieren die Schülerinnen und Schüler einen leisen Zusammenhang zu der gesellschaftlichen Situation, die sie kennen: Hartz IV: Es geht nicht lediglich um Janine, es geht immer auch um die Schülerinnen und Schüler selbst ...

Die Gruppenergebnisse werden zusammengetragen, die einzelnen Personen werden so deutlicher, doch das Unverständnis bleibt präsent, wenn Jasmin wiederholt: „Was sind das für Menschen?!" ebenso wie das, was Mustafa dem entgegensetzt: „Und ich hätte es gesehen!!!" Was für eine gelungene Zusammenfassung – dies sind die beiden Pole dieser so reichen Stunde.

Sie bestimmen auch den Beginn der abschließenden dritten Stunde und es entlädt sich zunächst der Zorn über Janines Mutter. Wie gut, dass der Zorn auf die Mutter einfach geäußert werden kann, ohne (!) dass die Lehrerin nach möglichen Gründen für deren Verhalten fragt oder diese verteidigt – das hätte die berechtigten Gefühle der Jugendlichen vielleicht zerstört.

Es folgt die Frage an Mustafa, wie er seinen kategorischen Satz „Ich hätte das gesehen!" denn gemeint hatte. Die Lehrerin wollte ihn verstehen in dem Sinne: ‚Ich hätte Janine geholfen!' Und Mustafa kann seine Position differenzieren ... Wieder teilt er die Menschen ein in Nähere und Fernere, dieses Mal in Freundinnen und Mitschülerinnen – früher waren es die Familie und andere, die Schwester und ein anderes Mädchen, nun die Freundin und die Mitschülerin. Mustafa hat offensichtlich klare Vor-

Vorstellungen, wem er welche Form der Zuwendung oder eben auch keine zukommen lassen möchte. Auch bei gegebener gleicher Hilfsbedürftigkeit differenziert er sein Verhalten – und die Lehrerin verstärkt das mögliche Hilfehandeln positiv.

Mit diesem Lob im Rücken geht es nun an die Aufgabe, einzeln für sich aufzuschreiben, wer Janine wie hätte helfen können und wen Janine selbst hätte um Hilfe ersuchen können. Auch wenn Steven die Antwort „Pastor" und „Nonnen" vorgibt, ist es erstaunlich, dass der Pastor als mögliche Hilfsperson von so vielen Schülerinnen und Schülern, seien sie christlicher, muslimischer oder religionsloser Herkunft, aufgegriffen wird.

Und wie gut die Rückfrage: Wenn so viele helfen könnten, warum sich Janine nicht an den einen oder die andere wendet. Und die Schülerinnen und Schüler, die oft Schwierigkeiten haben, sich empathisch zu verhalten, können sich in Janine versetzen... bis zu Jasmins Einverständnis mit Janine: „Ich würde mich auch nicht trauen." Ist es der Stil von Bushidos Rap, der hier Empathie ermöglicht? Ist es die Ahnung oder das Wissen um den eigenen Lebens- und kulturellen Zusammenhang, die hier Einfühlung frei setzen? Verweigern Schülerinnen und Schüler Empathie, wenn sie „von oben nach unten" gefordert anstatt auf gleicher Ebene erhofft wird? Die Schülerinnen und Schüler wissen um das fehlende Selbstvertrauen und das Problem, „dass keiner Janine glaubt". Pointiert und treffend ist in dieser Situation die bestimmte Zusammenfassung der Lehrerin, dass es immer (!) wichtig ist, dass andere Menschen ihnen glauben, wenn ein Kind oder ein Jugendlicher von eigener Not erzählt – und dies gerade gegenüber Nathalie, die so gerne glauben und vertrauen möchte.[113] So geht es immer auch – gleichsam nebenher – um die Förderung einzelner Schülerinnen und Schüler...

Und wieder Perspektivenwechsel: Von der Perspektive Janines geht es nun wieder in die eigene Rolle als Schüler und Schülerin. Mit der Frage nach den Hilfemöglichkeiten der Schülerinnen und Schüler, ins Spiel gebracht von Muhammet und Alina, schließt dann die Unterrichtssequenz zu „Janine". Die vielen guten Hilfe-Gedanken der Schülerinnen und Schüler werden von der Lehrerin gewürdigt und hinsichtlich der Schülerinnen und Schüler untereinander im Kontext der Schule wird das Stichwort Alinas betont aufgenommen und abschließend an den Rap ‚zurückgebunden': Es wäre darauf angekommen, Janine zu „ermutigen" …

Nehmen wir – unsere Überlegungen zu den beiden Raps beendend – nochmals das Stichwort des „Kulturimperialismus" auf, mit dem wir diese Reflexionen begonnen haben: Zweifellos muss die Schule (nicht nur) für benachteiligte Kinder und Jugendliche die Lebenswelt ihrer Schüler zu ihrem Ausgangs- und Bezugspunkt machen, nicht zuletzt um dem nach wie vor berechtigten Vorwurf des Kulturimperialismus zu entgehen. Doch es stellt sich neben der oben beschriebenen und begründeten Gratwanderung angesichts dieser Musik und ihrer Texte ein weiteres Problem: „Musikhören bedeutet", so beschreibt es C. Caduff,

insbesondere für Jugendliche, eine Welt voller Phantasien, Wunschvorstellungen und Fluchträume, und es bedeutet auch Heimat und Zugehörigkeit. Wenn man sich in der Pubertät und Adoleszenz vor Erwachsenen und besonders vor den Eltern verschließt, dann spielt das Musikhören eine wichtige Rolle, weil es Abgrenzung ermöglicht: Jugendliche hören andere Musik als ihre Eltern, und sie hören sie auch an anderem Ort, nämlich auf dem eigenen Zimmer, und zwar wenn immer möglich ohne akustische Eindämmung.[114]

Wird diese Musik nun zum Gegenstand schulischen Unterrichts, stellt sich zwar nicht das Problem des von Hiller angesprochenen Kulturimperialismus, doch – um im gleichen Sprachkontext zu verbleiben – es stellt sich das Problem der Kolonialisierung der Lebenswelten der Jugendlichen auf eine andere Weise: Wird deren Musik zum Unterrichtsgegenstand, so entfällt ihr Charakter als Eigenwelt der Jugendlichen und es wird zumindest deren Abgrenzungsfunktion gegenüber der Welt der Eltern und Erwachsenen ‚durchlässig' gemacht für schulische Vereinnahmung. Eine weitere Rückzugs- und Abgrenzungsmöglichkeit ist den Jugendlichen damit genommen. Ist dem Kolonialisierungsvorwurf überhaupt zu entgehen? Wir denken, dass dies nur partiell möglich ist. Was uns dazu in jedem Fall nötig erscheint, ist die Erfahrung wechselseitiger Entdeckung und „Belehrung" von Schülerinnen und Schülern und Lehrerinnen und Lehrern: die von Paulo Freire bewusst inszenierte Erfahrung der Lehrer-Schüler und der Schüler-Lehrer, wie sie in manchen Sequenzen des Unterrichts hier geglückt ist.

8.5 Schulalltag

Im ganz normalen Schulalltag, auch wenn er in den Augen derer, die ihn durchleben, oftmals nicht gelingt, sind ethische Themen und Situationen Gegenstand des Lernens und Lehrens.

Heute war ein blöder Vormittag

Nathalie hatte sauschlechte Laune, weil sie Stress mit ihrem Freund hatte. Sie sagte dann irgendwann mit dem Rücken zu mir: „Frau Fritz, du bist doch Vertrauenslehrerin, oder? Was muss ich denn tun, wenn ich zu dir kein Vertrauen habe?" Ich sagte ihr ruhig, dann könne sie sich überlegen, ob sie mit einem anderen Lehrer oder einer anderen Lehrerin sprechen möchte – oder auch mit jemandem außerhalb der Schule. Ich hatte sofort das Gefühl, sie wolle eigentlich sprechen, traue sich aber nicht, ihr cooles Image mir gegenüber zu zerstören. Später dann, nachdem ich sie aus der Förderstunde auf den Flur gesetzt hatte, weil sie sichtlich nichts wollte, kam sie noch einmal zurück nach der Stunde und zeigte mir, dass sie in der Zeit einen Brief an ihren Freund geschrieben hatte. Seufz, es sind so vorsichtige Versuche, über ihre Sorgen zu sprechen – und sie konnte es noch nicht.

Sarah war sehr abweisend und widerwillig heute, fing zwar an im Tagesplan, hörte, dass eine Aufgabe sich auf eine von ihr nicht gemachte Hausaufgabe bezog und eine andere im PC-Raum gemacht werden sollte – und zog sich ganz zurück. Zwei Stunden lang saß sie da und tat nichts. Schwer auszuhalten – für sie und für mich. Später dann richtig pampig und aggressiv. Hm, ich kann sie auch nicht mit allem durchkommen lassen. Als sie früher die Klasse verließ und draußen warten wollte, bin ich zu ihr hin und habe sie wieder reingeschickt. Sie war so biestig, trat gegen die Tür und noch einmal gegen den Türrahmen ... Oh je.

Und nach der Englischstunde bei einer Kollegin erzählte Selda mir, fünf hätten sie geärgert. Mir fiel nichts Zündendes wie bei Mustafa ein, obwohl ich etwas Zeit hatte zum Überlegen, also habe ich es nur angesprochen. Fassungslos zu hören, „jemand" habe, nachdem sie die Fenster geöffnet hatten und es nach Gülle stank, gesagt: „Selda hat den Arsch offen, deswegen." Niemand sagte, er oder sie sei es gewesen. Alle fanden es wohl peinlich im Nachhinein. Aber in der Situation waren zumindest fünf darauf eingestiegen und hatten ihren „Spaß" damit, Selda zu ärgern. Und so ganz klar ist mir nicht, welche Rolle Selda bei all dem spielt.

Am Anfang der Förderstunde, zu der Alina sich gemeldet hatte, und vor der ich Selda und Nathalie sagte, ich wolle sie dabeihaben, maulten beide: „Ich will nicht mit der!" Da hatte ich keine Geduld mehr und habe

gesagt: „Wieso du mit der? Du mit mir und Selda mit mir – und gut is!"
Da war zumindest Ruhe.
Also insgesamt ein zickiger Vormittag ... aufgekratzte Schüler plus etwas
unruhige, unkonzentrierte Lehrerin .... macht Anstrengung und Unzufrie-
denheit...

Auch ein „blöder Vormittag" gibt viel zu erfahren und zu lernen,
wenn er gemeinsam bedacht und auf seine Chancen und Schwierigkeiten hin reflektiert wird. So ist das Folgende ein Versuch,
zur (Selbst)Reflexion „blöder Vormittage" anzuregen, die immer
wieder auch den Schulalltag bestimmen.
    Was für ein Vertrauen zeigt Nathalies Anfrage, wenn sie die
Lehrerin fragt nach ihrer Funktion als Vertrauenslehrerin und
was sie machen solle, wenn sie zu ihr kein Vertrauen habe! Differenziert sie in ihrer Anfrage zwischen Person und Funktion?
Das wäre eine spannende Beobachtung, doch wir wissen es
nicht. Jedenfalls ist es eine mutige Frage und eine, die einen
Vorschuss an Vertrauen impliziert, weil Nathalie sicher spürt
oder weiß, wie wichtig der Lehrerin Vertrauen und ihre Arbeit
als Vertrauenslehrerin ist. Und die Lehrerin hat nicht beleidigt
oder verletzt, sondern sachlich reagiert und damit die Anfrage
auf einer eher unpersönlichen und formellen Ebene beantwortet.
Nathalie sollte es leicht gemacht werden, auf dieser Ebene weiter
zu kommunizieren, denn die Lehrerin spürt, dass Nathalie reden
will. Und dann heißt es in dem Bericht: „Sie traut sich aber nicht,
ihr cooles Image mir gegenüber zu zerstören." Ein Stück weit ist
sie ja schon aus sich heraus gegangen, hat sich geöffnet, einen
Türspalt weit Raum gegeben, in ihr gewolltes cooles Selbstbild
einzutreten und mitzuschauen, was da noch sein könnte. Und
dann zeigt Nathalie der Lehrerin den Brief an ihren Freund. So
viel Vertrauen wird da deutlich, auch wenn sie jetzt noch nicht
sprechen wollte oder konnte. Vielleicht kann die Lehrerin am
nächsten Tag, oder wenn es sich ergibt, in den Türspalt treten,
sich über das Vertrauen freuen, nicht lauthals, ganz zurückhaltend und zart, und vielleicht hilft es Nathalie, sich weiter zu
öffnen ... Einen ersten Schritt dazu hat die Schülerin getan.
    Was war Sarahs Widerwille? Am Tag zuvor hatte die Lehre-
rin berichtet, wie sie sich gefreut hat über die Mitarbeit von
Sarah im Unterricht. War sie heute von sich selbst enttäuscht,
weil sie ihre Hausaufgabe nicht gemacht hatte? Das entschuldigt

ihr Verhalten nicht. Aber vielleicht liegt das „darunter" – und mit Enttäuschung über sich selbst lässt sich nicht lernen – und dann sitzt sie da: Zwei Stunden, schwer auszuhalten für sie und die Lehrerin... Es zeigt, wie wichtig Gefühle sind für das eigene Lernen wie für das Unterrichten und das Annehmen von Unterricht. Die emotionale Seite von Schule und Unterricht wird ja in aller Regel viel zu wenig wahrgenommen. Und dann gibt Sarah ihrer Wut Ausdruck durch die Tritte ... Erst einmal: Wie gut, dass Sarah wütend sein kann – auch wenn die Form des Ausdruckes ihres Gefühls „natürlich" nicht einfach hinnehmbar ist. Doch worauf ist ihre Wut gerichtet? Auf die Lehrerin, auf sich selbst, auf beide, auf die Situation? Wir wissen es nicht und werden es wahrscheinlich auch nie erfahren. Wichtig erscheint uns, diese Gefühle wahrzunehmen und sie nach Möglichkeit in das Gespräch mit den Schülerinnen und Schülern, in den Schulalltag und in den Unterricht zu integrieren. Sie sind entscheidend für die Möglichkeit zu lernen, wie dafür, sich in der Schule überhaupt zu verhalten. Schule bedeutet auch, Gefühle wahrzunehmen, sie zu lernen und den Umgang mit ihnen pflegen zu können – für Schülerinnen und Schüler wie für Lehrerinnen und Lehrer.

Es ist nicht zu erwarten und es muss Lehrerinnen und Lehrern auch nicht täglich so eine „geniale" Reaktion einfallen wie in der Situation mit Mustafa – auch dann nicht, wenn Zeit zum Überlegen da ist. Durch das Ansprechen der Situation in der Englischstunde fanden es „alle peinlich im Nachhinein". Was daraus wird, ist so wenig deutlich wie in der Situation mit Mustafa, die ja bewusst auch ihren ‚offenen Ausgang' hatte. Wichtig erscheint uns, dass die Situation nicht einfach im Raum stehen blieb. Das ist bedeutsam für die fünf Schüler, die in der Situation darauf eingestiegen sind und ihren „Spaß" hatten – ihr Verhalten wird nicht hingenommen und die Lehrerin ließ die Schülerinnen und Schüler ihre Fassungslosigkeit spüren. Das Ansprechen ist auch wichtig für Selda, die die Erschütterung der Lehrerin spüren kann und Solidarität oder das Mitfühlen mit ihr erfährt. Seldas möglicher Anteil an diesem Geschehen kann später geklärt werden. Wichtig war jetzt das, was allen Beteiligten in dieser Situation möglich war.

Die ungeduldige Reaktion zu Beginn der Förderstunde emp-
fanden wir im Nachhinein als gut. Da war die Lehrerin mit ihrer
Rolle, jetzt Förderunterricht halten zu wollen, und mit ihren
Gefühlen, jetzt reicht es und jetzt ist Unterricht, ganz da. Sind
der Lehrer und die Lehrerin, wie Rogers schreibt, die „Organisa-
toren des Augenblicks",[115] dann hat die Lehrerin genau dem
entsprochen: Der Augenblick wurde geöffnet hin zu dem, was
nun dran war: Förderunterricht. An anderer Stelle beschreibt
Rogers als eine von drei Eigenschaften, die Lernen fördern, das
„Real-sein" des Lehrers und der Lehrerin. Er meint damit: „Die
vielleicht grundlegendste dieser wesentlichen Einstellungen, die
Lernen fördern, ist das Real-Sein oder die Ursprünglichkeit.
Wenn der Lehrer real ist, wenn er der ist, der er ist, wenn er,
ohne eine Fassade oder Mauer um sich aufzubauen, in Beziehung zum Lernenden tritt, dann ist die Wahrscheinlichkeit viel
größer, dass er wirkungsvoll arbeiten kann. Anders ausgedrückt
bedeutet es, dass die Gefühle, die er an sich selbst erfährt, für ihn
verfügbar, seinem Bewusstsein zugänglich sind; es heißt, dass er
fähig ist, diese Gefühle zu leben, sie zu sein und gegebenenfalls
zu vermitteln. Es bedeutet, dass er in eine direkte, persönliche
Begegnung mit dem Lernenden kommt."[116] Ohne das Gemaule
von Nathalie und Selda zu bewerten, machte die Lehrerin klar:
Nathalie lernt mit mir und Selda lernt mit mir genauso wie Alina
mit mir lernt – „und gut is!" Ja, gut ist es. Und dass wir unser
Verhalten, wenn wir es selbst nicht als optimal einschätzen, dann
oft noch zusätzlich klein machen „Da war zumindest Ruhe", das
ist nicht nötig. Es war ja „nur" die Organisation des ersten Augenblicks der Förderstunde...

Störungen stören wirklich

Mittwoch: Witzig in der Schule war eine spontane Idee von mir als paradoxe Reaktion auf permanentes Gequatsche der Schülerinnen und Schüler und anschließende Entschuldigung, zwei Minuten Ruhe, wieder Gequatsche. Ich war total genervt vom ewigen sinnlosen Ermahnen. In
Deutsch dann, als sie einen Text vorlesen sollten – eigentlich eine Zeit,
wo es dann wirklich ruhig in der Klasse ist –, bat ich Muhammet zu lesen
und unterbrach ihn ständig, fragte Selda nach ihrem neuen Parfüm, Angelina nach ihrem kleinen Bruder, lachte mit Alina, kicherte mit Nathalie
über ihre gemalten Herzchen, fragte Chris nach Chrisa, Mustafa sollte
mir vom Fußball erzählen ... und forderte Muhammet zwischendurch

auf, in Ruhe weiter zu lesen, von vorn zu beginnen, ruhig zu bleiben ... und Muhammet wurde immer saurer, schimpfte mit mir, wurde lauter, fing wieder neu an, wieder Unterbrechung ... die anderen Schüler platt ... bis Alex sagte: „Ey, die will dich verarschen!" ... Es gab dann eine Art Spiel, was passiert, wenn einer ständig gestört wird beim Lesen, wie ändern sich die eigenen Gefühle – und sogar Mustafa sagte nach seinem gestörten Lesen, es sei total nervig, er sei sauer geworden, obwohl er doch gewusst habe, dass es Spaß ist ... Oh je, vielleicht erinnern sie sich demnächst ein bisschen daran, wenn sie mich oder andere permanent unterbrechen ...

Freitag: Schule war schön, die Kids ausgeglichen, Muhammet sagte plötzlich in der 4. Stunde, als er zusammen mit Mustafa in Kunst Kirchenfenster in Form von Mandalas bunt malte (in Anlehnung ans Thema Städte und Kirchen im Mittelalter): „Fällt Ihnen was auf, Frau Fritz?" Ich sah ihn an, rätselte herum, einige Schüler vermuteten: „Es ist so ruhig hier heute." Und er sagte: „Wir sind heute alle so freundlich zueinander." – Es stimmte. Und es machte mich froh, die Schüler offensichtlich auch. So schön, dass es Muhammet aufgefallen war und er es sagen konnte.
Montag: Heute übrigens waren die Schüler „unmöglich" – so ist das mit den Wirkungen ...

Was geschieht in dieser Situation der Störung, welche Schritte geht die Lehrerin und was gibt es dabei ethisch zu lernen?
Erstens wird die Situation wahrgenommen: Die Störungen werden nicht übergangen, die Schülerinnen und Schüler werden gesehen. Die Lehrerin durchbricht den Kreislauf von Ermahnung – Entschuldigung – kurzfristiger Ruhe und reagiert unerwartet: Die erwartbare Reaktion wäre gewesen, die Schülerinnen und Schüler zu ermahnen, wie sie es wahrscheinlich schon tausend Mal – und offensichtlich völlig folgenlos – erlebt haben. Sie hatte es ja auch versucht und dies nervt die Lehrerin: Die Störungen gehen weiter und sie sieht die Erfolglosigkeit ihrer Bemühungen. Dann kam die Idee und die Folge davon war: Die Lehrerin war nicht mehr genervt, sie wurde locker und fand es witzig. Sie wusste, es wird ruhig in der Klasse, wenn vorgelesen wird, und so bat sie Muhammet, dies zu tun. Und nun stört sie und – Muhammet ist genervt. Er macht die Erfahrung und mit ihm die Mitschülerinnen und -schüler, wie Störungen wirken. Alex durchschaut die Situation und löst sie auf. Und nun wird nicht einfach weitergemacht: In einem Spiel können andere die

gleiche Erfahrung machen. Und sie spielen – ernst: Mustafa war sauer und genervt, obwohl er wusste, es war doch „nur" ein Spiel. Zwei Tage später war es Muhammet, der wahrnahm und sagen konnte, wie ruhig und freundlich es war. Die Schüler machten gemeinsam mit der Lehrerin eine froh machende, andere Unterrichtserfahrung. Am Montag waren die Schülerinnen und Schüler dann wieder „unmöglich".

Alles umsonst? Wir denken: Nein. Die Schülerinnen und Schüler haben im Zusammenhang einer „unethischen Situation" einige für Ethik-Lernen wichtige Erfahrungen gemacht:

1. Es gibt auch in nervigen und anstrengenden Situationen Handlungsalternativen.
2. Diese lassen sich spielerisch erproben.
3. Muhammet, der die Situation im Ernst erlebte, kann zwei Tage später Verhaltensänderungen wahrnehmen und verbalisieren.
4. Durch ihr Verhalten macht die Lehrerin sich kritisierbar, wenn ihr irgendwann einmal wieder nichts anderes einfällt als ewig sinnlose Ermahnungen.

Es sind dies keine großen Momente: „Jetzt haben die Schüler und Schülerinnen Ethik verstanden." Nein, es sind kleine Schritte und vielleicht oft oder fast nie längerfristig andauernde und kaum spürbare Veränderungen, die gleichwohl wahrgenommen werden wollen – sie können wachsen. Und worauf könnte man sonst beim „Ethik lernen und lehren" vertrauen wollen.

Zutrauen ins „Schule spielen"

Schule – ein ,Kinder-Spiel'? Beeindruckend war die Erzählung einer Förderschullehrerin, die uns einmal von ihrem Schulalltag berichtete und dabei sagte: „Ja, ich spiele Schule – wie als Kind mit meinen Geschwistern." Kann das gehen, Schule zu spielen? Es hängt wohl davon ab, wie wir Spiel(en) verstehen.[117] Spielen hat ja mit Bildung zu tun, was in der griechischen Sprache sich bis in den Wortklang hinein an dem engen Zusammenhang von paidia (Spiel), paideia (Bildung) und pais (Kind) zeigt.

Jedes Spiel hat seine (vereinbarten) Regeln, und wer sich nicht an seine Ordnung hält, ist ein Spielverderber. So gehört es zum Spielen auch, sich regelgerecht zu verhalten, fair zu spielen. Das Spiel unterbricht mit seinen Regeln den Alltag und schafft sich seine eigene Ordnung. In ihr wird es möglich, die Grenzen des Gewohnten zu überschreiten und so Freiheit zu gewinnen.

Dazu gehört, dass den Mitspielern und Mitspielerinnen zuge-traut wird, das Spiel zu spielen – mit all' jenem Ernst, in dem Kinder spielen können. Solches Zutrauen betrifft den gesamten Schulalltag: „Was junge Menschen vor allem brauchen, ist ,Zu-trauen'. Es schließt ein: Zuwendung – Vertrauen – Forderung – Herausforderung. Aus ihnen allen spricht Achtung vor dem Menschen. Überzeugung von seinem Wert und seiner Würde. Sie ist Voraussetzung für seine Selbstachtung. Wo es an dieser fehlt, ist Erziehung machtlos. Wo sie besteht, kann Erziehung etwas bewirken. Sie kann freilich Erfolg nicht garantieren; ihr Aus-gang ist offen. ... Wie wäre sonst ,Zutrauen' überhaupt mög-lich?"[118]

Schule zu spielen impliziert Vertrauen zu und Zutrauen in die Mitspieler und Mitspielerinnen. Das Spiel kennt ja nichts ande-res als Mitspielende. Das Spiel macht sie dazu und ihnen allen ist das Spiel zuzutrauen – den Schülerinnen und Schülern wie den Lehrerinnen und Lehrern. Wer sagt: „Es ist ja bloß ein Spiel", der ist bereits ausgestiegen: Wer bloß spielt, spielt nicht wirklich, lässt seinen Alltag nicht wirklich aus dem Spiel und vom Spiel unterbrechen. Wer sagt „Es ist ja bloß Schule" (und eben nicht das wirkliche Leben), auch der ist bereits ausgestiegen. Auch so kann die alltägliche Schule den sonstigen Alltag der Kinder und Jugendlichen nicht unterbrechen.

Was ganz und gar Spiel ist, ist ja nicht weniger wirklich als die Wirklichkeit drum herum. So ist zum einen zu betonen: Die Mitspielerinnen und Mitspieler spielen das Spiel. Spielen ist ein soziales und kommunikatives Geschehen.

Doch zugleich gilt: Das Spiel spielt die Mitspieler, lässt sie spielen. Nicht nur den Mitspielenden gegenüber bedarf es also des Zutrauens, sondern ebenso dem Spiel selbst als Subjekt des Geschehens gegenüber, das jetzt gespielt wird, denn letztendlich „spielt das Spiel uns".[119] Es steckt die Mitspielenden an mit seiner besonderen Wirklichkeit, denn für sein Gelingen ist entscheidend, dass die Mitspieler und Mitspielerinnen sich vorbehaltlos einlassen auf das Spiel. Beobachten lässt sich dies besonders gut in der Selbstvergessenheit spielender Kinder, die in der Hingabe an das Spiel ganz bei sich selbst sind. Maria Montessori hat davon erzählt, daraus den Begriff der „Polarisation der Aufmerksamkeit" abgeleitet und wesentliche pädagogische Folgerungen für die Arbeit in der Schule gezogen.

Wer sich aufs Spiel(en) einlässt, gibt sich aus der Hand und wird frei für das, was das Spiel bringt. Wer spielt, lässt sich bewegen, lässt sich spielerisch mitnehmen auf einen Weg. Im Spielen werden Selbstvergessenheit möglich wie die Erfahrung: „Hiersein ist herrlich" (R. M. Rilke), die beide anstiften zum Loben des Lebens. Unsere Sprache gibt darüber Auskunft: Wir sprechen vom Spiel des Lichts, vom Spiel der Farben, vom Spiel der Wellen... und meinen das Hin und Her der Bewegungen, die das Spiel ausmacht. Ethik und Ästhetik, Absichtsvolles und Zweckfreies, Güte und Schönheit gehören auch hier zusammen. Darin hat Spielen auch heilende Wirkung und es entfaltet diese mit Anstrengung zwar, doch ohne Strenge. So ist Spiel immer auch Utopie.

Auch wenn „Hiersein ist herrlich" für die Schule – für Lehrerinnen und Lehrer wie Schülerinnen und Schüler sicherlich nur bedingt gilt, eröffnet das Verständnis schulischer Arbeit als Spiel auch an diesem besonderen Ort Spiel- und Erprobungsräume einer anderen möglichen Wirklichkeit. Nicht das ganze Leben ist Spiel, doch in dem den Alltag des Lebens immer wieder unterbrechenden Spiel wird Freiheit erfahrbar, Freiheit zu anderen Lern- wie Lebensmöglichkeiten, die das Spiel den Mitspielenden und die Mitspieler und Mitspielerinnen einander zutrauen. Wir erspielen uns Möglichkeiten des Lebens im Spiel. Zutrauen ist wie Spielen ein ergebnisoffener Vorsprung, den „wir" einander gewähren, damit Leben gelingen kann.

Verstehen Lehrerinnen und Lehrer ihren schulischen Alltag in dem beschriebenen Sinne als Spiel, dann suchen sie eine Utopie vorwegzunehmen und zu realisieren, die ihren Wert in sich selber hat, auch dann, wenn für die Schülerinnen und Schüler das Spiel ihrer Lehrerinnen und Lehrer „nur" Alltag ist. Wenn das Spiel nämlich gelingt, werden sie hineingenommen in die Leichtigkeit möglichen Lernens und Lebens.

9 „Da dachte ich spontan an meine Klasse".

Ethik lernen und lehren III

Wir möchten in diesem Abschnitt drei Fragen beantworten:
- Wie lernen die Schüler und Schülerinnen?
- Was lernen die Schüler und Schülerinnen?
- Was ergibt sich daraus für das Ethik-Lehren?

Die Fragen und Aufgabenstellungen signalisieren zumindest drei Entscheidungen, die wir offenlegen wollen:
- Wir gehen von einer untrennbaren Verknüpfung von im engeren Sinne methodischen und didaktischen Fragen und Antworten aus, legen im Folgenden also einen eher weiten Begriff von Didaktik zu Grunde: Gestaltung und Inhalt sind untrennbar. In der ethisch verantworteten Gestaltung von Unterricht und Schule – und in seiner zugleich immer ethischen und unethischen Praxis – werden ethische Inhalte unmittelbar sichtbar und deutlich und prägen die Schülerinnen und Schüler wahrscheinlich mehr als reine Inhalte selbst (wenn es denn so etwas überhaupt gibt).
- Die Darstellung des „Wie" hat Priorität vor derjenigen des „Was". Weil wir der Gestaltung von Unterricht und Schule ein leichtes ‚Prae' gegenüber den Inhalten einräumen und aus Gründen der Lesbarkeit des Buches beginnen wir mit Überlegungen dazu, wie (!) die Schülerinnen und Schüler lernen.
- Fragen des Lehrens und zur Rolle von Lehrerinnen und Lehrern beim Ethik-Lehren sind sinnvoll nur in enger Verzahnung mit praktischem Lernen von Schülerinnen und Schülern zu beantworten. Wenn es „wenig Subjektiveres" gibt als minima paedagogica des Lehrens und der Lehrerinnenrolle[120] und wenn zugleich die banal klingende Antwort von Hartmut v. Hentig auf die Frage, wie der Lehrer sein solle, lautet: „Wie er ist, nicht anders",[121] dann kann die Frage sinnvoll nur im Kontext von Unterrichtspraxis gestellt werden.[122] Damit entrinnt

man der Subjektivität nicht, vermag sie aber vielleicht einzudämmen.

9.1 Wie lernen die Schüler und Schülerinnen?

Die Schülerinnen und Schüler lernen in Beziehungen. Sie sind konstitutiv für ihr Lernen und tragen dieses. Ihnen werden Lernprozesse zugetraut: Sie werden nicht belehrt, sie dürfen lernen. Und sie lernen ausgehend von dem, was Schule und Alltag an ethischen Themen generieren.

Als ich dieses Gedicht zum ersten Mal las, dachte ich spontan an meine Klasse. ... In einer folgenden Stunde bringt die Lehrerin einen Text mit, in dem sie – wie die Schülerinnen und Schüler zuvor – ihre Freuden aufgeschrieben hat. Nicht allein die Schülerinnen und Schüler, auch die Lehrerin äußert die Gründe ihrer Freude.

Diese Sätze bilden den Rahmen eines Deutsch-Unterrichtes zum ethischen Lernen. Das Thema „ergibt sich" aus der Beziehung der Lehrerin zu ihrer Klasse und diese Beziehung hält sich durch bis zum Ende dieses Unterrichtsprojektes: Nicht allein die Schülerinnen und Schüler sind gefragt, ihre Freude zu äußern, auch die Lehrerin unterzieht sich dieser Aufgabe.

In der Arbeitsgemeinschaft Theater nehme ich manchmal das auf, was gerade bei den Schülerinnen und Schülern dran ist oder was gerade passiert ist, und versuche, etwas daraus zu machen. ... Ich habe dann am Schluss noch mal eine Runde gemacht, in der ich zu jedem und jeder und zu jeder Idee ganz viel Lob gesagt habe. Das tut ihnen so gut! Und mir auch.

Wer in Beziehung lebt zu seinen Schülerinnen und Schülern, nimmt wahr, was bei diesen gerade dran ist und achtet es (oftmals höher als den eigenen Unterrichtsplan). Den Schülerinnen und Schülern wird zugetraut innerhalb dieser Lehrerin-Schüler-Beziehung eigenständig zu lernen – und sie tun es. „Ganz viel Lob" ist die Folge, was allen Beteiligten gut tut – und die Beziehungsebene durchhält und stärkt.

Mustafa: „Das haben Sie jetzt alles wegen mir gemacht?!" Mustafa spürt die Wertschätzung seiner Lehrerin selbst in dieser

174

schwierigen Situation, die die Tragfähigkeit auch einer guten Beziehung ohne Frage strapaziert.

Nathalie sagt mit dem Rücken zu ihrer Lehrerin: „Frau Fritz, du bist doch Vertrauenslehrerin, oder? Was muss ich denn tun, wenn ich zu dir kein Vertrauen habe?" Welch ein Vertrauen hat diese Schülerin, wenn sie ohne Blickkontakt aufzunehmen – das Mindeste in einer Beziehung, der Lehrerin gegenüber sagt, sie vertraue ihr nicht... Und damit signalisiert, dass sie so gern Vertrauen zu ihr erlernen möchte.

Im Zusammenhang des Unterrichts zu der Dilemmageschichte und zu den Texten der beiden Raps, also zu semi-realen Geschichten, die nicht mehr unmittelbar, sondern nun in Konstruktionen mögliche Alltagserfahrungen der Schülerinnen und Schüler aufgreifen, wird auch die Beziehungsebene in anderer – quasi ebenfalls semi-realer (oder reflexiver) Weise – bedeutsam: Die Stunden zeigen, „wie ,anders' die Schüler denken und wie viel sie im Blick hatten". Auch wurde deutlich, wie gut sich die Schülerinnen und Schüler in die Situation der Dilemma-Geschichte ebenso wie der Geschichten von „Mini-Me" und „Janine" und einzelne ihrer Elemente hineinversetzen können. Wiederum steht die Wertschätzung der Schülerinnen und Schüler seitens der Lehrerin im Vordergrund. Die wechselseitige Beziehung ermöglicht es, in die fremden semi-realen Geschichten Erfahrungen des eigenen Lebens einzubringen. Diese bleiben so kein fremder Unterrichtsstoff, mit dem sich Schülerinnen und Schüler im Ethik-Unterricht zu beschäftigen haben, sondern die gewachsene Beziehung ermöglicht es, auch diese Lern-Geschichten gleichsam mit der Lebenswirklichkeit der Schülerinnen und Schüler anzufüllen und ihnen so einen Realitätsgehalt zu geben, der das Konstrukt in die eigene Lebens- und Lerngeschichte integrierbar werden und eigenständige Deutungsperspektiven entwickeln lässt.

Es ist diese entscheidende, immer wieder deutlich werdende Beziehung zwischen den am Unterricht Beteiligten, die es der Lehrerin auch ermöglicht, weitestgehend auf Belehrung zu verzichten und die Schülerinnen und Schüler lernen zu lassen. Solches Zutrauen entsteht einzig aus Beziehungen, deren Wahrnehmungen und ihrer bewussten Gestaltung. Ein idealtypischer Grundsatz konstruktivistischer Didaktik lautet:

Jeder Sinn, den ich selbst für mich einsehe, jede Regel, die ich aus Einsicht selbst aufgestellt habe, treibt mich mehr an, überzeugt mich stärker und motiviert mich höher, als von außen gesetzter Sinn, den ich nicht oder kaum durchschaue und der nur durch Autorität oder Nicht-Hinterfragen oder äußerlich bleibende Belohnungssysteme gesetzt ist.[123]

So erscheint uns der aus dem Zutrauen in die Kompetenz und die Ressourcen der Schülerinnen und Schüler resultierende und sich in den Unterrichtsbeispielen zeigende weitgehende Verzicht auf Belehrung eine zentrale Voraussetzung des Ethik-Lernens.

Schließlich zeigen alle Unterrichtsbeispiele, dass ihre Themen nicht von außen in den Unterricht hineingetragen werden, sondern im Beziehungsgeschehen von Schule und Unterricht selbst präsent sind. Das, was geschieht und die Schülerinnen und Schüler bewegt, wird aufgegriffen. Daraus entstehen die „generativen Themen" des Ethik-Lernens.

Verknüpfen wir nun diese schwerpunktmäßig methodischen und ansatzweise reflektierten Beobachtungen in wenigen Thesen mit der theoretischen Diskussion. Wir tun dies aus zwei Gründen: zum einen, um die Anschlussfähigkeit der Unterrichtsbeispiele an die wissenschaftliche Debatte und deren Praxisrelevanz aufzuweisen und zum anderen, um Leserinnen und Lesern eigenständige Theoriearbeit zu ermöglichen. Wir nutzen hierzu Theorieelemente konstruktivistischer und beziehungsorientierter Didaktik,[124] verknüpft mit Konzepten systemischer Psychologie[125] und den wenigen bisher vorliegenden Konstrukten der Hirnforschung.[126] Innerhalb dieses theoretischen Rahmens finden Paulo Freires Überlegungen zu generativen Themen und generativem Lernen ihren angemessenen und begründeten Raum.[127]

„Beziehungen im Lernen sind die entscheidende Lernumgebung, damit Lernen in der einen oder anderen Weise stattfinden kann."[128] Dabei sind Beziehungen „einfach da": Sie entstehen, ergeben, ereignen sich; man kann sie nicht lernen. Lernbar sind aber zwischenmenschliche Verhaltensweisen, also das Lernen in Beziehungen. Dabei gilt: „Je kongruenter und dialogischer Beziehungen gestaltet werden, je mehr kommunikative Kompetenzen aktiv entwickelt und geleistet werden, desto wahrscheinlicher ist auch eine gelungene Inhaltsvermittlung."[129] Diese konstitutive Bedeutung von Beziehung, in der didaktischen Debatte weitgehend ebenso ausgeblendet wie deren ethische Implikationen, hat R. Miller veranlasst, im Anschluss an C. R. Rogers u. a. eine dezidierte Beziehungsdidaktik zu veröffentlichen, in der er definiert:

Eine Beziehungsdidaktik befasst sich mit der bewussten und systematischen Wahrnehmung, Beobachtung und Reflexion von Verhaltensweisen von Personen innerhalb zwischenmenschlicher Beziehungen (Mikroebene), mit der Klärung von Haltungen und Einstellungen, mit der Vermittlung beziehungsrelevanter Inhalte, mit der Erörterung ethischer Fragen und mit Lernen in adäquaten ‚Übungsfeldern' (Modellen) des Beziehungslernens im gesamtgesellschaftlichen Zusammenhang (Makroebene). Sie beinhaltet das ‚Beziehungslernen' und ‚-lehren' der Lehrerinnen/Lehrer und der Schülerinnen/Schüler. Ziel einer Beziehungsdidaktik ist es, die Einzelnen in ihrem Selbst zu stärken, die Beziehungen untereinander entwicklungsfördernd, belastungsarm, stressreduziert und sozialverträglich (= gewaltfrei) zu gestalten und zu demokratischen und humanen Einstellungen und Verhaltensweisen zu führen.[130]

Diese Begriffsbestimmung verdeutlicht in unserem Zusammenhang vier entscheidende Gesichtspunkte:

1. Ethik-Lernen gehört auf der Theorie- wie auf der Praxisebene konstitutiv zu jeder Didaktik, ist also nicht auf ein Fach reduzierbar.[131] Dabei kann „Ethik" wie „Lernen" nicht erzeugt, sondern nur ermöglicht werden.[132] Es kommt darauf an, Schüler und Schülerinnen zu ermutigen, ihre „Ressourcen zur Erweiterung ihrer Handlungsspielräume und damit zur möglichen Lösung ethischer Probleme zu nutzen."[133] Ist Ethik freilich ein in dieser Weise durchgängiges Thema, dann haben auch alle didaktischen Entwürfe, sofern sie ihre ethischen Perspektiven nicht diskutieren, ihre impliziten Ethiken offenzulegen, was längst nicht selbstverständlich ist,[134] in den von uns herangezogenen konstruktivistischen,[135] systemischen[136] und befreiungspädagogischen[137] Ansätzen freilich notwendiger Bestandteil der Theoriebildung.

2. Lernen ist angemessen nur systemisch zu erfassen und zu beschreiben: Weil alles Gelernte immer in einem Beziehungsgeflecht von jemandem gelernt wird, „haben wir es immer mit Sichtweisen und nie mit Fakten zu tun".[138] Diese Unterschiede der Sichtweisen lassen Offenheit und Neugier auf jeweils andere Interpretationen zu und ermöglichen so gemeinsames

Weiterlernen – gerade für Ethik-Lernen ist dies von zentraler Bedeutung: Es geht nicht um „richtig" oder „falsch", darum beispielsweise, wer lügt oder recht hat. Objektiv ist dies ohnehin nicht festzustellen, auch wenn viele in Schule wie Gesellschaft so tun, als sei dies möglich, doch: „Die Berufung auf Objektivität ist die Verweigerung der Verantwortung – daher auch ihre Beliebtheit."[139] Es geht vielmehr darum, Verantwortung dafür zu übernehmen, dass aus den unterschiedlichen biografisch geprägten Sichtweisen, die allesamt hypothetisch-verflüssigend und nicht diagnostisch-festschreibend wahrgenommen werden, ein gemeinsamer Lernprozess wachsen kann: „Auch in diesem Zusammenhang setzen wir darauf, dass Dekonstruktion und Neukonstruktion unsere Handlungsmöglichkeiten in jetzigen Kontexten konstruktiv erweitern."[140]

3. Ist Beziehungsdidaktik schon ein großer Teil konstruktivistischen didaktischen Denkens, so zeichnet sich dieses weiterhin dadurch aus, dass es darum weiß, dass „individuelles Lernen immer singuläres Lernen ist, wenn das einzelne Subjekt sich selbst beobachtet oder von Fremdbeobachtern in seiner Einmaligkeit und Besonderheit respektiert wird. ... Das individuelle Lernen zu respektieren setzt eine insgesamt neue bzw. andere (ungewohnte) Perspektive auf das Lernen voraus. Zunächst muss der individuelle Weg mit allen Eigenarten und Be- oder Verfremdlichkeiten wertgeschätzt werden. Es müssen nicht alle Lerner auf den gleichen Wegen zum Ziel gelangen."[141] Heterogenität wird ernst genommen und nicht durch Zwangsvorstellungen homogener Klassen oder Leistungsstufen ersetzt.[142] Darin liegt die Chance, Offenes, Kontingentes, „Halbheiten" schätzen zu lernen und daran genug zu haben. Es liegt freilich auch eine Begrenzung in der Akzeptanz von Heterogenität, die Reich so formuliert: „Schaffe den anderen nicht nach deinem Bild, hoffe und vertraue auf Unterschiedlichkeit, Andersartigkeit, Spannung und Lebendigkeit, vermeide Stereotypien, Gleichmacherei, versuche nicht, die Vorstellungen des anderen zu kontrollieren und akzeptiere seine Freiheit; aber setze auch Grenzen zu deiner Freiheit, wenn du anderer Auffassung bist, damit ihr über unterschiedliche Vorstellungen streiten und euch entwickeln könnt."[143] Freilich

liegt in solcher Begrenzung auch eine prinzipielle Grenze jeglicher Didaktik: Immer sind andere „anders als wir"![144]

4. Diese Andersartigkeit achtet Paulo Freire in seiner Befreiungspädagogik, wenn er die Themen des Lernens nicht vorgibt, sondern darauf vertraut, dass die Menschen, mit denen er lernt, etwas mitbringen; er selbst wird damit zum Lehrer-Schüler seine Schüler zu Schüler-Lehrern. Seine Liebe zu den Menschen, sein Vertrauen in ihre Fähigkeiten, die von ihm praktizierte Kultur der Zuneigung und der Freundschaft lassen ihn die Erfahrungen, die die Menschen mit sich tragen, aufnehmen; im Lernprozess können sie so ihre „generativen Themen" finden: „Wer nach dem generativen Thema sucht, fragt nach dem Denken des Menschen über die Wirklichkeit und nach seinem Handeln in der Wirklichkeit. ... Ich habe diese Themen ‚generativ' genannt, weil sie die Möglichkeit enthalten, in viele mögliche Themen weiter entfaltet zu werden, die ihrerseits nach der Durchführung neuer Aufgaben verlangen."[145] So „eröffnet die Untersuchung dessen, was ich als ‚thematisches Universum' des Volkes bezeichnet habe – der Komplex seiner ‚generativen Themen –, den Dialog der Bildung als Praxis der Freiheit."[146] Lerninhalte sind also gerade – und dies erscheint uns besonders für Ethik-Lernen entscheidend – keine vorgegebenen Themen oder Dinge, kein zu vermittelnder Werte-Kanon. Vielmehr fallen die ethisch zu behandelnden Themen und Probleme Lehrerinnen und Lehrern wie Schülerinnen und Schülern zu, wenn erstere aufnehmen, „was gerade bei den Schülerinnen und Schülern dran ist oder was gerade passiert ist, und versuche(n), etwas daraus zu machen".

Diesen Abschnitt abschließend sei wenigstens kurz auf wichtige Parallelen zur Neurobiologie und Gehirnforschung verwiesen. Dabei verstehen wir die neurowissenschaftlichen Modelle als Reflexionshintergrund. Bereits heute von einer Neurodidaktik zu sprechen erscheint uns – vorsichtig formuliert – verfrüht, prinzipiell gesprochen ein naturalistischer Fehlschluss Hilfe und Eindeutigkeit suchender Didaktiker.[147] Parallelen finden sich

– in der Bedeutung von Beziehungen und Emotionen für gelingendes Lernen,

– im Verständnis des Lernens als höchst eigenwillige, individuelle Konstruktionsprozesse,
– in der Wichtigkeit von Erfahrungen, die Kinder und Jugendliche im Zusammenleben mit anderen machen, für das eigene Lernen.

In besonderer Weise anschlussfähig an neurowissenschaftliche Modelle scheinen gegenwärtig neben reformpädagogischen Konzepten die von uns zur methodisch-didaktischen Reflexion der Unterrichtsbeispiele herangezogenen Theorien zu sein. Normatives Wissen für Praktiker wird freilich von neurowissenschaftlicher Forschung nicht bereitgestellt. Dies zeigt nicht zuletzt das Fazit, das einer der führenden Neurobiologen Deutschlands, Gerald Hüther, am Ende eines Vortrages zum Thema „Wie lernen Kinder – Voraussetzungen für gelingende Bildungsprozesse aus neurobiologischer Sicht" zog, wenn er die „entscheidende Frage an Eltern und alle professionellen Erzieherinnen und Erzieher" so formulierte: „Sind wir die, bei denen man lieben, streiten, arbeiten, genießen, denken, fühlen, singen und Vertrauen zu sich und zu einer lebenswerten Zukunft lernen kann?"[148] – das klingt kaum anders als bei Pestalozzi, Montessori, Freinet oder Korczak...

9.2 Was lernen die Schüler und Schülerinnen?

Es geht hier nicht in erster Linie um eine thematische Aufzählung der Lerninhalte, sondern vor allem darum, zu zeigen, in welchen Dimensionen Schülerinnen und Schüler in den vorgestellten Unterrichtsbeispielen bzw. generell in einem methodisch vergleichbar gestalteten Unterricht Ethik lernen. Dabei wissen wir um scheiternden und gelingenden Unterricht und ziehen aus den Beispielen und ihrer Reflexion gleichsam idealtypische Konsequenzen und Möglichkeiten.

1. Die ethisch verantwortete Beziehungsebene: Die Schülerinnen und Schüler lernen zunächst – am Modell der Lehrerin und ihres Stils – Wertschätzung und Achtung: Sie erfahren sich als angenommen in allen Situationen. Dies ist die prinzipielle Ba-

sis (nicht nur) ethischen Lernens. Sie lernen es schätzen, Freude und Lob zu hören, und wahrzunehmen, wie gut dies tut. Sie lernen wiederum am Unterrichtsstil eine bestimmte Form der Kritik ihres Verhaltens, die nicht verurteilt, die in der aktuellen Situation wenig nach Gründen und/oder Schuldigen und sofortigen Verhaltensänderungen fragt, sondern an Bedürfnissen, Verhaltensmöglichkeiten und -alternativen interessiert ist. Sie lernen im Geschehen und nicht in Form eines Lehrervortrages, den sie eh schon kennen, dass Störungen wirklich störend sind. Sie lernen im Gelingen wie im Scheitern einen bestimmten Kommunikationsstil kennen, der an der Authentizität der Beteiligten orientiert ist, Gefühle und Inhalte im Beziehungsgeschehen beieinander hält und die Schülerinnen und Schüler immer wieder in ihren Kompetenzen und Ressourcen wahrzunehmen sucht. Sie sehen, dass Fehler Tore zum Lernen sind und „die Freude im Unvorhersehbaren liegt" (Menuhin), wenn sie „Dilemma" mit „Schafen und Lämmern" zusammen bringen. Sie erleben, dass ihre Deutungen ernst genommen werden und die Lehrerin sich bemüht, immer wieder den Denk- und Lernwegen der Lernenden nachzuspüren und sie zu rekonstruieren, um möglichst viele Beteiligte im Gespräch zu halten.

2. Die ethischen Themen auf der Inhaltsebene: Die Schülerinnen und Schüler lernen das Gefühl der Freude und ihre Freu-Stimme kennen und dass Freude viel mit dem zu tun hat, was wir uns nicht machen oder kaufen können. Sie lernen den Zusammenhang von Selbstliebe und der Liebe zum nächsten Anderen, sich selbst zu achten und andere zu achten. Sie lernen im Spiel Alternativen zu Aggressivität und Miteinander-verkracht-sein. Sie lernen neue Reaktionsmöglichkeiten auf erfahrene Beleidigungen und Gewalt zu sehen und umzusetzen. Sie reflektieren und lernen neu, dass es Situationen gibt, in denen Entscheidungen schwer fallen und in denen es nicht einfach eine richtige oder falsche Entscheidung gibt – was sie aus dem Umgang der Lehrerin mit ihnen schon kennen und weshalb diese Unterrichtsart passend ist. Sie üben Argumentationsmöglichkeiten für alternative Entscheidungen ein und lernen dabei – gleichsam nebenbei – solche zu achten. Sie bedenken Familienkonstellationen und Vater-Sohn- bzw. Eltern-

Kinder-Beziehungen und deren Bedeutung für sich selbst zu erschließen. Sie erfahren die Ausweglosigkeit von Lebenssituationen und konstruieren Unterstützungs- und Hilfsmöglichkeiten. Sie lernen und üben Vertrauen in andere, Vertrauen in sich selbst und den Mut zu haben, Zweifel zu äußern.

3. Eine ethisch verantwortete Methode, Inhalte zu präsentieren: Der Zusammenhang von Beziehungs- und Inhaltsebene wird schließlich auch in einer besonderen Weise bei der Erarbeitung ethischer Themen wichtig: Ihr Ausgangspunkt ist nicht nur Schulleben und Alltag der Kinder und Jugendlichen, sondern ihre Form sind Geschichten und eigenes Erleben. So kann lebendiges, authentisches und flexibles ethisches Wissen konstruiert und erworben werden.

Verknüpfen wir wiederum nun diese schwerpunktmäßig inhaltsorientierten und ansatzweise reflektierten Beobachtungen in wenigen Thesen mit der oben näher skizzierten theoretischen Diskussion und nehmen Beiträge zum Ethik-Lernen hinzu, dann sind uns folgende sechs Gesichtspunkte wichtig:

1. Die Unterrichtsbeispiele ermöglichen die individuelle und gemeinsame Dekonstruktion und Neukonstruktion von Verhaltensmöglichkeiten: „Konstruktivistisch inspirierter Unterricht ist durch Planung allein nicht determinierbar. Ohne Planung gelingt er aber auch nicht. Lehrpersonen können letzten Endes nur Kommunikationsangebote machen. Sie werden damit Wirkungen auslösen, aber nicht festlegen. Mehr ist nicht erstrebenswert, wenn Offenheit nicht nur deklamatorisch beschworen, sondern als Grundsatz auch tatsächlich praktiziert werden soll".[149] Dies gilt auch und gerade für Ethik-Lernen, wenn hier eigensinnige Konstruktion den Vorrang haben soll vor dem schulisch vergleichsweise leichter realisierbaren Konsum irgendeines Werte-Kanons.

2. Diese Offenheit zeigt sich nicht zuletzt darin, dass vielfach ethische Handlungsmöglichkeiten oder -alternativen erspielt werden. Vertritt das Spiel die in unserem Leben noch ungenutzten Möglichkeiten, unsere utopischen Kräfte, unsere Fähigkeit, uns eine bessere Welt vorzustellen,[150] dann lässt dies so viel unterschiedliche und individuelle Antworten auf ethi-

sche Probleme zu, wie es Mitspieler gibt. So nutzen die Schülerinnen und Schüler spielerisch ihre Ressourcen zur Erweiterung ihrer Handlungsmöglichkeiten.

3. In einem „Bitte nicht helfen, es geht mir schon schlecht genug!" überschriebenen Aufsatz erläutert R. Voß die in den Unterrichtsbeispielen vielfach praktizierte „Ermöglichungsdidaktik (Autonomie, Partizipation, Kontext- und Ressourcenorientierung)" so: „Die Fähigkeit des Lehrers besteht darin, Lernprozesse der Schüler bzw. Lerngruppen zu begleiten und sie immer wieder im Dialog zu weiteren, selbst bestimmten, zielorientierten Lernprozessen anzuregen. Dabei stehen ihm drei Handlungsformen zur Verfügung: individuelle Lernbegleitung, Kontextsteuerung, Perspektivenwechsel."[151] Einer solchen Ermöglichungsdidaktik entspricht gleichsam eine „Ermöglichungsethik": Ethik kann im Kontext der Handlungskonventionen der Schülerinnen und Schüler verstanden werden als selbst bestimmte und zielorientierte Erweiterung des Möglichen, die abzielt auf die „Leichtigkeit selbstgewählter Veränderungspfade".[152]

4. Die Unterrichtsbeispiele bieten alle einen sog. „narrativen Anker" an: eine Geschichte oder eine Erfahrung, die die Jugendlichen gemacht haben oder mit der sie sich identifizieren können. Solche Geschichten oder erzählbare Erfahrungen sind wohl generell der entscheidende Gesichtspunkt des Ethik-Lehrens, erscheinen doch sonst die hier geltenden Regeln, Normen oder Werte lediglich als abstrakte Ge- oder Verbote.[153] Es geht also gerade nicht um irgendwelche abstrakten ethischen Probleme, nicht um „Labor-Ethik",[154] sondern um solche klärungsbedürftigen Situationen, die erzählbar sind und gleichsam verankert im biografischen Kontext der Schülerinnen und Schüler. In ihnen können sie dann „Probleme entdecken und Lösungen erarbeiten".[155]

5. Die Unterrichtsbeispiele sperren sich gegen eine begriffliche Ethik wie gegen feststehende moralische Überzeugungen. Und dies mit gutem Grund, wenn C. F. von Weizsäckers Satz auch nur tendenziell stimmt, dass „moralische Überzeugungen zum Gefährlichsten auf der Welt gehören". Und A. M. Klaus Müller lässt sich dazu ergänzend lesen, wenn er festhält, dass der Entschluss, Ethik begrifflich aufzubauen, die Liebe von

den Möglichkeiten, die der Ethik verbleiben, ein für alle mal abtrennen würde.[156]

6. So lässt sich auch mit dem hier vertretenen didaktischen und methodischen Ansatz kein im Vorhinein bestimmbarer Werte-Kanon verbinden oder eine eindeutige Antwort geben auf die Frage, wie wir richtig leben können. Wir vermuten, dass dies heute sogar prinzipiell unmöglich geworden ist. „Jeder kann für sich skizzieren, was er unter einem richtigen Leben versteht. Das ist subjektiv und perspektivisch begrenzt, kann aber als Verständigungstext dienen, Kommunikation ermöglichen. Andere können angesichts ihrer Lebensgeschichte und ihrer Erfahrungen prüfen, was auch für sie gelten kann und was sie völlig anders sehen."[157] Gleichwohl lassen sich die hier vorgestellten Unterrichtsbeispiele und ihre Themen im Nachhinein (!) bestimmten Entwicklungsaufgaben und Erfahrungsbereichen zuordnen, die immer wieder auch zur Selbstkontrolle der Lehrenden helfen können. Wir nennen: „sich selbst annehmen und entwickeln, mit anderen zusammenleben, in Institutionen leben: Kultur gestalten, Hineinwachsen in Kultur und Zivilisation"[158]. Lehrerinnen und Lehrer sind dann die ‚Arrangeure kindlicher und jugendlicher Entwicklungsgelegenheiten'[159] und die Moderatorinnen daraus entstehender Entwicklungsaufgaben und Lerngelegenheiten.

9.3 Was ergibt sich aus diesen Überlegungen für das Ethik-Lehren?

Haben wir bisher ausschnitthaft dargestellt, wie und was gelernt wurde, kehren wir dies nun das Kapitel abschließend um und formulieren sieben Thesen zum Ethik-Lehren. Diese Umkehrung ist künstlich, ist gelingender Unterricht doch immer zumindest auch ein wechselseitiges Lehren und Lernen der Schülerinnen und Schüler und ihrer Lehrerinnen und Lehrer – oder in Paulo Freires Sprache: der Schüler-Lehrer und der Lehrer-Schüler.

1. Die systemische Betrachtungsweise der Beziehungen im Unterricht[160] zeigt, dass Unterricht und Schulleben nur gemeinsam gelingen kann – nicht gegeneinander. Anders formuliert:

Nur beide Seiten – Schülerinnen und Schüler wie Lehrerinnen und Lehrer – können gewinnen oder verlieren. Dies erfordert von den Lehrenden eine hohe Präsenz, Einfühlungsvermögen, soziale Aufmerksamkeit und oftmals auch eingeübt-spontane „denk-fühlende" Reaktionen, müssen sie doch vielfach gegen den ersten Augenschein kommunizieren: hinter destruktiver Aggressivität Demütigungen sehen, hinter Störungen nicht Gesagtes vermuten, hinter Arroganz Unsicherheit wahrnehmen...[161] Und in diesem allem: die Bedürfnisse und Sehnsüchte der Schülerinnen und Schüler erspüren.

2. In seinen Reden über die Erziehung schreibt Martin Buber: „Sie (sc. die Schülerinnen und Schüler) wollen nicht, dass man sie erziehen wolle."[162] Alle Unterrichtsbeispiele zeigen diese Erfahrung aufnehmend die Bedeutung von Beziehung statt Erziehung: „Je lebendiger die Beziehung, umso größer die Bereitschaft zur Veränderung, umso stärker die Lernbereitschaft."[163] Erst innerhalb einer lebendig gestalteten – nervigen, ruhigen, freundlichen, witzigen, lobenden, klaren – Beziehung werden unterrichtliche Kommunikation und Lernen wie Lehren möglich. Es sind die Lehrenden zuerst, die für solche Beziehung verantwortlich sind. Nötig erscheinen uns dazu eine schon mehrfach angesprochene „systemisch-konstruktivistische Grundhaltung und deren Werte: Respekt, Wertschätzung, Neugierde, Autonomie und Koevolution, Partizipation und Eigenverantwortung".[164]

3. Um dies immer wieder realisieren zu können, erscheint uns hilfreich, möglichst viel mit Hypothesen zu arbeiten und möglichst zurückhaltend mit Diagnosen zu sein: Könnte es sein, dass es so ist – oder ist es vielleicht ganz anders? Was könnte der Schüler sich bei diesem Lernweg gedacht haben? Was könnte die Schülerin mit diesem Verhalten ausdrücken? anstelle von: Das ist so und nicht anders. Der Lernweg ist falsch und das Ergebnis sowieso. Benimm dich endlich angemessen. Hypothesen signalisieren offene Kommunikationsmöglichkeiten – ein ethischer Wert an sich. Diagnosen dagegen markieren oftmals den Abbruch des Gesprächs. Statt „Wenn nicht so, dann vielleicht so..." gilt dann nur noch „entweder – oder" ...

4. Hypothesen statt Diagnosen, Hypothesen statt Deduktionen oder Induktionen – dieser Gedanke verweist an konstruktivis-

tisch inspirierte Pädagogik und (!) Ethik: So werden Lernwege und Verhaltensmöglichkeiten angeboten und gefördert, annehmen und realisieren müssen sie die Schülerinnen und Schüler jeweils für sich im Rahmen ihrer individuellen Lern- und Handlungskonstruktionen – zu erzwingen ist dies weder pädagogisch noch ethisch. K. Reich umschreibt die dabei notwendige Haltung der Lehrenden so: „Fördern, fördern, fördern: den Lerner möglichst optimal fördern, damit er so weit in seinem Lernen gelangen kann, wie es eben in der Lernsituation und Lernumgebung geht. ... Ich denke, es bringt Didaktikern nicht viel, sich immer wieder zuschreibend mit Fragen der Begabung oder mangelnder Begabung zu befassen. Sie sollten vielmehr dort pragmatisch, konstruktiv und systemisch einsetzen, wo immer sie etwas erreichen können ... Die Förderung ist keine Technik, sie ist auch keine Methode allein oder vor allem an bestimmten Stoff gebunden, sondern sie ist zunächst und vor allem eine Einstellung: Ich will fördern! Dies scheint mir ein wesentlicher ethischer wie praktischer Rahmen einer jeden heutigen Didaktik sein zu müssen."[165]

5. Um solche Beziehungen aufbauen zu können, die Lernen, Handeln und Leben fördern, ist – das Stichwort fiel schon mehrfach – Mitgefühl, Empathie, soziales Einfühlungsvermögen der Lehrenden von zentraler Bedeutung. Es erscheint uns auch als zentrale ethische Kategorie, will Ethik auf die Bedürfnisse und Sehnsüchte der Kinder verhaltenseröffnend eingehen. „Mitgefühl ist thematisch eingebettet in den Diskurs um emotionale Kompetenz: Emotional kompetente Menschen nehmen nicht nur die Gefühle anderer, sondern auch ihre eigenen in adäquater Weise wahr – eine conditio sine qua non zur Entwicklung und zum Ausdruck von Mitgefühl und prosozialem Verhalten."[166] Das ist der eine entscheidende Zusammenhang von Mitgefühl und sozialem Verhalten. Der andere Zusammenhang ist der von ethischer und ästhetischer Bildung im Kontext von Ethik-Lehren: „Zielt doch die Förderung von Mitgefühl auf eine Stärkung der Sozialkompetenz und ist damit von ethischer Relevanz, während der Aspekt des Gefühls zunächst der Kategorie der Emotionen im Sinne von Wahrnehmungskompetenz (Ästhetik) zufällt."[167] In diesem Zusammenhang von ethischer und ästhetischer Bildung sind

Lehrende auch Modell ihrer Schülerinnen und Schüler, an und mit denen sie lernen können. Da Mitgefühl freilich nicht intentional ‚machbar' oder lehrbar ist, darf man bei seinen pädagogischen Bemühungen nicht automatisch auch ‚ins Gelingen verliebt' sein. „Mitgefühl konstituiert sich in seiner emotionalen Qualität durch Zusage, Erfahrung und Erleben, nicht jedoch durch Aufforderung und Zwang."[168]

6. Grundlage des Mitgefühls ist die lebensgeschichtliche Erfahrung von Liebe, von Zuwendung und Geborgenheit. Für die Lehrerinnen und Lehrer stellt sich deshalb zum einen die Aufgabe, den Gehalt der lebensgeschichtlichen Erfahrungen der Schülerinnen und Schüler an Liebe, Achtsamkeit und Mitgefühl subjektbezogen und deutungsoffen so wahrzunehmen und zu aktualisieren, dass er diesen im Ethik-Lehren zur Aneignung wiederum zur Verfügung steht.[169] Zum anderen stellt sich insbesondere wohl in Förder- und Hauptschulen die ebenso schwierige wie bereichernde Aufgabe, jedes einzelne Kind und jeden einzelnen Jugendlichen Liebe, Beachtung und Mitgefühl erfahren zu lassen.[170] Wenn F. Steffensky „lehren" beschreibt als „zeigen, was man liebt", dann bedeutet dies hier in herausragender Weise, die eigene Liebe, die eigene Achtsamkeit und das eigene Mitgefühl zu zeigen und dieses die Schülerinnen und Schüler erfahren zu lassen. So kann Ethik-Lehren dazu beitragen und Schule ein Raum werden, in dem „Kinder und Jugendliche leben lernen".[171]

7. Für einen so skizzierten Ansatz ethischen Lernens und Lehrens kann zusammenfassend gelten, was U. Herrmann als Resümee seiner schulpädagogischen Überlegungen notiert: „Wir brauchen keine ‚Standards', sondern unkonventionelle Wege zu mehr Perspektivenreichtum der Lebensgestaltung durch Schul- und Berufsbildung. Dazu brauchen wir nicht mehr, sondern weniger Standardisierung: Individuelle Förderung und Herausforderung. Wie denken und lernen Kinder? Welche Wege gehen sie dabei? Wo brauchen sie Hilfe und Unterstützung? Wie können sie eigenständig, erfolgreich und selbstverantwortlich werden? Um das herauszufinden wird Zeit und Geduld benötigt – und kein ‚Standard'! Bildung durch ‚Erziehenden Unterricht': Unterricht erzieht – ohne Zeitdruck und Stress – zu Schlüsselqualifikationen durch An-

leitung zu Genauigkeit, Ausdauer, Sorgfalt, durch planvolles gemeinsames Problemlösen und Üben. Schule bildet durch das helfende Miteinander, die Horizonterweiterung durch Differenzierung der Interessen, durch Freude am Gestalten und Verantwortung, durch – Entstandardisierung! Schule als Gemeinschaft, als Ort der Einübung in demokratisches Handeln und Leben: Was wird vorgelebt? Welche Räume der Ernsterfahrung bestehen? Wie können Solidarität und Hilfsbereitschaft praktiziert und erfahren werden?"[172] Eine ,MacDonaldisierung' von Bildung und Schule wäre wohl nicht nur für Förder- und Hauptschüler und -schülerinnen das Ende ihrer Lernmöglichkeiten: Was sie brauchen – gerade auch in der Schule – ist die aufmerksame Frage nach ihnen selbst, das Hören auf ihre Erfahrungen, das Wahrnehmen des gemeinsamen Lebens am Lern- und Lebensort Schule. Dann – und das zeigen die Interviews mit ihnen und die Unterrichtsbeispiele – öffnen sie sich und es wird Lernen ermöglicht, anknüpfend an ihren Ressourcen, an dem, was sie mitbringen und können. Ethisches Lernen und Lehren erwächst dann aus der Lebenssituation von Schülerinnen und Schülern wie Lehrerinnen und Lehrern am Ort der Schule, weil gemeinsam erlebte Situationen geklärt und Menschen in diesen Situationen gestärkt werden können. So wirkt Ethik Lernen und Lehren vielfältig lebensbereichernd.

Würde und Glück –
die immer schon vorausgesetzten Ziele
ethischen Lehrens und Lernens

Die Würde und das Glück der Kinder und Jugendlichen – Ziele ethischen Lehrens und Lernens – sind immer schon vorausgesetzt, wenn ethisches Lehren und Lernen in der Schule beginnt und gelingen soll. Es gibt keine Erziehung, kein Lehren und Lernen von der Würdelosigkeit in die Würde, vom Unglück ins Glück. Vielmehr setzen Lehrerinnen und Lehrer voraus und praktizieren, was sie lehren.

„Es gibt eine Pflicht des Glücklichseins. Dazu allein sind wir auf der Welt",[173] schreibt Hermann Hesse. Die amerikanische Unabhängigkeitserklärung vom 04. Juli 1776 (Virginia bill of Rigths) erhebt das Streben des Menschen nach Glück – neben Leben und Freiheit – in den Rang eines natürlichen Rechtes. Auf das gleiche Dokument und auf die französische Revolution, während derer die Nationalversammlung 1789 die „Déclaration des droits de l' homme et du citoyen" verabschiedete, geht rechtsgeschichtlich die Forderung nach gleicher Würde aller Menschen zurück. Die Unantastbarkeit der Menschenwürde bestimmt dabei Grund und Kern der Menschenrechte.

Glück lässt sich vielfältig näher charakterisieren. Aristoteles kennt sieben Bestimmungen: Das Glück ist ein wählbares Gut, eine spezifische Tätigkeit, ein Leben in der Verflochtenheit; es besteht aus dreierlei Gütern (seelische und körperliche Güter sowie Schönheit); das Glück ist etwas, das man lernen kann; es ist ein „erfülltes Leben" und etwas Göttliches und zum Glück gehört für Aristoteles konstitutiv die „polis", die politische Gemeinschaft der Freien und Bürger.[174] Für Hermann Hesse ist Glück „ein wohltuender Zusammenklang mit dem, was außer uns ist".[175] Sehr konkret beschreibt der große Skeptiker der hebräischen Bibel, Kohelet, was Glück bedeutet: „Iss gern dein

Brot und trink freudig deinen Wein. Denn solch ein Lebensstil hat Gott schon immer gefallen. Trag jederzeit frische Kleidung und unterlass es nicht, dein Haar mit duftendem Öl zu pflegen. Und mit deiner Frau, die du liebst, genieß alle Tage deines Lebens – und mag es auch voller Windhauch sein." (Koh 9, 7-9)[176] Und Dorothee Sölle hat dieses Bild glückenden Lebens, das sich nicht selbstgenügsam, sondern widerständig weiter malen lässt, einmal in schöner Übertreibung und zugleich durchaus realistisch zusammengefasst in

drei Qualitäten, die allen offen stehen:
– grenzenlos glücklich
– absolut furchtlos
– immer in Schwierigkeiten.
Es gibt Menschen, die Gott hörbar machen als die Musik der Welt, die den Kosmos und die Seele auch heute erfüllt.[177]

Auch die für die Bestimmung des Menschen bedeutsame Würde, der Kerngedanke der modernen „polis", lässt sich näher beschreiben: Sie kommt jedem Menschen grundlegend, vor allem anderen, vor jeder eigenen Leistung, vor jedem eigenen Versagen, vor allem körperlichen Wohlergehen oder Gebrechen zu.

Würde kommt also jedem Menschen ohne das Zutun der eigenen oder anderer Personen zu; sie ist ihm vorgegeben. Daher können kein Mensch und keine Macht einem Menschen seine Würde nehmen.[178]

Auch das, was ein Mensch tut oder unterlässt, kann ihm seine Würde nicht nehmen. So wird die Anerkennung der Würde des Menschen auch die Grundlage für sein pursuit of happiness (Bill of rights). Für Christinnen und Christen gründet die Würde des Menschen darin, dass sie – Mann und Frau –, wie es die Schöpfungserzählung berichtet, als „Ebenbild" Gottes „sehr gut" geschaffen sind. Dahinter steht ein revolutionärer Gedanke: Im sechsten vorchristlichen Jahrhundert, als diese Erzählung von israelitischen Priestern niedergeschrieben wurde, galt das Prädikat des „Ebenbildes" in den an Israel angrenzenden Völkern nur für die Könige. Die Schöpfungsgeschichte spricht diese unverletzliche Charakteristik nun allen Menschen, Frau und Mann, zu. So lässt sich eine Analogie wahrnehmen zwischen dem Gedanken des Menschen als Gottes Ebenbild und der Würde des

Menschen als dem zentralen Postulat der Menschenrechte, wenngleich auch festzuhalten ist, dass die Menschenrechte und die rechtliche Verankerung der Würde des Menschen u. a. gerade gegen die Kirchen durchgesetzt werden mussten.

Der Gedanke, dass Glück erlernbar ist und dass die Anerkennung der Würde jedes Menschen Voraussetzung des Glücks wie des Lehrens und Lernens ist, ist bedeutsam. In der Geschichte der Pädagogik war es Janusz Korczak, der wie kein anderer den Zusammenhang von Glück und Würde für seine Praxis und Konzeption von Erziehung und Lehren bedachte. Er kann als ein mögliches Vor-Bild eines solchen glücklichen und Glück ermöglichenden Lernens angesehen werden. Er wusste, dass ein Kind oder ein Jugendlicher nicht erst ein Mensch wird, sondern immer schon ein Mensch ist. Als Ziel der Erziehung nennt er, dass aus dem Kind ein glücklicher Mensch wird.[179] Korczak hatte erfahren, dass ‚die Hoffnungslosigkeit unser Leben immer brutaler einschnürt, die Stickluft immer bedrückender wird‘: „Der heutige Tag – das sorgenbeladene Nichts, der morgige – das bedrohliche Nichts plus Falten, Hämorrhoiden, demütigende Einsamkeit. ... Also klammern wir uns verzweifelt und hoffnungslos an die Vergangenheit: Wir waren, aber ja, wir waren ganz sicher auch einmal glücklich. Es war einmal, es ist vorbei, und es war umso schöner, je unwiederbringlicher es ist. Was hilft's: Nur als Kind kann man glücklich sein."[180] Dagegen kämpft Korczak an, im Waisenhaus wie in aller Erziehungsarbeit, dass das Glück nur einmal war. Er will dazu erziehen und schreiben, dass das Glück nicht nur eine geschönte selbstbetrügerische Erinnerung, sondern eine Lebensperspektive ist. Befähigung zum Glück könnte man seine Erziehungspraxis umschreiben. Dabei gehört Glück für ihn als Grundstein ebenso zur Erziehung wie „der Glaube an den Wert und die Würde des Menschen und der Menschheit"[181].

Dies in unserer prinzipiell von Heterogenität bestimmten Schule zu leben und entsprechend ethisch zu lernen und zu lehren, ist heute in einer von Individualisierung und Pluralisierung bestimmten Gesellschaft eine der zentralen Herausforderungen. Hier haben sich Gedanke und Praxis der wechselseitigen Anerkennung der Würde jedes einzelnen Schülers und jeder einzelnen Schülerin zu bewähren. Unter vergleichsweise ‚Gleichen‘ einan-

191

der Würde zuzugestehen und anzuerkennen, bleibt einfach gegenüber der Aufgabe, die Würde des anderen auch dann anzuerkennen, wenn er bleibend verschieden fühlt, bleibend anders argumentiert und bleibend fremd lebt. Jede einzelne Schülerin und jeden einzelnen Schüler gilt es zunächst von Seiten der Lehrerinnen und Lehrer – und so konkretisiert sich in einem ersten Schritt Menschenwürde im Schulalltag – in einem sehr qualifizierten Sinne zu sehen (s. o.). Ein solcher Blick auf die individuellen Kinder und Jugendlichen nimmt sie als verschieden wahr, ohne sie unter-, über- oder einzuordnen.

Wird die Würde des Menschen in der Schule so eingeübt, dann kann diese zu einem Ort werden, ‚wo unsere Gesellschaft den jungen Menschen den Raum und die Gelegenheit gibt, ein Leben in Selbstbestimmung, Chancengleichheit und Gleichberechtigung kennenzulernen und positiv zu besetzen,[182] denn die für Demokratie zentralen Rechte der Selbstbestimmung, Chancengleichheit und Gleichberechtigung wurzeln alle drei in der wechselseitigen Anerkennung der Menschenwürde.

Dieser Zusammenhang von Glück und Würde hat Konsequenzen bis in die methodischen Arrangements von ethischem Lernen und Lehren. Methodisch geht es beim Lernen des Glücks und der Würde von Menschen um den Zusammenhang von Erzählen und Reflektieren, von poetischer Sprache und nachdenkendem Redestil: Glückendes und in Würde gelebtes Leben will erzählt und in seinen Bedingungen und Folgen, seinen Kontexten reflektiert sein. Erzählen stiftet Zusammenhänge einzelner Erfahrungen und das Reflektieren lädt ein, innezuhalten und den Fluss der Erfahrungen wie des Erzählens zu unterbrechen. So vollzieht sich ein Lernen des Glücks und der Würde im Leben und im Erzählen und im Nachdenken des Lebens und des Erzählens. Dabei erfordert das Erlernen von Glück und Würde auch glückende und alle Beteiligten wertschätzende Formen des Lernens: Glück und Würde als zentrale Themen der Ethik zu lehren und zu lernen, kann nicht gelingen in Interaktionen zwischen Lehrenden und Lernenden, die strukturell von Würdelosigkeit geprägt sind und unglücklich machen.

10 Empowerment

Empowerment[183] ist ursprünglich ein strategisches Element aus der Bürgerrechts- und Frauenbewegung. Die, die sich ohnmächtig fühlen, sollen ihre eigene Macht erfahren können, um eigenständig ihre Lebensmöglichkeiten zu entfalten und zu schützen und ihre Rechte zu gestalten und wahrzunehmen. Empowerment meint also nicht lediglich eine individuelle und persönliche Stärkung der Kinder und Jugendlichen im Zusammenhang des pädagogischen Handlungsfeldes Schule, sondern zielt auf die aktive Wahrnehmung eigener Rechte und will Schritte zur Überwindung gesellschaftlicher und politischer Ohnmacht ermöglichen.

Ethik lernen und lehren, wie wir es in diesem Buch vorgestellt und reflektiert haben, ermöglicht es, Schülerinnen und Schüler zu stärken und ihnen Möglichkeiten zu eröffnen, ihre Macht positiv zu erfahren und einzusetzen. Sie werden durch Inhalt und Form in solchem Unterricht ermutigt, Möglichkeiten der Selbstbestimmung und Autonomie zu entdecken, um ihre Interessen und Bedürfnisse möglichst eigenmächtig und selbstverantwortlich zu vertreten und ihr Leben möglichst selbstbestimmt zu gestalten. Der Unterricht und eine entsprechende Gestaltung des Schullebens
- schaffen Bedingungen dafür, dass Schülerinnen und Schüler sich Fähigkeiten und Wissen, Handlungsstrategien und Reflexionsmöglichkeiten aneignen und darüber untereinander und mit ihren Lehrerinnen und Lehrern ins Gespräch kommen können;
- wollen, dass Kinder und Jugendliche ihre ursprüngliche und durch vielfache Einflüsse klein gemachte und oft selbst entwertete oder missachtete Stärke entfalten können;
- sehen jedes Kind und jeden Jugendlichen als einzigartigen und besonderen Schüler und als einzigartige und besondere Schülerin, deren und dessen Schönheit wahrzunehmen und zu stärken ist;

– zielen darauf, Schülerinnen und Schüler, die Lernenden in den Mittelpunkt zu stellen: Kinder und Jugendliche deuten ihre Lebenslagen ebenso selbst, wie sie in diesen eigene Bewältigungsstrategien entwickeln und diese eigensinnig ethisch reflektieren lernen. Lehrerinnen und Lehrer wie die Schule als Institution können dies be- und sogar verhindern und so zur gesellschaftlichen Kälte beitragen oder unterstützen, indem sie die individuellen Deutungen und Strategien der Schülerinnen und Schüler (auch wenn es nicht die der Lehrerinnen und Lehrer sind) stärken und so den Zauber gegen die Kälte fördern;

– tragen so dazu bei, Kindern und Jugendlichen die Entscheidung darüber zu ermöglichen, was sie wollen und brauchen, und anerkennen sie als Experten ihrer eigenen Lebenssituation;

– ermöglichen, dass Schülerinnen und Schüler aktive Beteiligungserfahrungen machen, sich dabei als gleichberechtigte Subjekte und immer wieder auch als Lehrer-Schüler und Schülerin-Lehrerin erfahren;

– nehmen das von der Kinderrechtskonvention der Vereinten Nationen formulierte Recht ernst, dass es Kindern und Jugendlichen ‚zusteht, ihre Meinung in allen sie betreffenden Angelegenheiten frei zu äußern‘.

Schule, Unterricht und Erziehung stehen vor einer sehr einfach und klar zu formulierenden Wahl: Tragen sie bei zu einer „lebensbereichernden Kultur der Partnerschaft und des Friedens oder zu einer Kultur der Beherrschung und Gewalt"[184] oder in der Formulierung Paulo Freires: Helfen sie zu „Befreiung" oder fördern und zementieren sie „Unterdrückung"?[185] Die von uns reflektierten Unterrichtsbeispiele und die vorgestellten Überlegungen zu „Ethik lernen und lehren" wenden sich gegen eine dominanzorientierte Erziehung und zielen auf lebensbereichernde Schul- und Unterrichtserfahrungen der Kinder und Jugendlichen, indem auf die Gefühle und Bedürfnisse der Schülerinnen und Schüler (und Lehrerinnen und Lehrer) ebenso geachtet wird wie darauf, welche Aktivitäten den eigenen Bedürfnissen am besten gerecht werden, ohne dass diese sich gegen andere Menschen richten.[186]

Setzen wir so auf Lebensbereicherung statt auf Dominanz, dann ist dies zwar noch immer nicht der „Ausbruch aus dem Bildungskeller",[187] doch es ist ein Weg, der dorthin führen könnte, dass Schülerinnen und Schüler den Lebensmut finden und die Kräfte erwerben, all dem standzuhalten, was sie begrenzt und belastet, und dass ihnen Zähigkeit, Widerstandsfähigkeit und Gelassenheit zuwachsen, die sie befähigen, ihr Leben zu (er)tragen, sich nicht aufzugeben und eigene Wege zu ihrem Glück zu suchen und zu finden. Als das „weitestreichende Ziel, das sich Schulen heute vernünftigerweise stecken können" formulierte Hiller 1989 die Vorstellung, „Grenzgänger heranzubilden, die zu ihrem Herkunftsmilieu, wo Leben unter auf Dauer gestellten belastenden Bedingungen sich vollzieht, so viel Distanz entwickeln, dass sie mit realistischen Alternativen experimentieren und zeitweilig in ihnen zurecht kommen können".[188] Wenn mittlerweile mehr als ein Fünftel der Schülerinnen und Schüler deutscher Schulen in solchen Herkunftsmilieus zu Hause ist, wo sie ebenso aus dem Beschäftigungssystem wie von der Teilhabe am geselligen Leben ausgeschlossen sind, kann das Ziel des Lernens und Lehrens von Ethik in nichts anderem bestehen als darin, die Bedürftigkeiten und Sehnsüchte dieser Kinder und Jugendlichen aufzunehmen und sie zu solchem Grenzgängertum zu ermutigen und zu ermächtigen.

Anmerkungen

1   G. Orth / H. Fritz, „…und sei stolz auf das, was du bist" – Muslimische Jugendliche in Schule und Gesellschaft. Stuttgart 2007.

2   J.-H. Walsdorff / V. Weidemann (Hrsg.), Im unbekannten Land. Zum Gedenken an A. M. Klaus Müller (1931-1995). Braunschweig 2005. S. 73.

3   Der Kontext unserer Reflexion ist Konzept und Methode der gewaltfreien Kommunikation von M. B. Rosenberg. Vgl. M. B. Rosenberg, Erziehung, die das Leben bereichert. Gewaltfreie Kommunikation im Schulalltag. Paderborn 2005.

4   Überlegungen dazu verdanken wir Thomas Jennrich, Kommunikationstrainer GFK, Fürstenstein.

5   Vgl. dazu: C. Caduff, Die Künste und ihre Durchlässigkeit. In: Dies., Land in Aufruhr. Die Künste und ihre Schauplätze. Basel 2007. S. 95ff., bes. S. 95-97.

6   E. Fromm, Psychoanalyse und Ethik. Überarbeitet von R. Funk. München 1986. S. 24ff.

7   D. Sölle, Wer nur das Glück will, will nicht Gott. Vortrag im April 2003 in der Evangelischen Akademie Bad Boll. Mitschrift.

8   Brief von K. Pfaff an H.F. vom 30. 04. 2006.

9   Zit. in: F.-J. Litsch, Buddhismus und der Schutz der Umwelt. In: G. Orth (Hrsg.), Die Erde – lebensfreundlicher Ort für alle. Münster 2002. S. 39-46, hier S. 43. F.-J. Litsch verdanken wir auch die oben genannten Stufen buddhistischer Meditation.

10   Acht solcher Reihen von Lebensregeln finden sich in den Porträts der interviewten Schülerinnen und Schüler.

11   Dabei sind hier auch einbezogen die Schülerinnen und Schüler, die nicht wissen, ob sie einer Religionsgemeinschaft angehören bzw. welcher.

12   Vgl. zur Methode: R. Bohnsack, Rekonstruktive Sozialforschung. Einführung in Methodologie und Praxis qualitativer Sozialforschung. Opladen 1993; A. Deppermann, Gespräche analysieren. Eine Einführung in konversationsanalytische Methoden. Opladen 1999; Ph. Mayring, Qualitative Inhaltsanalysen. Grundfragen und Techniken. Weinheim 1993; A. Strauss / J. Corbin, Grounded Theory. Grundlagen qualitativer Sozialforschung. Weinheim 1996; J.-C. Kaufmann, Das verstehende Interview. Theorie und Praxis. Konstanz 1999; H. Knoblauch, Grundlagen der qualitativen Religionsforschung. Bemerkungen zur Ethnographie der Religion in der eigenen Gesellschaft. In: Theol. Literaturzeitung 131 (2006). Sp. 967-980. Vgl. weiter beispielhaft folgende Untersuchungen: R. Bohnsack, Generation, Milieu und Geschlecht. Ergebnisse aus Gruppendiskussionen mit Jugendlichen. Opladen 1989; J.-C. Kaufmann, Schmutzige Wäsche. Zur ehelichen Konstruktion von Alltag. Konstanz 1993; Ders., Singlefrau und Märchenprinz. Konstanz 1996; G. Orth/H. Hanisch, Glauben entdecken – Religion lernen. Was Kinder glauben, Teil 2. Stuttgart 1998; J. Bartels, „mitten in die Seele hinein". Das Enneagramm im Kontext religiöser Erwachsenenbildung. Münster 2005; G. Orth/H. Fritz, „…und sei stolz auf das,

was du bist" – Muslimische Jugendliche in Schule und Gesellschaft. Stuttgart 2007.

13 Th. W. Adorno, Ästhetische Theorie. Gesammelte Schriften Bd. 7. Frankfurt 1970. S. 398.

14 M. Buber, Nachlese. Heidelberg 1965. S. 88f.

15 M. Buber, Reden über Erziehung. Heidelberg 1986. S. 70f.

16 M. Buber, Nachlese. A.a.O. S. 85.

17 M. Buber, Reden über die Erziehung. A.a.O. S. 28f.

18 P. Freire, Pädagogik der Unterdrückten. Bildung als Praxis der Freiheit. Reinbek 1973. S. 143.

19 M. B. Rosenberg, Gewaltfreie Kommunikation. Eine Sprache des Lebens. Gestalten Sie Ihr Leben, Ihre Beziehungen und Ihre Welt in Übereinstimmung mit Ihren Werten. Paderborn 2005. Ders., Erziehung, die das Leben bereichert. Gewaltfreie Kommunikation im Schulalltag. Paderborn 2005.

20 Nicht alle Schülerinnen und Schüler formulierten also entsprechend der Aufgabenstellung 10 Lebensregeln.

21 Wir nennen lediglich wesentliche Differenzen. Die Übereinstimmungen sind hinsichtlich der Altersgruppen, der Geschlechter wie der Religionszugehörigkeit bzw. der Religionslosigkeit oder der Gruppe der Schülerinnen und Schüler, die nicht wissen ob und welcher Religion sie angehören, insgesamt deutlich größer.

22 Hier sind die Werte ohne die Schüler jener Klassen notiert, bei denen das „Religionsstunden-Ich" besonders deutlich wurde.

23 Auch zwei katholische und ein muslimischer Schüler gehören zu denjenigen Schülerinnen und Schülern, die am evangelischen Religionsunterricht teilgenommen haben. Doch ist die Zahl hier so gering, dass darauf keine Rücksicht genommen werden kann.

24 Dabei sind hier einbezogen die Gruppen der Schülerinnen und Schüler ohne Religionszugehörigkeit und diejenigen, die nicht wissen, ob bzw. welcher Religion sie angehören.

25 Auffallend ist in diesem Zusammenhang, dass die Kategorien zu „Gewaltfreiheit" und „Tötungsverbot" bei fast allen Gruppen sich unter den „TOP 2" bzw. „TOP 3" finden; Ausnahmen sind die Klassen 9/10 und die Gruppen der evangelischen und die religionslosen Schülerinnen und Schüler.

26 Vgl. M. Max-Neef, Antonio Elizalde und Martín Hopenhayn: Entwicklung nach menschlichem Maß. Eine Option für die Zukunft. Aus dem Spanischen von Norbert Rehrmann und Horst Steigler. Santiago de Chile 1990; Kassel: Gesamthochschulbiblibliothek, Reihe: Entwicklungsperspektiven. Band 39. Kassel 1990; vgl. weiter M. Max-Neef, From the outside looking in. Experiences in „barefoot economics". London/New Jersey 1992.

27 Ergänzend sei darauf verwiesen, dass sich dies auch in den Interviews zeigt. Die interviewten Schülerinnen und Schüler formulieren hier ausführlich und teilweise detailliert Regeln und ethische Überlegungen, die offensichtlich den von M. Max-Neef formulierten Grundbedürfnissen korrespondieren.

28 Wichtig zu betonen ist hier, dass es sich bei dem angestellten Vergleich um die Gesamtheit der von den Schülerinnen und Schülern formulierten Lebensregeln und nicht um eine Parallelität der von Max-Neef formulierten Grundbedürfnisse und der von einem einzelnen Schüler oder einer einzelnen Schülerin formulierten Lebensregeln handelt.

29 Vgl. unten Kap. 7.

30 Korczak berichtet von fünf Selbstanzeigen beim Kameradschaftsgericht im Dom Sierot (Haus der Waisen).

31 J. Korczak, Wie liebt man ein Kind. In: J. Korczak, Sämtliche Werke. Bd. 4. Gütersloh 1999. S. 312.

32 A.a.O. S. 273, Anm. 1, und S. 274.

33 A.a.O. S. 273.

34 A.a.O. S. 311.

35 M. Rogowska-Falska, Die Erziehungsanstalt „Nasz Dom". Zit. in: a.a.O. S. 273, Anm. 1.

36 W. Huber, H. E. Tödt, Menschenrechte. Perspektiven einer menschlichen Welt. Stuttgart / Berlin 1977. S. 166.

37 Aristoteles, Nikomachische Ethik. München 1972. S. 155.

38 Ebd.

39 R. Dreier, Art.: Gerechtigkeit, ethisch. In: RGG Sp 711-714, hier Sp. 711.

40 Vgl. W. Huber, Gerechtigkeit und Recht. Gütersloh 1996. S. 184-198.

41 Frankfurt 1961. S. 229.

42 Zit. in: W. Held, Mit Widersprüchen leben. Die Organe des Denkens: Das Herz. In: a tempo 02/2007. S. 11.

43 E. Bloch, Prinzip Hoffnung. Frankfurt 1959. S. 1628.

44 Vgl. J.-C. Kaufmann, Singlefrau und Märchenprinz. Konstanz 2002. S. 105: „Ist eine Situation offen und nur schwach durch eine Norm strukturiert, springen die Gefühle ein, um die Schritte zu lenken oder einen normativen Rahmen aufzustellen."

45 A. de Saint-Exupéry, Der kleine Prinz. Düsseldorf 2001 (1946 fr., 1950 dt., 57. Auflage). S. 66-73

46 Vgl. R. Strunk, Vertrauen. In: TRE. Bd. 35. New York 2003. S. 71-76, hier bes. S. 71.

47 Aristoteles, Pol. V. 11, 1313 a 34-1314 a 29, bes. 1313 b 5f. Vgl. weiter: T. Gloyna, Vertrauen. In: J. Ritter, K. Gründer (Hrsg.), Historisches Wörterbuch der Philosophie. Bd. 11. Basel 2001. Sp. 986-990.

48 Vgl. G. Simmel, Soziologie (1908). In: O. Rammstedt (Hrsg.), Gesamtausgabe. Bd. 11. Frankfurt/M. 1999.

49 Vgl. Thomas von Aquin, Summa Theologiae II-II. S. 129. 6 ad 3.

50 Vgl. E. H. Erikson, Identität und Lebenszyklus. Frankfurt/M. 1976.

51 R. Strunk, a.a.O. S. 72.

52 Th. V. Aquin, a.a.O. Das Gegenteil von Vertrauen wie Selbstvertrauen ist nach Thomas von Aquin die Furcht.

53 W. Pannenberg, Anthropologie in theologischer Perspektive. Göttingen 1983. S. 223.

54 R. Strunk, a.a.O. S. 73.

55 Methodisch ist dies im Kontext empirischer, unterrichtsbezogener pädagogischer Forschung eine wichtige Beobachtung. Wird Lernen in Schule und Unterricht wesentlich von Emotionen bestimmt und mitgesteuert, dann hat eine solche Beobachtung Konsequenzen für empirische Forschung, soll sie zur Wahrnehmung und Konstruktion von (ethischen) Themen im Unterricht beitragen. Die Abfrage der Lebensregeln ergibt zwar eine Fülle ethischer Themen; wie diese konnotiert sind, lässt sich aus den Regeln selbst und ihren Formulierungen nur schwer erschließen, bestenfalls sind mehr oder weniger begründete Vermutungen möglich. Soll der Hintergrund einer sehr häufigen Regel wie beispielsweise „nicht klauen" verstanden werden können, bedarf es situativer Informationen und emotionaler Beziehungen, für die die Form des semistrukturierten narrativen Interviews eine gute Möglichkeit darstellt.

56 Vgl. A. v.d. Lühe, Zart, zärtlich. In: J. Ritter u.a. (Hrsg.), Historisches Wörterbuch der Philosophie. Bd. 12. Darmstadt 2004. Sp. 1149-1155.

57 In den Standard-Lexika evangelischer Theologie, RGG und TRE, sucht man Begriff und Stichwort vergebens, während sich immerhin ein kleiner Artikel in einem katholischen Standardlexikon findet: D. Mieth und W. Müller, K. Baumgartner, Art.: Zärtlichkeit. In: LThK Bd. 10. Freiburg 2001. Sp. 1385f.

58 K. Marti, Zärtlichkeit und Schmerz. Darmstadt 1979. S. 66.

59 Vgl. K. Marti, O Gott! Stuttgart 1986. S. 72-84, Zitat S. 78 f. Vgl. auch ders., Von der Weltleidenschaft Gottes. Denkskizzen. Stuttgart 1998; ders., Gott im Diesseits. Versuche zu verstehen. Stuttgart 2005. Im Folgenden orientieren wir uns an diesen Publikationen Martis.

60 Th. W. Adorno, Minima moralia. § 20. 1951. Ges. Schr. 4 Frankfurt/M. 1980. S. 45; vgl. auch § 16 a.a.O. S. 38ff.

61 F. Steffensky, Damit die Träume nicht verloren gehen! – Religiöse Bildung und Erziehung in säkularen Zeiten. Vortrag anlässlich des 50. RPI-Jubiläums. Loccum. S. 6-8.

62 J. W. Goethe, Wilhelm Meisters Wanderjahre 2, 13: Betrachtungen im Sinne der Wanderer 127.126 (1829). Hamburger Ausgabe, hrsg. v. E. Trunz. 8. Aufl. 1973. Bd. 8. S. 302.

63 H. Hesse, Von der Seele. In: Ders., Jedem Anfang wohnt ein Zauber inne. Ein Lesebuch, zusammengestellt von V. Michels. Frankfurt 2005. S. 101-108. Zitat S. 101 f.

64 Zit. in: K. Marti, a.a.O. S. 73.

65 Der Brockhaus in drei Bänden. Bd. 1. Leipzig 2004. S. 660.

66 L. Fitz, Gott. In: Dies., Die heilige Hur'. Satiren. München 1988. S. 41.

67 Nicht alle, die Marc heißen, handeln „aus einer inneren Not". Das wissen wir auch; es kommt gerade darauf an, dies und die hinter den vordergründigen Reaktionen und Aktionen der Kinder und Jugendlichen stehenden Nöte genau zu unterscheiden, damit Kommunikation zwischen Lehrerinnen und Schülern gelingen kann. Vgl. dazu: M. Meißner, E. A. Stadter, Kinder lernen leben. Beziehungslernen in der Grundschule. München 1995. Bes. S. 187-228.

68 Zu solchem empathischen Hören vgl. S. Hart, V. Kindle Hodson, Empathie im Klassenzimmer. Zwischenmenschliche Beziehungen in den Mittelpunkt stellen. Gewaltfreie Kommunikation im Unterricht. Paderborn 2006.

69 Zu diesem Ansatz s. auch: G. Orth, H. Fritz, „...und sei stolz auf das, was du bist" – Muslimische Jugendliche in Schule und Gesellschaft. Stuttgart 2007.

70 F. Steffensky, Mut zur Endlichkeit. Stuttgart 2007.

71 A.a.O. S. 18 und 21.

72 Vgl. E. Fiechter-Alber, Welche Ethik in der Schule? Grundlagen ethischen Lehrens und Lernens. Mainz 2004.

73 Hilde Fritz.

74 Zit. in V. Michels, Zur Einführung. In: Ders. (Hrsg.), Materialien zu H. Hesses „Siddharta". Bd. 2. Frankfurt/M. 1974. S. 7-25, hier S. 11.

75 H. Hesse, Jedem Anfang wohnt ein Zauber inne. Lebensstufen. Ein Lesebuch. Zusammengestellt von Volker Michels. Frankfurt/M. 2005. S. 87.

76 H. Hesse, a.a.O. S. 75.

77 A.a.O. S. 87.

78 H. Hesse, Wer lieben kann, ist glücklich (geschrieben: 1918). Frankfurt/M. 1986. S. 204-207. Zitat S. 206.

79 H. Hesse, Zu Weihnachten. In: Ders., Die Kunst des Müßiggangs. Frankfurt/M. 1973. S. 80.

80 Zit. in: F.-J. Litsch, Buddhismus und der Schutz der Umwelt. In: G. Orth, Die Erde – lebensfreundlicher Ort für alle. Münster 2002. S. 39-46, hier S. 43.

81 Übersetzt von Nyanatiloka, Der Weg der Erlösung. Konstanz 1956. S. 131.

82 Vgl. P. Gerlitz, Art. Liebe. Religionsgeschichtlich. In: TRE Bd. S. 121-128, hier S. 126f.

83 Alle Unterrichtsberichte wurden von H.F. unmittelbar nach dem Unterrichtsalltag aufgeschrieben und G.O. per Mail zugeschickt. G.O. stellte Verständnisfragen, deren Antworten in die Berichte eingearbeitet wurden. Bis auf stilistische Veränderungen, die uns gegenüber dem Mail-Austausch nötig erschienen, sind hier und im Folgenden diese Unterrichtsberichte unverändert übernommen. Anschließend haben wir die Berichte gemeinsam diskutiert, woraus die Unterrichtsreflexionen entstanden sind. Für ‚Praktiker' und ‚Theoretiker' empirischer Unterrichtsforschung können wir dieses Verfahren, das für beide Seiten neben Erkenntnisgewinn auch Begeisterung für die Schülerinnen und Schüler und den Schulalltag bedeutet, nur empfehlen. Dabei ist uns wichtig, auch Folgendes noch zu betonen: Uns geht es nicht darum, eine fehlerlose Super-Lehrerin zu präsentieren und damit implizit andere womöglich zu kritisieren. Uns geht es darum, zu zeigen, dass Schule bei aller Anstrengung – und in dem Wort steckt auch Strenge gegenüber sich selbst und den Schülerinnen und Schülern – Freude macht und Unterricht gelingen kann. H.F. sagte einmal zu G.O.: „Du siehst in allem so viel Gutes und Ermutigendes." Darum geht es uns letztendlich in diesem Buch: um Ermutigung.

84 F. Steffensky, a.a.O.

85 Mascha Kaléko, Mein Lied geht weiter. Hundert Gedichte (hrsg. von Gisela Zoch-Westphal). München 2007. S. 89 f.

86 Um die Lebendigkeit des Berichts nicht zu zerstören, behalten wir hier die „Ich-Form" (H.F.) bei, auch wenn wir – wie alle Texte des Buches – auch diese Berichte gemeinsam verantworten.

87 G. G. Hiller, Ausbruch aus dem Bildungskeller. Langenau-Ulm 1989.

88 Lies: Konfirmandenunterricht.

89 Vgl. P. Poth, Von der Widerspenstigkeit der Form. Einige Überlegungen zum Umgang mit Gedichten nicht nur im Deutschunterricht. In: M. Bahr, U. Kropac, M. Schambeck (Hrsg.), Subjektwerdung und religiöses Lernen. Für eine Religionspädagogik, die den Menschen ernst nimmt. München 2005. S. 274-283, hier S. 277.

90 R. Winkel, Die kritisch-kommunikative Didaktik. In: H. Gudjons, R. Teske, R. Winkel (Hrsg.), Didaktische Theorien. Hamburg 1986. S. 79-93, hier S. 91.

91 Vgl. dazu auch C. Caduff, Das Musikalische der Literatur. In: Dies., Land in Aufruhr. Basel 2007. S. 125-133. Dazu weiter: S. u. die Aufnahme der Überlegungen von A. Barrico, s. S: 120ff.

92 K. Singer, zit. in: R. Miller, Beziehungsdidaktik. Weinheim / Basel 1997. S. 85.

93 A. Barrico, Hegels Seele oder die Kuh von Wisconsin. Nachdenken über Musik. München 2006. S. 39. Den Gedanken dieses Textes folgen wir im Folgenden.

94 A.a.O. S. 37f. mit den von den Verfassern vorgenommenen Ergänzungen jeweils hin zur Poesie.

95 Barrico spricht davon, dass in der Musikproduktion „die Pflicht zur Überlieferung die Lust an der Interpretation zensiert" und „im Schatten dieses Banns die verschiedenen Formen des Musizierens mehr oder weniger dahin kümmern" (a.a.O. S. 38) – Ist es mit der Poesie nicht auch hier ähnlich, zumindest in vielen ihrer unterrichtlichen Gestaltungen ...?

96 A.a.O. S. 41.

97 Bewusst sprechen wir hier von normal-alltäglichen Reaktionen, wie wir sie auch von uns kennen und wie wir sie immer wieder auch praktizieren, obwohl

wir es anders und besser wissen. Mit unserer Kritik an solchen Reaktionen kritisieren wir nicht die Lehrerinnen und Lehrer, die so reagieren in ihrer Person, sondern wir wollen uns selbst und sie kritisch auf ein bestimmtes Verhalten hinweisen, weil es Kommunikation eher verschließt als eröffnet.

98 Vgl. Chr. Sterba-Philipp, Dilemma-Geschichten zur Förderung moralischer Urteilsfähigkeit einer Förder- und Hauptschulklasse einer Schule für Körperbehinderte. Zweite Staatsexamensarbeit 2003. Online im Internet: URL: http://www.foepaed.net/sterba-philipp/dilemma.pdf. S. 14. Dabei geht es uns im Folgenden um die Darstellung und Diskussion von Möglichkeiten lebendigen Ethik-Lernens und -Lehrens und nicht darum, die Schülerinnen und Schüler, sei es diagnostisch – wie Sterba-Philipp – bestimmten Stufen der Moralentwicklung nach Kohlberg zuzuordnen, sei es die „plus-1-Konvention" anzuwenden oder aus den Theorieansätzen von Kohlberg u.a. Unterrichtsmöglichkeiten zu konstruieren; vgl. dazu: G. Lind, Moral ist lehrbar. München 2003.

99 Zur sehr ausgereiften Konstanzer Methode der Dilemma-Diskussion im Unterricht vgl. G. Lind, a.a.O., S. 73ff. und S. 133. Für die Bedürfnisse und Möglichkeiten der Förderschulklasse wurde das Ablaufschema jeweils individuell angepasst, ohne jedoch wesentliche Aspekte außer Acht zu lassen.

100 Anders wäre die Diskussion sicher verlaufen für einige der ersten Gruppe, wenn das Grundschulkind die eigene kleine Schwester oder der eigene kleine Bruder wäre – oder vielleicht auch nur ein Gesicht hätte.

101 Vgl. C. Steffek, Dilemmageschichten als methodisches und problembezogenes Verfahren zur Förderung der politischen Bildung bei Grundschülern. Universität München. Dissertation 2000. S. 172.

102 Chris und Serdar haben das „Aber" also nicht als Aufhebung des zuvor Gesagten verstanden, sondern lediglich als dessen Relativierung, und sie haben so die Ergänzungsbedürftigkeit des eigenen Überlegens angezeigt und ausdrücken können.

103 Vgl. dazu Chr. Sterba-Philipp, a.a.O. Vgl. weiter L. Kuld, B. Schmid, Lernen aus Widersprüchen. Dilemmageschichten im Religionsunterricht. Donauwörth 2001. Bes. S. 117ff.

104 Zur Konstruktion von Dilemma-Geschichten und generell zu deren edukativer Funktion vgl. G. Lind, a.a.O.

105 Album: „Eine Hand wäscht Die andere" (2007)

106 A. Flitner, Vorwort. In: G. G. Hiller, Ausbruch aus dem Bildungskeller. Langenau-Ulm 1989. S. 7-9, hier S. 7.

107 A.a.O. S. 21.

108 Vgl. dazu auch M. Griefahn, Rapper haften für ihre Texte. In: Die Tageszeitung. 19. 07. 2007. S. 11 – ein Beitrag, der die Problematik vieler Texte aus der Rap-Szene ebenso aufzeigt, wie M. Griefahn angesichts jener Texte und ihrer aggressiven Vermarktung auf die Notwendigkeit gesellschaftlicher Diskussionen über Werte und Normen hinweist.

109 Spüren auch die Schülerinnen und Schüler diese Gratwanderung? Warum sollte die Lehrerin sonst den Eindruck haben, dass der Schülerinnen und Schüler Anspannung und Aufregung verfliegt, nachdem zum ersten Mal quasi offiziell ein Song von Sido in Schule und Unterricht vorgetragen wurde?

110 G.G: Hiller, a.a.O. S. 77ff. Zitate S. 78 und 79. Vgl. auch K. Mollenhauer, Vergessene Zusammenhänge. Über Kultur und Erziehung. München 1983. S. 52ff.

111 Album: „V.D.S.Z.B.Z." (2006)

112 Was Bert Brecht dem bürgerlichen Theaterpublikum im politischen Theater, in der Dreigroschenoper beispielsweise verfremdet ‚vorspielen' lässt, erfahren die

Schülerinnen und Schüler täglich unmittelbar an sich selbst und lernen es mit Bushido sehen: „Die da unten sieht man nicht"...

113 S. u. S. 165f.

114 C. Caduff, Plüschtier, iPod, Handy. In: Dies., Land in Aufruhr. Basel 2007. S. 87-91, hier S. 87.

115 C. R. Rogers, Lernen in Freiheit. München 1969. S. 33.

116 A.a.O. S. 107.

117 Zum Folgenden vgl. M. F. Frettlöh, Spielerisch vom Glauben reden. Glaubende sind Spielleute Gottes. In: ZGP 1/2005. S. 10-12. W. Janke, S. Wolf-Withöft, H. Wissmann, Art. Spiel. In: TRE, Bd. 31. Berlin/New York 2000. S. 670-686.

118 J. Standop, Werte-Erziehung. Weinheim und Basel 2005. S. 143.

119 Vgl. H. G. Gadamer, Wahrheit und Methode. Tübingen 1965. S. 97-105.

120 J. Gidion, Lehrer – Anmerkungen zu einem ‚unmöglichen' Beruf. In: H. Becker, H. v. Hentig (Hrsg.), Der Lehrer und seine Bildung. Frankfurt u.a. 1984. S. 63-78, hier S. 64.

121 H. v. Hentig, Vom Verkäufer zum Darsteller. Absagen an die Lehrerbildung. In: H. Becker, H. v. Hentig (Hrsg.), a.a.O. S. 99-146, hier S. 137.

122 Zu einem ebenfalls, wenn auch anders konstruierten empirischen Zugang zu der Frage der Lehrerrolle vgl. beispielsweise F. E. Weinert und A. Helmke, Der gute Lehrer: Person, Funktion oder Fiktion? In: Zeitschrift für Pädagogik. Heft 34. 1996. S. 223-233.

123 K. Reich, Konstruktivistische Didaktik. Weinheim/Basel 2006. S. 95.

124 Vgl. grundlegend: K. Reich, a.a.O.; R. Voß (Hrsg.), LernLust und EigenSinn. Systemisch-konstruktivistische Lernwelten. Heidelberg 2005. Zum Aspekt einer beziehungsorientierten Didaktik: C. R. Rogers, Lernen in Freiheit. München 1974; R. Miller, Beziehungsdidaktik. Weinheim und Basel 1997; M. B. Rosenberg, Gewaltfreie Kommunikation. Eine Sprache des Lebens. Paderborn 2005; Ders., Erziehung, die das Leben bereichert. Gewaltfreie Kommunikation im Schulalltag. Paderborn 2005. Aus sonderpädagogischer Perspektive: G. Hansen, Didaktik. In: G. Hansen, R. Stein (Hrsg.), Kompendium Sonderpädagogik. Bad Heilbrunn 2006. S. 168-181; J. Boenisch, V. Daut (Hrsg.), Didaktik des Unterrichts mit körperbehinderten Kindern. Stuttgart 2002.

125 Vgl. als Einführungen: R. Schwing, A. Fryszer, Systemisches Handwerk. Göttingen 2006; H. Brüggemann, K. Ehret-Ivankovic, Chr. Klütmann, Systemische Beratung in fünf Gängen. Ein Leitfaden. Göttingen 2006.

126 N. Becker, G. Roth, Hirnforschung und Didaktik. Ein Blick auf aktuelle Rezeptionsperspektiven. In: Erwachsenenbildung 50 (2004), Heft 3, S. 106-110; H. Beck, Neurodidaktik oder: Wie lernen wir? In: Erziehungswissenschaft und Beruf 3/2003. S. 323-330; G. Hüther, Wie lernen Kinder? – Voraussetzungen für gelingende Bildungsprozesse aus neurobiologischer Sicht. In: forum erwachsenenbildung 3/06. S. 7-12.

127 P. Freire, Pädagogik der Unterdrückten. Bildung als Praxis der Freiheit. Mit einem Vorwort von Ernst Lange. Reinbek 1973; P. Freire, Erziehung als Praxis der Freiheit Reinbek 1977; S. Hagleitner Mit Lust an der Welt – in Sorge um sie: feministisch-politische Bildungsarbeit nach Paulo Freire und Ruth C. Cohn. Mainz 1996; F. Schönberger, Kooperative Didaktik. Stadthagen 1987.

128 K. Reich, a.a.O. S. 16.

129 A.a.O. S. 104.

130 R. Miller, a.a.O. S. 65.

131 Vgl. dazu oben: „sozusagen grundlos vergnügt".

132 Vgl. R. Voß (Hrsg.), a.a.O. S. 225.

133 A.a.O. S. 94.

134 Vgl. beispielsweise das Fehlen jeglicher ethischer Diskussion in der kyberne-
tisch-informationstheoretischen und der curricular-lernzielorientierten Didaktik
wie auch in fast der gesamten gegenwärtigen Standardisierungsdebatte. Anders
dagegen in der bildungstheoretischen oder kritisch-kommunikativen Didaktik.
Zu den didaktischen Ansätzen vgl. überblicksartig H. Gudjons u.a. (Hrsg.), Didaktische Theorien. Hamburg 1986.

135 Vgl. K. Reich, a.a.O. S. 21ff., 40, 51, 63ff. u.ö.; vgl. auch R. Voß (Hrsg.),
a.a.O. S. 17.

136 R. Schwing, A. Fryszer, a.a.O. S. 324ff.

137 P. Freire, a.a.O.

138 R. Schwing, A. Fryszer, a.a.O. S. 28f.

139 R. Schwing, A. Fryszer, a.a.O. S. 130.

140 A.a.O. S. 207.

141 K. Reich, a.a.O. S. 221f.

142 In der ihm eigenen Art beschreibt Korczak den Reichtum solcher Heterogenität: „Ich habe festgestellt, nur Dummköpfe wollen, dass alle Menschen einander ähneln. Wer Verstand hat, den freut es, dass es auf Erden Tag und Nacht
gibt, Sommer und Winter, Jung und Alt, dass es den Schmetterling gibt und
den Vogel, dass es unterschiedliche Farben gibt für die Blumen und für die
menschlichen Augen, dass es Mädchen und Jungen gibt. Wer nicht gern denkt,
den verdrießt die Mannigfaltigkeit, die zum Nachdenken zwingt." Daraus leitet
er die Aufgabe ab: „Man muss jeden Menschen einzeln kennen. Und nicht nur
oberflächlich, sondern gründlich kennen. Wichtig ist nicht nur das, was ein
Mensch sagt, sondern auch, was er denkt und fühlt und weshalb er so ist und
nicht anders." In: J. Korczak, Lebensregeln. In: Ders., Sämtliche Werke. Bd. 3.
S. 277-363, hier S. 356 und 323.

143 K. Reich, a.a.O. S. 113.

144 Ebd.

145 P. Freire, Pädagogik der Unterdrückten. Stuttgart 1973. S. 118 und 113; vgl.
auch S. 105. Vgl. weiter: Ders., Erziehung als Praxis der Freiheit. Stuttgart
1974. S. 100ff., wo sich Beispiele generativer Themen und ihrer möglichen
Aspekte finden.

146 A.a.O. S. 105f.

147 Zu diesem Gegenüber vgl. N. Becker, G. Roth, a.a.O. S. 106.

148 G. Hüther, a.a.O. S. 12.

149 R. Voß (Hrsg.), a.a.O. S. 57.

150 Vgl. E. Lange, Sprachschule für die Freiheit: Bildung als Problem und Funktion der Kirche. München 1980.

151 R. Voß (Hrsg.), a.a.O. S. 94 f.

152 Willke 1989. S. 189, bei Voß S. 94.

153 So war es auch in den Interviews mit den Schülerinnen und Schülern immer
wieder spannend zu beobachten, wie diese ihre Regeln kontextualisieren und
bestimmten Situationen entweder im Interview oder bereits in den Regelformulierungen selbst (Kevin) zuordnen.

154 E. Fiechter-Alber, Welche Ethik in der Schule? Grundlagen ethischen Lehrens
und Lernens. Mainz 2004. S. 103.

155 Vgl. P. Freudenberger-Lötz, Theologische Gespräche mit Kindern. Stuttgart
2007. S. 53 ff, Zitat S. 57; vgl. weiter J. Gerstenmaier/H. Mandel, Wissenser-
werb unter konstruktivistischer Perspektive. In: ZfPäd 41/1995. S. 867-888,
bes. S. 874-879. Zum Gegenüber von narrativen und normativen Ansätzen in
der systemischen Psychologie vgl. R. Schwing, A. Fryszer, a.a.O. S. 73ff.

156 Vgl. J.-H. Walsdorff, V. Weidmann, Im unbekannten Land. Braunschweig 2005. S. 74. Vgl. dazu auch das zu Beginn des 7. Kapitels wiedergegebene Zitat von Lisa Fitz. Ein bestimmtes philosophisches Denken ist auch mit Satire vereinbar und umgekehrt.

157 F. W. Niehl, Wie können wir lernen richtig zu leben? In: M. Bahr u.a. (Hrsg.), Subjektwerdung und religiöses Lernen. München 2005. S. 100-111, hier S. 102.

158 A.a.O. S. 102. So sind dies auch Hinweise zur Beobachtung von Schulleben und Alltag der Kinder und Jugendlichen, soll sich Ethik-Lehren und seine Themenfindung aus dem Schulleben und dem Alltag der Kinder und Jugendlichen ‚ergeben'.

159 Vgl. R. Oerter, L. Montada (Hrsg.), Entwicklungspsychologie. Weinheim, Basel, Berlin 2002. S. 121 ff, wo K. A. Schneewind diesen Begriff für die Aufgaben der Eltern gegenüber ihren Kindern prägte.

160 Vgl. M. Meißner, E.A.Stadter, Kinder lernen leben. Beziehungslernen in der Grundschule. München 1995, bes. S. 187ff.

161 E. A. Stadter hat diesen Mechanismus lehrreich beschrieben: „Kaum weniger verheerend (sc. als der innerseelische Abwehrmechanismus der Verdrängung) wirkt sich ein anderer, ein sozialer Schutzmechanismus aus, nämlich derjenige der Tarnung. Häufig zeigt er sich so: Durch den Vordergrund unseres verbalen und nonverbalen Verhaltens täuschen wir die Mitwelt über das hinweg, was in unserem Inneren vorgeht, unsere Gefühle, Gedanken, Absichten. Wir sind beispielsweise durch eine hämische Bemerkung tief verletzt, gehen aber mit einem freundlichen Lächeln darüber hinweg, um uns nicht anmerken zu lassen, was der andere in uns angerichtet hat. Dieser Schutzmechanismus beinhaltet einen gravierenden Nachteil. Er hat grundsätzlich einen störenden Effekt auf die Mitwelt und wirkt oft genug sogar verheerend. Offensichtlich empfindet das Gegenüber irgendwie die Diskrepanz zwischen dem, was wir wirklich fühlen, und dem, was wir nach außen hin ‚vorschützen'. Es scheint ein Naturgesetz der Interaktion zu sein: Jede Unstimmigkeit, jeder Widerspruch wird vom Empfänger der Botschaft störend erlebt." In: M. Meißner, E. A. Stadter, a.a.O. S. 202.

162 M. Buber, Werke. Bd. 1. München/Heidelberg 1962. S. 818.

163 M. Meißner, E. A. Stadter, a.a.O. S. 193.

164 R. Voß (Hrsg.), a.a.O. S. 14.

165 K. Reich, a.a.O. S. 40.

166 E. Naurath, Mit Gefühl gegen Gewalt. Neukirchen-Vluyn 2007. S. 150.

167 A.a.O. S. 159.

168 A.a.O. S. 218.

169 Als Praxisbeispiel in diesem Buch vgl. dazu „sozusagen grundlos vergnügt".

170 Ebenso klassisch wie richtungweisend und liebevoll beschreibt Janusz Korczak aus seiner Praxis mit armen und vernachlässigten Kindern, wie man ein Kind liebt in Familie, Schule, Waisenhaus und den Sommerkolonien. Vgl. J. Korczak, Wie liebt man ein Kind. In: Ders., Sämtliche Werke. Bd. 4. S. 7-315. In seinem Vorwort zur 2. Auflage schreibt er, was auch in ganz anderer Form für unsere Überlegungen gilt: „Die Wahrheiten des Erziehers sind subjektive Erfahrungswerte, ein letzter Moment von Überlegungen und Empfindungen. Ihr Reichtum – das sind die Vielfalt und das Gewicht beunruhigender Fragen."

171 So der Titel des Buches von M. Meißner und E. A. Stadter: Kinder lernen leben. Beziehungslernen in der Grundschule. A.a.O.

172 U. Herrmann, Fördern „Bildungsstandards" die allgemeine Schulbildung? (Internet). Zit. nach Hansen, a.a.O. S. 179f.

173 H. Hesse, Wer lieben kann, ist glücklich (1918). Frankfurt 1986. S. 204-207, Zitat S. 206.
174 Vgl. W. Schmid, Der philosophische Weg zum Glück. In: Psychologie heute. Nov. 2000, S. 20-29.
175 H. Hesse, ebd.
176 Vgl. H. Goldstein, „Genieß das Leben alle Tage". Eine befreiende Theologie des Wohlstandes. Mainz 2002.
177 D. Sölle, Mystik und Widerstand. Hamburg 1999 S. 370.
178 Chr. Dahling-Sander, Art. Mensch. In: B. Hübener, G. Orth (Hrsg.), Wörter des Lebens. Stuttgart 2007. S. 155-159. Zitat S. 158.
179 Vgl. J. Korczak, Theorie und Praxis der Erziehung. Pädagogische Essays 1998-1942. Sämtliche Werke. Band 9. Bearbeitet und kommentiert von F. Beiner. Gütersloh 2004. S. 17.
180 A.a.O. S. 149.
181 A.a.O. S. 231.
182 N. Kelek, Die verlorenen Söhne. Köln 2006. S. 240.
183 Vgl. zum folgenden die Ergebnisse des Symposiums vom 31. März 2006 „Partizipation und Empowerment von Kindern", vgl. www.blk-demokratie-berlin.de. Vgl. weiter: M. Motakef, Das Menschenrecht auf Bildung und der Schutz vor Diskriminierung. Exklusionsrisiken und Inklusionschancen. Deutsches Institut für Menschenrechte. Berlin 2006.
184 M. B. Rosenberg, Erziehung, die das Leben bereichert. Gewaltfreie Kommunikation im Schulalltag. Paderborn 2005. S. 18.
185 Vgl. P. Freire, Pädagogik der Unterdrückten. Stuttgart 1973.
186 Vgl. M. B. Rosenberg, a.a.O. S. 25 und 27.
187 G. G. Hiller, Ausbruch aus dem Bildungskeller. Langenau-Ulm 1989.
188 Vgl. a.a.O. S. 9-17, Zitat S. 9.

Gottfried Orth
Siehst du den Balken nicht?
Soziale Gerechtigkeit

Der neue Band der Reihe »Religionsunterricht praktisch Sekundarstufe II« bietet Material für ein Kurshalbjahr »Ethik«, das unter die Haut geht.

Ausgehend von der Frage nach der Gerechtigkeit Gottes und den biblischen Geschichten und Reflexionen werden Beispiele für Ungerechtigkeit aus Geschichte und Gegenwart entfaltet, aus christlicher Perspektive bewertet und handlungsorientiert reflektiert. Schülerinnen und Schüler üben soziale Empathie ein, lernen theologische und sozialethische Argumentationen kennen, setzen sich mit geprägten Visionen einer besseren Welt auseinander und entwickeln dazu Fantasien und Handlungsoptionen. Die Bausteine können komplett unterrichtet werden oder als einzelne Schwerpunkte in Zusammenhängen wie »ethische Urteilsbildung«, »soziale Verantwortung«, »Dritte Welt«, »Armut in Deutschland«, »Gotteslehre«, »Kirchengeschichte«.

Stephan Grätzel
Dasein ohne Schuld
Dimensionen menschlicher Schuld aus philosophischer Perspektive

Schuld, die der Einzelne nicht persönlich auf sich geladen hat, die ihn aber individuell belastet: ein wichtiges, hier philosophisch aufgearbeitetes Thema.

Susanne Bürig-Heinze
Mensch macht Mensch
Christliche Ethik und Gentechnologie

Christliche Ethik im Religionsunterricht der Oberstufe – das ist weder Theorie noch abgehoben. Am Beispiel eines »heißen Eisens« der Gegenwart, der Gentechnologie, lässt sich entdecken, dass Werten immer auf Wissen basieren muss und dass Gottes Anspruch niemals Interessen, sondern stets dem Leben dient.

Tilman Bechthold-Hengelhaupt
Ethische Aspekte der Gentechnik
Ein Handbuch für den Ethikunterricht

Der Band zeichnet die ethische Debatte zur Bioethik nach und entwickelt unterrichtspraktische Konzepte zur Einführung von Schülerinnen und Schülern in diese Debatte.

nikomachos
Themenhefte zur Ethik

nikomachos ist eine Reihe für den Unterricht in den Fächern Ethik, Praktische Philosophie bzw. Werte und Normen in der Sekundarstufe I und II. Insbesondere wurde auf praxiserprobte didaktische und methodische Impulse geachtet, die auch von fachfremden oder erstmals in diesem Fach Unterrichtenden problemlos umgesetzt werden können.

Alle Hefte ca. 48 Seiten mit farbigen Abbildungen, kartoniert

Bei Abnahme der Reihe ca. 10% Ermäßigung

1: Frank Witzleben
Gerechtigkeit
Ab Jahrgangsstufe 9
ISBN 978-3-525-76400-8

Was moralisches Denken und ethisches Urteilen ist und wie man sich dem Problem der Gerechtigkeit annähern kann – damit will dieses Heft vertraut machen, indem es eine Auswahl von Beispielen, Überzeugungen und Theorien zur Diskussion stellt.

2: Ludger Koreng
Glück
Ab Jahrgangsstufe 9
ISBN 978-3-525-76401-5

Das Heft enthält zentrale Texte des klassischen Altertums und Auszüge aus der neuzeitlichen Literatur.

3: Susanne Fromm
Gutes Handeln
Ab Jahrgangsstufe 8
ISBN 978-3-525-76402-2

Die Frage nach dem ›guten Handeln‹ wird anhand zentraler Texte des klassischen Altertums und der Neuzeit mit Hilfe lebensnaher Alltagsbeispiele diskutiert.

4: Tilman Bechthold-Hengelhaupt
Ethik und Genetik
Ab Jahrgangsstufe 10
ISBN 978-3-525-76403-9

Was ist Ethik an den neuen Möglichkeiten der Genetik? Fallbeispiele, Interviews und Rollenspiele erschließen die Situation betroffener Personen.

5: Ludger Koreng
Freundschaft und Liebe
Ab Jahrgangsstufe 10
ISBN 978-3-525-76404-6

Das Heft behandelt grundlegende Aspekte anhand zahlreicher Quellen von der Antike bis zur Neuzeit.

6: Stephan Grätzel
Schuld
Ab Jahrgangsstufe 9
ISBN 978-3-525-76405-3

Literarische, juristische, philosophische und journalistische Texte aus verschiedenen Epochen und Kulturen zum Thema Schuld.

Vandenhoeck & Ruprecht

nikomachos
Themenhefte zur Ethik

V&R

Vandenhoeck & Ruprecht